EDAF
MADRID

ALEXANDRA STODDARD

Ser Madre

La mayor fuerza del mundo

TEMAS DE SUPERACIÓN PERSONAL

Título del original:
MOTHERS, A CELEBRATION

Traducido por:
ALFONSO COLODRÓN

© 1996. Alexandra Stoddard
© 1998. De la traducción, Editorial EDAF, S. A.
© 1998. Editorial EDAF, S. A. Jorge Juan, 30. Madrid,
Para la edición en español por acuerdo con ALEXANDRA STODDARD c/o Brandt
& Brand Literary Agents, Inc. New York (USA)

Dirección en Internet: http://www.arrakis.es/~edaf
Correo electrónico: edaf@arrakis.es

No está permitida la reproducción total o parcial de este libro, ni su tratamiento informático, ni la transmisión de ninguna forma o por cualquier medio, ya sea electrónico, mecánico, por fotocopia, por registro u otros métodos, sin el permiso previo y por escrito de los titulares del Copyright.

Depósito Legal: M-45.249-1997
I.S.B.N.: 84-414-0287-6

PRINTED IN SPAIN   IMPRESO EN ESPAÑA

Imprime Artes Gráficas Cofás, S.A . - Pol. Ind. Prado de Regordoño - Móstoles (Madrid)

*A mis maestras Zen, Alexandra y Brooke,
que continúan enseñándome a amar,
que llenan mi corazón de felicidad
y me aportan una alegría permanente.
Ser vuestra madre es un maravilloso regalo.
Os quiero. Mamá.*

Índice

		Págs.
Prólogo		11
1.	Honrar y amar a nuestras madres	17
2.	Cómo nos transforma la maternidad	43
3.	¿Qué hace una madre por sus hijos?	75
4.	Estimarnos y querernos	129
5.	Pasar tiempo disfrutando mutuamente	159
6.	Desprenderte de tus hijos	193
7.	Las abuelas y otras mujeres significativas de nuestra vida	231
8.	El álbum de la continuidad	271
Una carta a mis lectoras y lectores		291
Agradecimientos con cariño		293

Prólogo

*En todas las culturas, las madres
constituyen el centro emocional del hogar y,
de una forma colectiva, también del mundo.
Son canales de energía amorosa
y las primeras nutridoras de todos los seres humanos.
Las madres son personas
imprescindibles y esenciales.*

Mi experiencia como madre

NADA PODRÍA HABERME PREPARADO adecuadamente para el amor que siento por mis dos hijas, Alexandra (de veintinueve años) y Brooke (de veintiséis). Para mí son milagros, como lo son todos los hijos. Ser su madre es el mayor privilegio que nunca haya tenido. Nada puede cambiar este poderoso sentimiento ni alterar su presencia continua en mi alma. Aunque mis hijas ya son adultas y tienen su propia vida independiente, la fuerza que compartimos como familia, como madre e hijas, es profunda, segura y eterna.

Ser madre continúa siendo un hecho central en mi vida. Desde el momento en que nacieron Alexandra y Brooke, siempre he sentido que estoy en la mejor compañía cada vez que estamos juntas. Ahora que el tiempo que paso con ellas es mucho más limitado, me descubro creando nuevas amistades con los niños y jóvenes que conozco. Su bondad innata y su sentido puro de la aventura me atraen y me permiten revivir muchos de los aspectos que más aprecio de ser la madre de Alexandra y Brooke.

El instinto maternal

En el mercadillo de ocasión de Stonington, Connecticut, Peter, mi marido, encontró una escultura de bronce que representaba a una mujer que mantenía fuertemente apretados en su regazo a sus dos hijas. Él me dijo que esa estatuilla le evocaba la imagen de mí con Alexandra y Brooke cuando eran niñas y yo era como una leona protegiendo a mis cachorros del mundo. Es cierto que personalmente quería hacer todo lo que estuviera en mi poder para garantizarles que su infancia fuera tan brillante, luminosa y llena de aventuras como fuera posible.

Aunque el papel práctico de madre abarca aproximadamente veinte años, la relación, el vínculo y el compromiso duran para siempre. Cada gramo de amor que una madre da a sus hijos nutre, refuerza, anima y enseña no sólo a ellos, sino también a ella misma. No existen realmente fronteras para la energía amorosa de una madre y, a cambio, no hay nada más gratificante que la adoración de un hijo [1]. Alexandra y Brooke me han levantado en sus alas angélicas, elevando mi espíritu y profundizando mi sentido del misterio, maravilla y gracia de la vida.

Mis hijas descubrieron sensaciones en mi corazón que yo nunca imaginé que existieran. Ellas continúan enseñándome sobre la naturaleza del amor incondicional. Me deleitan con su espíritu, su bondad, su humor, sus sonrisas, su risa y su mente. Me emociona mucho su ternura, solicitud, naturaleza cariñosa y lealtad, que continúan desarrollándose y multiplicándose sin cesar.

Ahora que son adultas, puedo afirmar con toda seguridad que, en la medida en que amo la vida, aprendí de mis hijas el júbilo puro. Las exigencias del hogar ya han quedado atrás y, por duras y cansadas que fueran, no hay un solo día en que no eche de menos tener a mis «niñas en el nido». Lo que más año-

---

[1] Salvo especificación en contrario, siempre que se emplee la palabra hijo sirve tanto para hijos en plural como para hijo e hija. *(N. del T.)*

ro es la risa, las lágrimas, el éxtasis, el sentido de presencia viva que llena el ambiente del hogar en el que hay niños.

Recientemente tuve la alegría de tener dos niños pequeños que se lanzaban alegremente a mis brazos extendidos, sonriendo luminosamente, me besaban y daban abrazos, jugando con mi pelo, mi collar y mi pañuelo de cuello. Ésta es una de las delicias maternales más puras. El placer absoluto de estar en su presencia, de convertirse en parte de su mundo, es todo lo que cualquiera necesita saber sobre el amor y la felicidad.

El vínculo materno

Yo he dado charlas a madres a lo largo de todo el país, planteando preguntas, e intentando clarificar cuál es verdaderamente el regalo sagrado de la maternidad. A medida que compartíamos nuestras historias, me hice más consciente de un amor universal y mucho más grande generado por nuestro papel de nutridoras. Cuando somos capaces de sentir la magnitud de esta energía amorosa, apreciamos nuestro papel de madres, que tiene un lugar esencial en la continuidad de la vida. Nada es comparable con ser madre. Es el logro más grande de mi vida.

Celebremos juntas lo que significa ser madre. No hay una tarea más importante que criar la nueva generación. Esto es lo que hacemos las madres.

La influencia infinita de las madres

Sabéis que el comienzo es la parte principal de cualquier obra, especialmente en el caso de algo joven y tierno; porque es la época en la que se está formando el carácter y se acepta con más presteza la impresión que se desea...

Cualquier cosa recibida en la mente en esta edad es probable que se convierta en algo indeleble e inalterable... En modelos de pensamientos virtuosos...

Entonces nuestra juventud morará en el país de la salud, entre imágenes y sonidos hermosos, y recibirán lo bueno en todas las cosas; y la belleza, la afluencia de buenas obras fluirá por los ojos y los oídos, con una brisa saludable procedente de una región más pura, e insensiblemente atraerá al alma desde los primeros años a la semejanza con la belleza de la razón y a la simpatía por ella.

PLATÓN, *La República*

Ser madre

Capítulo 1

Honrar y amar a nuestras madres

Considerando que el servicio prestado a los Estados Unidos por la madre norteamericana es la mayor fuente de fuerza y de admiración del país; y considerando que nos honramos a nosotros mismos y a las madres de América cuando hacemos algo para reforzar el hogar; y considerando que la madre norteamericana está haciendo tanto por el buen gobierno y la humanidad, declaramos, por tanto, que el segundo domingo de mayo sea celebrado como el Día de la Madre.

Proclamación presidencial, 1914

> *«Madre» es el nombre de Dios en los labios y corazones de los niños.*
>
> WILLIAM MAKEPEACE THACKERAY

MI LIBRO *Living a Beautiful Life* se lo dediqué a mi madre, Bárbara Green Johns, porque poseía, entre otras cosas, un gran sentido del estilo. Su amor por la belleza, su placer en la cualidad de la luz y en la forma de todas las cosas, combinadas con su sentido práctico en las cosas del hogar, fue una enorme contribución a nuestra vida familiar cotidiana. Mi madre no sólo era habilidosa, sino que también era maravillosamente creativa. Mientras yo crecía en nuestra intrincada granja de cebollas, sentía que todos mis sentidos eran estimulados por el amor que mi madre tenía por la agricultura, la cocina, el arte y las antigüedades. Al atardecer, a mi madre le gustaba sentarse en la sala de estar cerca del fuego y hacer bordados, punto o encaje; pero con la misma frecuencia estaba remendando un calcetín o cosiendo un botón. Una familia de seis miembros exigía un buen mantenimiento. Mi madre vivía según la teoría: «Una buena puntada a tiempo ahorra nueve después.» Ella recosía nuestros botones flojos antes de que se cayeran y reforzaba nuestros dobladillos antes de que se deshilacharan.

A mí me gustaba estar con ella cuando tenía ocho, nueve y diez años, trabajando en mi propio patrón extremadamente complicado que ella había diseñado especialmente para mí. Todavía conservo la caja de costura que solía utilizar. Nuestro hogar siempre estaba impregnado con una atmósfera de calidez y encanto.

> *Feliz el/que tiene una madre así. La fe en la humani-*
> *dad/late con su sangre, y la confianza en todas las cosas*
> *elevadas/le llega fácilmente.*
>
> ALFRED, LORD TENNYSON

Mi madre era una mujer fuerte, hermosa, inteligente y poderosa. Pocas personas eran más organizadas o tenían más capacidad de entusiasmo que ella. Era intrépida, inquisitiva y perseverante. Su curiosidad intelectual hacía que en nuestra casa todo fuera más significativo, más rico, más vivo y excitante. Aunque mi madre era sólo una cocinera aceptable —yo aprendí de ella mis conocimientos básicos de cocina—, ella prefería hacer otras cosas con su tiempo. En lugar de tener un libro de cocina como biblia, mi madre siempre tenía un diccionario abierto en la cocina. De hecho, estaba más interesada en las palabras de cocina que en la comida. Solíamos jugar a juegos de palabras. Aunque no creo que el corazón de mi madre estuviese siempre en la cocina, fue siempre como si lo tuviese al tener y utilizar ese diccionario.

A mi madre también le gustaban los coches, principalmente por la libertad que representaban para ella. Su coche favorito era un Jaguar plateado de los años 50 con tapicería interior de cuero rojo. Estaba fascinada por ese coche. Tengo unos recuerdos muy vívidos de ella, con la gamuza en la mano, lavando el coche en la autopista. La reverencia que tenía por ese hermoso automóvil estaba al límite de la obsesión. Pulía los asientos de cuero, que eran como un destello de placer a sus ojos. Incluso disfrutaba dando cera al cuadro de mandos de madera de olmo de los Cárpatos. Teníamos el pacto tácito de que, una vez acabado de lavar el coche, a un toque del claxon me invitaba a montar. Me llevaba entonces por alguna de mis carreteras pintorescas favoritas, mientras yo mostraba una sonrisa de alegría y orgullo. Durante esas aventuras, mi madre perdía todo sentido del tiempo. Sobre las ruedas de su coche, mi madre entraba en éxtasis.

> *Sólo en la virtud está la felicidad... nunca hubo una existencia en la tierra más bienaventurada que la de mi madre.*
>
> JOHN QUINCY ADAMS

Con el tiempo, la mayoría de los talentos e intereses de mi madre los hice propios (excepto el interés por los coches). Es indudable que quedaron en mí su pasión por la belleza, el arte, la decoración y su sentido innato del estilo. Al pasar con ella casi cada día oyendo sus instrucciones sobre el arte de la decoración, fue algo natural que yo estudiase decoración de interiores. Ella también tenía una pasión por la jardinería. Yo la observaba quedar absorta sobre catálogos y bolsas de semillas. Cuando yo tenía tres años y observaba crecer el jardín de flores de mi madre, supe que yo también querría tener uno. Gracias a que ella hizo un esfuerzo voluntario para guiar y dirigir mi camino, estuve expuesta a la riqueza del conocimiento y a la inspiración sobre los matices sutiles del gusto y de la belleza.

Mi madre no fue nunca una persona que dejase las cosas a medias. Jamás he conocido a una persona tan trabajadora, inflexible y determinada. Ella creía firmemente que se consigue energía gastando energía. Yo me considero fuerte y bien enraizada gracias al escenario construido por mi madre para sí misma y para aquellos a los que ella amaba. Ella era un retrato vivo de la fuerza del carácter, la integridad y la armonía. A pesar de su firmeza, yo siempre me iba a la cama sabiendo que era querida.

Las bendiciones que derraman las madres

Siempre que Peter quiere decir a alguien algo importante, cita en el asunto a Miriam, su madre. Peter también fue bendecido con una madre maravillosa. De todos los estupendos dones que ella le transmitió destacan su felicidad y su amor incondicionales. Miriam adoraba ser madre. Se encontraba en su salsa cuando ella y sus hijos estaban juntos. Su amor por éstos era un placer obvio. En la estrecha relación que tenía con ellos, ella era una presencia nada exigente, controladora o crítica. El ambiente estaba impregnado de un deleite recíproco. ¿Qué mayor impulso para un hijo que ser amado y adorado por su madre? ¡Y qué maravilloso saber que uno, como hijo o hija, ha contribuido tanto a su felicidad!

> *Mi madre era una de esas naturalezas fuertes, tranquilas, pero muy simpáticas, en los que todos los que le rodeaban parecían encontrar consuelo y reposo.*
>
> HARRIET BEECHER STOWE

Miriam tenía el don de la felicidad. Vivía la vida como un deleite y ese deleite se expandía a sus hijos. Pintaba paisajes y retratos al óleo, decoraba a mano muebles y objetos decorativos, y hacía punto y encaje, lo mismo que mi madre. Ella diseñó sus propias joyas mientras educaba a sus hijos. Siempre disfrutaba los variados rituales del hogar: planear las fiestas de cumpleaños, las excursiones familiares y las invitaciones a los amigos. Ser madre era lo primero para ella, la prioridad principal de su vida. Adoraba criar a sus cuatro hijos aceptando los disgustos con la misma facilidad que saboreaba los momentos agradables. A ella no le interesaba «tenerlo todo». Tenía lo que quería y lo sabía. Cuando Miriam había cumplido ya los ochenta años, le dijo a Peter que los momentos más felices de su vida eran cuando estaba sentada a la mesa de la cocina de su pequeña casa de Shaker Heights, Ohio, con todos sus hijos alrededor.

Todos los hijos de Miriam habían nacido en los años 20, una época en la que los maridos mantenían a la familia y se suponía que la esposa debía permanecer en el hogar. La vida de Miriam tenía una estructura, unos límites y una armonía muy claras. Pero de algún modo pienso que los dones de Miriam como madre tenían más que ver con ella que con su época.

> *Todas las madres son esenciales e imprescindibles: en el dolor y en la alegría están siempre con nosotros dándonos ánimos, instruyéndonos y amándonos.*
>
> PETER MEGARGEE BROWN

Es cierto que Miriam pudo vivir en otra época diferente, pero todavía podemos aprender mucho de una mujer que no sólo aceptó las cartas que la vida le dio, sino que además les sacó un buen provecho. Incluso cuando su hijo George fue prisionero de guerra en Japón durante dos años y ella creía que estaba muerto, intentó impedir que sus otros hijos vieran su angustia y creó un ambiente de esperanza y de honor en su ausencia. Ella se centraba en lo que tenía justo delante de sí, al alcance de la mano, concentrándose en obras de caridad y en su trabajo en la iglesia. Peter recibió innumerables cartas suyas cuando estuvo en el ejército, todas ellas adorables y llenas de noticias. Ella siempre tuvo el apoyo de la familia y de los amigos —sus hijas acababan de casarse con oficiales de la Marina—, y a través de todos estos acontecimientos ella siguió siendo el pegamento que mantuvo a todos unidos.

Como Miriam y Peter siempre se llevaron perfectamente y disfrutaban recíprocamente de su mutua compañía, llegaron a conocerse muy bien el uno al otro. Antes de verlo con mis propios ojos, no hubiera podido creer lo bien que se lo pasaban juntos. Posteriormente, descubrí su secreto, aunque esto me llevó mucho tiempo. Miriam estaba locamente enamorada de Peter, y él de ella. Este afecto recíproco, este aprecio de la valía mutua, se reflejaba en el brillo de sus ojos siempre que estaban juntos.

El amor de Peter por su madre y la profundidad de su relación era tan importante para él que decidió dedicarle una recuerdo y escribir sobre ella en uno de sus ensayos. Tras pasar momentos de angustia al principio sobre cómo empezar un tema plagado de tanta emoción, Peter logró después una cierta distancia. En lugar de utilizar la palabra *madre*, decidió llamarla Miriam a lo largo de todo su ensayo; las palabras le surgieron entonces con toda facilidad. Escribió todo el ensayo de un solo tirón en su mesa de despacho de Stonington Village. Los recuerdos le fluían desde el corazón al papel en una corriente continua de conciencia. Recuerdos de carreras por la playa con su madre o de contemplar a un vendedor ambulante moler rabanitos picantes en la Tercera Avenida. Esas horas que Peter pasó escribiendo sobre Miriam fueron algunas de las más felices de su vida, porque al fin fue capaz de captar lo mucho que su madre le había dado, lo mucho que significaba en lo que él había llegado a ser.

> *Por muy hermoso que pareciera el rostro de madre, se hacía incomparablemente más adorable cuando sonreía y parecía vivificarlo todo.*
>
> LEÓN TOLSTOI

En el funeral de Miriam en la iglesia del Redentor en Bryn Mawr, Pensilvania, Peter leyó algunos de sus pasajes favoritos de este ensayo, *Vuelos de la memoria, días del ayer*:

> Si hubiera que caracterizar a Miriam, práctica muy peligrosa, habría que decir que, durante la mayor parte de su vida, Miriam fue una artista en el verdadero sentido de la palabra. Una artista que, aparentemente sin esfuerzo, podía encontrar el color, la textura y el equilibrio en las proporciones que perduran en la memoria mucho después de los tiempos de su creación.
>
> Cuando recuerdo las últimas veces que hablé con Miriam, habiendo cumplido ella más de 90 años, en un banco del jardín de Dunwoody, una residencia hospitalaria rural cerca de Bryn Mawr, Pensilvania, le pregunté sobre padre. ¿Cuáles eran sus pensamientos después de todos estos años ahora que se acercaba el final de su vida? Levantó la cabeza y miró los robles y los olmos que salpicaban la colina. «Siempre que piensas en alguien, nun-

ca está muerto. Esto es lo que la memoria y el recuerdo puede hacer por nosotros.»

> *¡Llena de Gracia! Concédenos a las que llevamos / una carga de madre la fuerza y la luz / para guiar los pies que posean su propia atención / por caminos de Amor, Verdad y Justicia.*
>
> WILLIAM CULLEN BRYANT

Tras esta lectura, el celebrante dijo que nunca había tenido la experiencia de un elogio tan detallado y conmovedor. Allí, en aquel lugar sagrado, estaba la amorosa familia de Miriam. Tres generaciones de vidas humanas habían sido personalmente influidas por esta maravillosa mujer y madre. Todos nosotros llorábamos al recordar nuestros momentos de felicidad con la abuela Brown.

Mi amigo John Bowen Coburn, anterior obispo episcopaliano de Massachusetts, que nos casó a Peter y a mí en 1974 en Nueva York, me escribió recientemente esta visión de la vida que yo tanto identifico con la de Miriam: «Así pues... la vida con sus tragedias y sus glorias continúa. Las pérdidas las ofrecemos y las ganancias las mimamos.»

Los ejemplos que dan las madres

Algunos tuvimos buenas relaciones con nuestra madre, otros las tuvieron tensas. La relación entre una madre y su hijo es muy diferente de la relación entre una madre y su hija. Debido a todo su amor y preocupación, nuestras madres suelen perder la perspectiva respecto a nosotras, sus hijas. Es natural para las madres verse a sí mismas en sus hijas y, a veces, esto hace que nos transfieran sus propias expectativas.

A veces, cuando una madre y una hija evolucionan juntas, aquélla puede sin darse cuenta ver a su hija como un ser clónico de sí misma. Mi madre tenía esta tendencia, especialmente conmigo, porque yo era la preferida entre sus cuatro hijos.

> *En el corazón de toda verdadera mujer existe una chispa de fuego divino.*
>
> WASHINGTON IRVING
>
> *En el hombre cuya infancia ha conocido las caricias, siempre existe una fibra de la memoria que puede tocarse para conducirla hacia soluciones bondadosas.*
>
> GEORGE ELIOT

A comienzos de mi carrera, hace unos treinta años, recuerdo que un día un periódico local envió a un fotógrafo a nuestra casa para hacer fotos; entre ellas, una de mi madre con sus dos hijas. Con orgullo, dijo al reportero que yo era diseñadora de interiores en Nueva York, pero que algún día podría volver a Connecticut para trabajar con ella. Aunque yo estaba emocionada de que ella tuviera este deseo, en aquella época sabía que probablemente nunca trabajaría con ella. Aquel año en que se publicaron las fotos yo tenía mucho trabajo de diseño en Washington y me gustaba la empresa con la que trabajaba. Varios años después de la muerte de mi madre, amplié mi campo de acción y me convertí en una diseñadora internacional.

Cuando madre e hija son muy parecidas, como lo éramos nosotras, existe una cierta carga de competitividad en el aire. Esto me hacía tener algo de miedo de ser completamente yo misma frente a mi madre. Yo era especialmente sensible a este aspecto, porque mi carrera despegó casi inmediatamente, mientras que la de mi madre no tuvo la misma suerte. Yo estuve en el lugar adecuado en el momento oportuno cuando tenía sólo veintidós años. Mi madre se casó, había educado a cuatro hijos y, a pesar de tener una fuerte voluntad, mi padre, como muchos hombres de su generación, no quería que mi madre se dedica-se a tener una vida profesional. Así pues, no se estableció por sí misma hasta una edad avanzada, lo cual limitó sus horizontes.

> *La mayor diferencia que encuentro entre mi madre y el resto de las personas que he conocido es la siguiente y es muy notable: mientras que los demás sienten un fuerte interés por muy pocas cosas, ella sentía un enorme interés por el mundo entero y por todas las cosas y personas que contiene.*
>
> MARK TWAIN

Antes de que muriese mi madre, con su ayuda llegué a darme cuenta de que ella no tenía realmente sentimientos ambiguos sobre mi carrera profesional. Mi madre mostraba un enorme interés por mi trabajo, y con frecuencia hablábamos de diseño cuando estábamos juntas. Cuando recorrió los interiores del edificio City Corp de cincuenta y ocho pisos, se emocionó con los colores, las texturas y la iluminación que yo había diseñado. Vi que estaba muy orgullosa de mis logros. En la mesita que utilizaba para tomar café conservaba un fajo de revistas que contenían todos los artículos sobre mi trabajo como diseñadora. No se recataba de mostrar a sus amigas ejemplos de algunos de mis trabajos. De una forma gradual y natural, yo me había alejado de la poderosa influencia que ejercía sobre mí, recorriendo un camino hacia mí misma y mi propia autoexpresión. Ella veía mi fuerza más como un honor y un mérito respecto a su papel de madre. Y, claro está de alguna forma —y no precisamente a través de una vía recta y fácil— me había ayudado a llegar a ser yo misma, a encontrar mi camino a través de su propio ejemplo.

Cuando las bendiciones están mezcladas

Yo quería intensamente a mi madre, pero soy la primera en admitir que nuestra relación, como muchas relaciones madre-hija, tenía sus complejidades. Mi madre tuvo que sufrir algunas desgracias en su vida, empezando con la muerte de su padre por tuberculosis, cuando sólo tenía cinco años. Superó esta profunda pérdida lo mejor que pudo. Se hizo fuerte y adquirió confianza en sí misma gracias a la dificultad de haber vivido sólo con su padre. Mi madre también padeció un soplo cardíaco y tuvo que abandonar la Universidad, porque los médicos temían que fuera demasiado arriesgado para ella estar alejada del entorno tranquilo y controlado del hogar. Como ella ocultaba mucho su propio dolor a sus hijos, no siempre estaba emocionalmente disponible para nosotros. Yo era consciente de sus luchas y, por ello, intentaba complacerla.

> *De la vida de un hombre, el amor es una cosa aparte: para la mujer, es toda su existencia.*
>
> LORD BYRON
>
> *No es pobre ningún hombre que haya tenido una buena madre.*
>
> ABRAHAM LINCOLN

Mi madre se preocupaba continuamente. Criar a cuatro hijos en un matrimonio desintegrado es suficiente para hacer que cualquiera se sienta nervioso, frustrado y enfadado. Pero ella siempre intentó centrar su impetuosa energía en mantener a la familia junta, proporcionándonos todas las habilidades necesarias para la vida que ella pensaba que necesitaríamos para sobrevivir. Nadie era más organizada o capaz que mi madre, pero, tal vez, lo llevó al extremo. Su insistencia en mantener nuestras habitaciones limpias lindaban con la obsesión. Había una forma *correcta* de poner la mesa, disponer las flores, escribir las notas de agradecimiento, vestirse, comportarse frente a los invitados, y no existía posibilidad alguna de discutirlo.

Yo no fui estimulada para cometer mis propios errores. Si estaba lavando lechuga y tiraba a la basura demasiadas hojas, me demostraba de una forma gráfica y detallada lo derrochadora que era. Ella limpiaba y secaba la lechuga que yo había tirado y casi llenaba una ensaladera con el resultado de mi torpeza. Cuando mi padre era vicepresidente de Elizabeth Arden, los productos Blue Grass desbordaban los armarios y los botiquines. Aunque teníamos un aprovisionamiento incesante, yo fui regañada duramente por gastar todo un pulverizador de pelo. Mi pelo era mi adicción; cuando jugaba al tenis, llevaba el pelo recogido en cola de caballo, pero fuera de la pista mi pelo rubio estaba perfectamente cortado y acicalado en forma de paje al estilo Grace Kelly. Yo me hacía rizos —sólo cuando estaba en mi habitación en privado— y después lo cepillaba y lo dejaba liso con nebulizador como si fueran de alambre fino. Cuando una está creciendo, se hacen cosas sin prestar mucha atención, pero cuando miro hacia atrás, no recuerdo que yo fuese realmente un desastre. En realidad era una persona bastante consciente y que me esforzaba todo lo que podía. Pero en la medida en que era observada, siempre que el giroscopio de mi madre me enfocaba, yo era muy vulnerable a las críticas. Si había mil cosas buenas en mí, mi madre encontraba siempre alguna falta y no dudaba en hacer algún comentario crítico.

> *Mi madre causó una brillante impresión en mi infancia. Brilló como el lucero del atardecer, y yo la quería profundamente...*
>
> WINSTON CHURCHILL

Ella quería que distinguiéramos lo correcto de lo erróneo y lo bueno de lo malo. Quería que fuésemos fuertes física, mental y espiritualmente; que tuviésemos elevados valores morales y un carácter firme y, además, que hiciéramos las cosas a conciencia. Teníamos que tener principios, ser meticulosos y cuidadosos. La personalidad teatral de mi madre la llevaba a recitar a Shakespeare, la Biblia y sus poemas favoritos. No se nos permitía ser «masas informes, flojas y perezosas tendidas lánguidamente sobre el césped, holgazaneando en el regazo del lujo, papando moscas». «¡Caramba!», ¡teníamos que moldearnos!

La palabra de madre era ley, y claramente se nos hacía desistir de contestarla o expresar nuestro desacuerdo. Ella tenía un don artístico y sabía lo que quería, y a mí me era difícil incluso intentar desviarla de su forma de hacer las cosas. Yo la perdono porque ella no quería hacer daño.

Cuando mi madre murió, yo era capaz, a los treinta y ocho años, de arreglármelas por mí misma. Y, finalmente, cuando yacía en la cama del hospital, sucumbió a bajar todas sus defensas, confesándome que yo era la hija que más apreciaba y admiraba. Sus conmovedoras palabras están incrustadas firmemente en mi corazón. Yo siempre supe lo mucho que me había querido, pero como entrenadora y maestra, tendía continuamente a ser demasiado exigente. Ella era valiente, decidida, dominante, poderosa y extraordinaria, pero estaba tensa y estresada, por sentirse en todo momento presionada por el énfasis permanente que ponía en todo.

> *En lo que respecta a la madre, su mismo nombre significa generosidad amorosa y autoabnegación, y en cualquier sociedad que quiera sobrevivir, está cargado de asociaciones que lo vuelven sagrado.*
>
> THEODORE ROOSEVELT

Con frecuencia me pregunto cómo habría sido la relación con mi madre si hubiera viajado alrededor del mundo con *ella*, en lugar de haber viajado con mi tía cuando yo tenía dieciséis años. Siempre que mi madre y yo hacíamos algo juntas, se reforzaba nuestro vínculo. Puedo apostar a que a ella le hubiera gustado esperar impacientemente el poder dejar el hogar, liberarse de sus responsabilidades domésticas y cambiarlas por la excitación de países extranjeros.

Yo regresé a casa de mis viajes alrededor del mundo cuando tenía diecisiete años, habiendo cambiado como persona y como hija. Y estoy segura de que ella lo percibió. Eso fue doce años antes de que ella viajara a Asia, tuviera la experiencia de la ceremonia del té y empezara a entender el bálsamo calmante de la paz interna y del Zen.

Muchos de nosotros hemos tenido desacuerdos con nuestra madre sobre casi todo, incluida la ropa que nos poníamos, cómo la llevábamos, los resultados que obteníamos en los estudios, los amigos que escogíamos, los caminos espirituales que seguíamos, o cómo gastábamos el dinero o pasábamos el tiempo. Madre y yo mantuvimos muchas opiniones opuestas sobre muchas cuestiones, desde la religión y las citas con amigos hasta los estudios. También tuvo dudas sobre mis dos maridos. En lugar de rebelarme, lo cual habría sido autofrustrante, yo continuaba intentando portarme bien con el objeto de evitar ser castigada. Descubrí que para mí era mejor ocultar mis emociones ante ella que arriesgarme a sus críticas. Ella tenía cierta aprensión, porque desde los dieciséis años yo no practicaba sus estrictas creencias religiosas, sino que seguía mi propia búsqueda espiritual. Ella tenía miedos sobre mi futuro, pensando siempre lo peor. Se preocupaba por todos los muchachos con los que yo me citaba, pensando que todos se iban a aprovecharse de mí. Insistía en que todo fuera «para mejor» y no «un mal rollo». Aunque ella era mi mayor animadora y sostén, para ella no era fácil dejarme ir a la escuela de diseño en lugar de acudir a una academia de Bellas Artes. Después de mi gira alrededor del mundo, terminé mis estudios en la *New Rda School of Interior Rda Desing* y tras graduarme me casé, sin haber ido nunca a la universidad. De lo que ella no se daba cuenta es de que su formación autodidacta era ejemplar, y que yo sabía cómo aprender por mí misma, como ella lo había hecho.

> *Una gran parte de la civilización se debe a la influencia de mujeres buenas.*
>
> EMERSON
>
> *La palabra «Madre» evoca visiones acogedoras de la vida familiar: madre horneando pastas, madre escuchando con benevolencia tus tragedias, madre como modelo tuyo.*
>
> VICTORIA SECUNDA

Yo me sentía vencida por ella, incapaz de defenderme y ganar. Cuando tenía treinta y dos años, era incapaz de confiarle hasta qué punto quería a Peter. Ella mantuvo un profundo desacuerdo sobre la fecha de mi boda, me amenazó y se negó a ceder.

Los días que preceden a una boda son normalmente tensos. Cualquier cosa se vuelve explosiva en situaciones emocionales tan turbulentas. El día de mi boda, mi madre me sacó de mis casillas. Dedicada a sus nietas, Alexandra y Brooke, las convenció de que era absurda mi insistencia en que llevaran el pelo sedoso al natural y en la cabeza sendas coronas de lirios del valle. En su habitación les hizo colas de caballo contra mi voluntad. En aquellos momentos la cuestión ya no era cómo iban las niñas a llevar el pelo. Aquel día tomé conciencia de que ella era una *invitada* en nuestro piso y que no tenía derecho a socavarme, lo mismo que yo había tenido que conformarme cuando crecía bajo su techo. Peter y yo volamos a París al atardecer para pasar nuestra luna de miel. Cuando me desperté a la mañana siguiente, ya recién casada, me prometí a mí misma que ella nunca tendría ya ningún poder destructivo sobre nuestro matrimonio. Nosotros estábamos unidos y éramos libres de vivir conforme a nuestras propias normas. No necesitaba sus bendiciones, porque cada poro de mi ser me informaba de lo que era bueno para Peter y para mí.

> *Para mí, una observación de madre es más eficaz que todos los sermones predicados en Cuaresma.*
>
> HENRY WADSWORTH LONGFELLOW

Posteriormente, llegué a comprender que alguna de sus preocupaciones, que para mí eran inconsecuentes, podían ser normales para una madre. A ella le preocupaba que Peter, que tenía una vida muy activa ante los tribunales como abogado, no tuviera suficiente tiempo para mí. Pero cuando él llevó mi petate por todo el país en la gira de presentación de mi primer libro, comprobó lo dedicado que estaba sobre mí y a mis intereses. Ahora entiendo que ella actuaba por miedo a que yo fuese infeliz, pero, sin embargo, esto me hería.

Yo me asombro de lo diferente que mis hermanas perciben la forma en que me comporté como hija, al poner de manifiesto ciertos errores y al causar disgustos a nuestra madre. Hace algunos años, Alexandra bromeaba diciendo: «Mami, sé que todavía me querrás aunque sea despedida de mi trabajo.» Sus palabras me recordaron la época en que tuve que decirle a mi madre que había sido despedida de mi primer empleo como decoradora. Yo estaba aterrorizada ante la idea de darle esas noticias, provoncándole preocupación y dudas. Simplemente no quería que se defraudara. No quería que pensara que no había aprovechado lo mejor posible todas las oportunidades que ella me había dado en la vida.

> *... tú me animaste en todo lo que hice. No puedo recordar ni una sola ocasión en mi vida en la que no te interesaras en lo que yo trabajaba, o que sugirieras que debía dejarlo por otra cosa.*
>
> EDNA ST. VINCENT MILLAY

Muchas personas pasamos nuestra vida intentando hacer que nuestra madre se sienta orgullosa de nosotras, cuando en realidad ya lo están. Intentamos ser «fáciles de querer». Yo viví así gran parte de mi vida. Mucho después aprendí que no honramos a nuestra madre intentando complacerla, sino más bien floreciendo por dentro. Entonces pueden ver quiénes somos realmente y el buen trabajo que han hecho apoyándonos.

Indudablemente, muchas personas hemos dado a nuestra madre —y a nuestro padre— buenas razones para preocuparse a veces. En ocasiones mentíamos sobre cómo habíamos pasado la tarde; no llegábamos a casa a tiempo; olvidábamos telefonear; a veces éramos bruscos e irreflexivos. Celebrábamos fiestas salvajes cuando nuestros padres estaban fuera y, en algunas ocasiones, los vecinos llamaron a la policía. Tuvimos accidentes de coche. Una noche de tormenta empotré el coche contra una pared, porque había un agujero en la calle y porque tomé una curva a demasiada velocidad en una calzada deslizante. A veces, no tuvimos otra elección que mentir a nuestra madre. El día que tuve una cita con un chico que perdió el conocimiento porque había bebido mucho, le conduje a su casa. Si se lo hubiera dicho a mi madre ¿me habría permitido verlo de nuevo? Como dicen mis hermanas: «¡Para nada!» Nunca sabremos todos los sacrificios, todas las noches en vela, los disgustos y desesperación por los que hemos hecho pasar a nuestra madre. No deberíamos tirar la primera piedra.

> *Un beso de mi madre me hizo pintor.*
>
> BENJAMIN WEST
>
> *La mujer que crea y mantiene un hogar, y bajo cuyas manos crecen los hijos fuertes y puros hasta convertirse en hombres y mujeres, es una creadora que se halla sólo después de Dios.*
>
> HELEN HUNT JACKSON

Al mismo tiempo, las madres también fueron alguna vez niñas y adolescentes. Ellas pueden fingir haciéndonos creer que nunca fueron jóvenes y alocadas, pero recuerdan por experiencia de primera mano más de lo que sus hijos creen. Las madres han pasado por ahí. Recuerdan las veces que dieron a *sus* padres sustos de muerte. De vez en cuando, las madres imaginan lo peor, visualizando toda clase de situaciones peligrosas en las que pueden meterse sus hijas, olvidando momentáneamente que esas hijas también quieren evitar ser violadas, asaltadas o maltratadas. Algunos hijos e hijas me han confiado que demasiados adultos, incluidos padres y educadores, los señalan con el dedo, en la creencia de que son sexualmente irresponsables o que están probando drogas. Los hijos merecen que se confíe en ellos a menos que hagan algo que rompa totalmente dicha confianza. Entonces hay que trabajar juntos para encontrar la forma de volver a recuperar la confianza perdida.

Confieso que lo que estoy diciendo es que la pelota nunca está enteramente en un campo. Lo mismo que nunca estamos totalmente felices o totalmente tristes, las madres del mundo no son totalmente buenas o totalmente malas. Somos quienes somos, para lo mejor y para lo peor. Pero nunca he conocido a una mujer normal que voluntariamente intentase arruinar la vida de sus hijos. Por extrañas que podamos ser a veces al expresar nuestro amor, estoy a favor del perdón, de otorgar a las madres el beneficio de la duda. Pero hay que recordar que el perdón va en ambas direcciones. Debemos entender que una madre está a disposición de sus hijos veinticuatro horas al día, siete días por semana. Las madres no pueden ser malvadas y huir; existe una tremenda presión sobre ellas, como hemos llegado a experimentar por nosotras mismas cuando hemos llegado a ser madres.

El regalo del perdón

> *Mi madre tenía un cuerpo delgado y pequeño, pero poseía un gran corazón: un corazón tan grande que las alegrías de todo el mundo encontraban en él la bienvenida y hospitalidad.*
>
> MARK TWAIN

Yo no siempre tenía una disposición tan indulgente hacia las formas controladoras de mi madre. Finalmente, encontré un puente sobre estas aguas turbulentas cuando mi madre adoptó un nuevo papel en mi vida poco antes de morir.

Con frecuencia, en alguna encrucijada importante de nuestra vida, conseguimos la oportunidad de labrar un nuevo camino, de establecer un nuevo vínculo con nuestra madre. Es una conexión totalmente nueva, forjada, no ya a partir de nuestra dependencia de la infancia, sino de nuestro respeto adulto por la humanidad de nuestra madre. A veces nos enfrentamos a la vulnerabilidad y a la fragilidad de nuestra madre, bien sea por una enfermedad o por algún contratiempo; entonces podemos verla de una forma diferente. Durante estas crisis, nuestros cometidos tradicionales cambian a menudo y no nos damos cuenta de que nuestra madre ya no tiene el poder abrumador sobre nosotros que tenía cuando éramos niños. Podemos sentir una nueva libertad, y con dicha libertad llega la compasión. Es entonces nuestro turno de cuidarla. Cuidar a nuestra madre, escucharla y expresarle nuestros sentimientos sin culpabilidad ni amargura nos libera de las garras de los resentimientos del pasado. Nos damos cuenta de que ya no necesitamos desempeñar el papel que desempeñábamos como niños. Podemos reconocer cómo nosotros también hemos cambiado a lo largo de los años y que poseemos la madurez de permitir a nuestros padres tener sus puntos fuertes y sus puntos flacos. Cuando somos capaces de dar este paso, aprendemos a ser mejores madres. Podemos aprender de los fallos de nuestra madre, pero sólo cuando la aceptamos tal como es.

> *Mi madre era la mujer más hermosa que haya visto en mi vida... Todo lo que soy lo debo a mi madre... Atribuyo todo mi éxito en la vida a la educación moral, intelectual y física que recibí de ella.*
>
> GEORGE WASHINGTON

Todo esto lo aprendí cuando mi madre se estaba muriendo. Durante ese periodo de tiempo, madre continuamente me recordaba lo mucho que realmente me amaba. Me confesó que en muchos aspectos yo estaba viviendo la vida que ella había imaginado para sí misma. Yo tenía una maravillosa relación matrimonial, hijos sanos y éxito en mi carrera profesional. Aunque el matrimonio de mis padres empezó con una historia perfecta —constituían una pareja dinámica e inteligente y tenían cuatro hijos sanos que vivían en viejas casas que disfrutaban restaurando juntos—, con los años las cosas se deterioraron. Mi padre no fue fiel a mi madre, lo cual rompió su corazón; y a su hijo menor, Richard, se le diagnosticó una grave enfermedad mental de la que nunca se recuperó. Nuestras conversaciones me dejaron claro lo mucho que estábamos conectadas y cómo, en un sentido, yo había continuado su camino ideal. Ella demostró que confiaba en mí y que podía pasarme el testigo con toda confianza, en la creencia de que yo no lo soltaría, pero, en caso de soltarlo, no lo haría deliberadamente. Estas conversaciones de mujer a mujer fueron muy hermosas, y yo me sentí muy afortunada de estar presente cuando ella abrió su corazón. Ella me miraba como un signo de esperanza para el futuro.

> *Creo que en lo alto de los cielos, los murmullos de los ángeles no pueden encontrar entre sus cálidos términos de amor ninguno tan emocional como el de «madre».*
>
> EDGARD ALLAN POE
>
> *Los brazos de una madre están hechos de ternura y los niños viven a salvo en ellos.*
>
> VICTOR HUGO

Durante aquellas semanas en las que hablamos tan abiertamente, yo crecí interiormente. Estaba agradecida de saber por primera vez que mi madre tenía un gusto por la aventura muy parecido al mío. Un día lluvioso de abril confesó que ella había sido una adolescente salvaje. «Me gustaba ir en moto, fumar, beber y tener novios», me dijo riendo. «Y no siempre era el tipo de muchachos a los que una invitaría a cenar un domingo.» Lo único que le salvaba realmente de ser una mala hija, me confesó, había sido el respeto por su madre. «Yo nunca quería defraudar a mi madre.» ¡Estoy tan contenta ahora de que fuésemos capaces de comprendernos!; estoy contenta de haber sabido de su comportamiento exuberante y vivo cuando era joven. Estas historias equilibran los recuerdos que tenía de ella como una mujer estricta, fuerte y juiciosa.

Yo también pude compartir algunas cosas íntimas. Le conté algunos de mis romances, mi dolor desgarrador cuando, a la edad de quince años, fui ignorada por el muchacho con el que soñaba casarme. Mi madre llegó a comprender que, aunque me había tratado con una severa disciplina toda mi vida, nuestra relación había cambiado; en esos momentos quería intuitivamente que compartiésemos un vínculo como dos mujeres. Habían quedado atrás todos sus consejos de madre como «recógete la blusa» o «manténte recta» o «habla más claramente». En esos momentos, por fin, éramos felizmente iguales, disfrutábamos de todas nuestras conexiones y diferencias, apreciábamos nuestros talentos, historias e intereses mutuos. Este lado suave y cálido de mi madre empezaba a brillar y esto sucedía porque dejaba caer su cometido materno y empezaba a quererme como persona y no como hija.

Yo tenía treinta y ocho años cuando mi madre estaba agonizando en su lecho del hospital. Con los ojos empañados de lágrimas me decía: «Oh, querida Sandie, todavía no te he enseñado todo.» Así pues, hasta el mismo momento, Bárbara Green Johns seguía siendo mi madre. Aquellas conversaciones privadas, sentada a la cabecera de su cama en el hospital, cara a cara con madre, fueron algunos de los momentos más significativos madre-hija que tuve en toda mi vida. Aunque todavía seguía siendo mi madre, la toma de conciencia de su muerte inminente facilitó el que me pareciera más humana. Ella había bajado la guardia y se había abierto totalmente.

> *Era un recuerdo que nos salía al encuentro por todas partes, ya que todas las personas de la ciudad, desde la más elevada a la más humilde, parecían haber estado tan impresionadas por el personaje y la vida de mi madre que constantemente reflejaban en nosotros una parte de ella.*
>
> HARRIET BEECHER STOWE

Este cambio de papeles fue un regalo oportuno para mi madre y para mí. Desde su cama del hospital ella expresaba su aprecio por todos los frutos de sus trabajos. Yo sentí que su fe y confianza en mí se ampliaban. Mi madre murió realmente conociendo mejor a su hija menor. Sentí que había perdido a una buena amiga. ¡Qué bendición era olvidar!

Sólo cuando mi madre murió hice plenamente las paces con nuestras diferencias y pude apreciar enteramente la influencia positiva e integral que había tenido sobre mí.

También aprendí —y he mantenido esto en mi mente como madre— que nuestros hijos nos ayudan a hacernos conscientes de lo que es real.

Nuestras madres como personas reales

Nuestro vínculo con nuestras madres empieza en los primeros momentos de nuestra vida. Nuestras madres son una necesidad bendita. Extraemos nuestra primera fuerza del amor de nuestra madre. Su amor literalmente nos mantiene vivos cuando somos bebés. A lo largo de la historia, genios y grandes personajes han sido realmente nutridos por las manos que mecían la cuna. Nuestras madres desempeñan, sin duda, un papel principal en nuestros éxitos y en nuestra felicidad.

> *Mi madre era tan bondadosa como cualquier santa, y casi fue canonizada por todos los que la conocieron. Hasta tal punto su tacto y ternura estaban llenos de gracia.*
>
> ALFRED, LORD TENNYSON
>
> *Sus sueños más dulces seguían siendo los de esa querida voz que arrulló su infancia.*
>
> ROBERT SOUTHEY

De alguna forma, nunca superamos la necesidad del amor materno. Simplemente tenemos que encontrarlo en lugares diferentes. Hay veces en las que Peter quiere que yo le haga de madre, desea que se le traiga el caldo a la cama cuando no se siente bien. Me encanta cuando mis hijas me miman instintivamente de forma maternal, dándome crema en los pies, diciéndome que todo va bien. Todos nosotros nos beneficiamos a lo largo de nuestra vida de la continuidad del amor maternal.

Cuando una madre puede imperturbablemente amar y expresar ese afecto por sus hijos, se produce la alegría. Pero las madres son también seres humanos. Cometen errores. Tienen problemas que no pueden superar. Se preocupan demasiado. No siempre pueden evitar hacer lo que hacen. Se preocupan demasiado, lo cual, extrañamente, es la razón por la que tienen una influencia tan sobrecogedora sobre la vida de sus hijos. Las madres, por definición, aman, cuidan, consuelan, enseñan, nutren, proveen, protegen y ponen a los demás por delante de ellas.

Aunque seamos conscientes del lado oscuro de nuestras madres, creo que es importante centrarse en cambio en sus virtudes. Por muchos errores que cometieran y por muy injustamente que fuéramos tratadas, si observamos de cerca, podemos ver que el vínculo madre-hija tiene un enorme poder y potencial, aunque no sea siempre el más fácil. Las madres merecen nuestro honor y respeto.

Las que nos hemos convertido en madres podemos aprender de nuestras experiencias con nuestros propios padres. Como madres, aprendemos que lo mejor que podemos hacer es *actuar* lo mejor que sabemos y esperar que, a pesar de que podamos equivocarnos, nuestros hijos sepan que siempre es posible hablar con nosotras, llegar a un lugar amoroso.

La Gracia adornaba todos sus pasos, / el cielo estaba en sus ojos, /y en cada gesto dignidad y amor.

JOHN MILTON

Una madre es una epifanía.

PETER MEGARGEE BROWN

No pasa un solo día sin que piense en mi madre, sin que eche en falta su inteligencia, su garbo, su energía y entusiasmo. «Cariño, en mi vida nunca he hecho nada a medias», dijo cuando se le comunicó que le quedaban pocos meses de vida. Ella continúa guiándome, inspirándome y queriéndome. Honro y respeto a esta mujer fuerte; la tengo en una gran estima. Reconozco su dignidad, su honor y su gran capacidad para evitar abiertamente sentir pena de sí misma, por mucho que estuviese dolida por dentro. Reconozco su distinción, su excelencia y eminencia. Un factor definitivo de mi vida es la influencia excepcional que esta mujer tuvo ayudándome a lo largo de mi camino. Cuando saludo a *mi* madre, celebro y honro a *todas* las madres. A fin y al cabo, desde el principio, ahora y para siempre, las madres realizan el trabajo más honorable de la Tierra. Al criar a los hijos participan en todas las virtudes celestiales, desempeñando un papel esencial en la creación.

Capítulo 2

Cómo nos transforma la maternidad

La verdad, que es importante para un erudito, tiene que concretarse. Y no hay nada más concreto que estar en contacto con bebés, eructos y biberones, ranas y fango.

JEANE J. KIRKPATRICK

Ampliar nuestro compromiso con la vida

> *Un signo externo y visible de una gracia interna y espiritual.*
> EL LIBRO DE LA ORACIÓN ORDINARIA

CONVERTIRSE EN MADRE es absolutamente la experiencia más agotadora que se pueda tener en la vida, pero es también una de las más gozosas y profundas. Cuando me pusieron en los brazos a mi primer bebé, Alexandra, sentí por ella un amor y un sentido de protección profundo e ilimitado que nunca había conocido antes. Me pareció un milagro esa minúscula nueva vida, cuyo cuidado era una responsabilidad enteramente mía. Como un nuevo amante, celebraba cada centímetro de su cuerpo: cualquier expresión del rostro, sus ojos radiantes, sus minúsculos dedos, sus movimientos y su sonrisa. Oh, ¡este bebé sonríe!

Soñaba con todas las cosas maravillosas del mundo a las que la introduciría: compartir con ella el placer de su primer bocado de pastel de chocolate; contemplar su emoción ante su primera visión del océano y su primer salto en medio de las olas; ser testigo de su alegría al aprender a decir sus primeras palabras y leer sus primeros libros.

> *Ser madre, hasta donde puedo expresarme, es un constante proceso evolutivo de adaptación a las necesidades de tu hijo, al mismo tiempo que cambias y evolucionas como persona por derecho propio.*
>
> DEBORAH INSEL

Yo quería que mi bebé recién nacido lo tuviera todo. Con esa intención, había pintado su cuarto de amarillo brillante, lo había llenado de muebles blancos de mimbre y había instalado dos maceteros transparentes de interior con geranios trepadores. Yo me sentía rebosante de alegría paseando con ella en el carrito azul resplandeciente que una amiga me había prestado y que yo había cubierto cuidadosamente con una pequeña manta de lana de color amarillo y rosa intenso. Era mi primera expresión para que ella apreciara lo bueno de la vida, toda su luz y belleza; yo lo quería todo para mi hija pequeña. A su vez, ella lo pediría todo de mí. «Nuestro principal deseo en la vida», señalaba Ralph Waldo Emerson, «es alguien que nos haga hacer lo que podemos hacer». La intensidad de mi compromiso con Alexandra, y posteriormente con Brooke, despertó mi compromiso de llegar al máximo de mí misma en cada cosa. Esto exigía que yo recorriera ese kilómetro suplementario para ser más responsable, confiable, razonable, paciente, honrada y dedicada de lo que nunca yo hubiera creído de mí misma.

Nuestros hijos nos llaman una y otra vez a sacar todos nuestros dones y fortaleza en apoyo de su crecimiento vital. Los hijos requieren todo de nosotras. Ser madres nos hace ser humildes a causa de sus grandes exigencias, pero también nos ayuda a ampliar nuestras capacidades. Por nuestros hijos tenemos que invocar nuestro ser superior y descubrir capacidades que nunca habíamos tenido. Una madre debe elevarse sobre sí misma. A veces, debe enjugar las lágrimas de un hijo, justo en el momento en que necesita que alguien se las enjugue a ella.

Tu hijo tiene el potencial de hacerte sentir capaz, generosa, de entregarte incondicionalmente. Aunque puedas sentirte presionada hasta tus límites, de alguna forma, como madre, encuentras dentro de ti las fuerzas para regenerar la energía emocional y física por tus hijos. Al hacerlo, en un sentido renuevas tu compromiso por la vida. Pero tus hijos te ayudan a hacerlo bien. Por su amor, su necesidad y las expectativas que tienen de nosotras, y por sus propios actos de valor al dar nuevos pasos, nuestros hijos nos inspiran a hacer más de lo que podríamos hacer en otro caso.

> *La vida, en el mejor de los casos, se convierte en un acto de equilibrio divino para crear sabiduría y armonía.*
> *Cuando un niño entra en el mundo a través de ti, lo altera todo en un nivel físico, psicológico y puramente práctico.*
>
> JANE FONDA

Convertirte en madre lo cambia todo en tu vida. La maternidad hace más profunda tu conexión con todas las cosas de la vida, convirtiéndote en una participante más activa tanto en las alegrías como en los dolores del vivir. Se buscan entonces cosas en el mundo que refuercen el placer y la vida del hijo, y una se convierte en una visitante frecuente de parques y museos, en una lectora de libros sobre ballenas y dinosaurios, en una ávida consumidora de helados, en cantante de canciones, en excursionista y en una trepadora de árboles. También se hace una asidua a las consultas de médicos y hospitales con más frecuencia de lo que se quisiera, se acuesta una más tarde y se levanta más temprano de lo que nunca se hubiera pensado, y se alimenta la paciencia a pesar de que el caos amenaza constantemente con devorarnos. No siempre es fácil, pero no puede encontrarse una mayor sensación de estar completamente viva que en todo lo que se nos pide por ser madres.

Una vez que se es madre, también se siente una mayor vulnerabilidad hacia toda la vida. Te preocupas por todo, desde el tiempo que va a hacer hasta los coches que pasan por la calle.

¿Seré una madre suficientemente buena? ¿Tendré el valor de enfrentarme a todos los desafíos? ¿Tendré la paciencia de llegar al final de las cosas? ¿Qué ocurrirá si mi hijo se pone enfermo? ¿Cómo voy a ser capaz de dejarlo con una «canguro»? ¿Cómo podré comprenderlo cuando sea adolescente? ¿Qué pasará si las escuelas de mi ciudad no son suficientemente buenas? ¿Y si no me gustan sus amigos? La lista podría alargarse indefinidamente.

> *Llevarás muchos sombreros, incluido el de aprendiz de por vida.*
>
> GRETA K. NAGEL

Cuando Alexandra tenía cuatro años, padeció una neumonía peligrosa con altas fiebres que la consumían. Toda mi fuerza y resolución estaban volcadas sobre ella. Yo caminaba de un lado a otro del hospital mientras mi hija se hallaba bajo respiración asistida. Yo estaba plenamente allí por ella y, de algún modo, supe que por eso podía ayudarla a curarse. Como madre, tanto si nos enfrentamos a un problema grande o pequeño del tipo que sea, sabemos que no hay nada que dejaríamos de hacer por nuestros hijos y esto nos proporciona la fuerza y el valor que necesitamos.

«El bebé en los brazos es un canal a través del cual corren visiblemente las energías que llamamos destino, amor y razón», señaló Emerson. Convertirse en madre abre esos canales; yo viví años luminosos durante la infancia de Alexandra y de Brooke.

Ser interrumpidas

Cuando decidimos ser madres, decidimos ser interrumpidas, dar amor cuando se necesita amor, escuchar cuando se nos pide escuchar, abandonar lo que estamos haciendo cuando nuestros hijos necesitan atención. Y a veces nos damos cuenta de que tenemos que tomar el asiento de atrás en aras del crecimiento de nuestros hijos. Nuestro tiempo ya no es nuestro, a menos no como solía ser: ya no podemos salir y tomar clases de aerobic, acudir al museo, o encontrarnos con una amiga para tomar un café en cualquier momento. Para algunas esto constituye un verdadero sacrificio; amar a nuestros hijos no significa que debamos perder los placeres de los que disfrutábamos antes. Pero comprendemos que hemos entregado parte de esta libertad por propia elección y esa decisión nos gratifica profundamente.

> *Me gusta ser madre... soy más consciente. Siento las cosas en un nivel más profundo. Tengo otra clase de comprensión sobre mi cuerpo y sobre ser mujer.*
>
> SHELLEY LONG

Mi amiga Mary Sarah solía coger a menudo un tren desde la Estación Penn de Nueva York para visitarnos en nuestra cabaña de Stonington, Connecticut. Durante sus visitas siempre disfrutábamos mucho. El año pasado, cuando se convirtió en madre, le recordé que sigue siendo bienvenida cada vez que quiera visitarnos. Ella me respondió: «Lo sé. Eres muy amable al ofrecérmelo. Pero ahora que tengo a Dylan, todo es diferente. Lo único que deseo es ir a casa para verlo, a pesar de que todavía me encanta estar con vosotros.»

El filósofo del siglo XIX, William James, explicó el fenómeno del instinto de sacrificio materno cuando escribió:

> Si haces una madre de ella, ¿qué es lo que obtienes? Poseída por la excitación materna, ahora se enfrenta a la vigilia, a la preocupación y se afana sin un instante de duda ni una palabra de queja. Se ha extinguido en ella el poder inhibidor del dolor cuando entran en escena los intereses del bebé.

Una madre está de servicio constante para vigilar los cambios continuos de las necesidades de su hijo: del hambre a la satisfacción, de las lágrimas a las sonrisas, del aburrimiento a la actividad. Ella está al servicio del horario de su hijo y no del suyo. Cuando se trata de ser madre, ¡somos las trabajadoras, no las jefas!

> *... ese ser salvaje y desconocido, el niño.*
> COLETTE
>
> *Sólo una madre conoce la dedicación de otra madre.*
> LADY MARY WORTLEY MONTAGU

Cuando Alexandra gritaba hasta que su cara se ponía roja, yo me precipitaba a comprobar su pañal, segura de que un imperdible se había abierto y se le había clavado poniéndola en un peligro mortal. Si ése no era el problema, intentaba comprobar si tenía hambre, si había mojado los pañales, si tenía un cólico o cualquier cosa que se pueda imaginar. Yo habría saltado a través de aros si eso la hubiera hecho dejar de llorar. Nuestro médico nos decía que simplemente estaba desarrollando los pulmones. Así pues, cuando lloraba, después de asegurarme de que no estaba enferma, mojada ni hambrienta, ponía la radio, fregaba los platos y, en general, creaba suficiente ruido a mi alrededor para ahogar los gritos. A veces, ella simplemente lloraba a gritos antes de dormirse. No todos los médicos le aconsejan a una hacer la misma cosa. Probando y equivocándose, al final te las arreglas para domesticar los modos salvajes de comportarse de tu bebé.

Cuando un niño entra en tu vida, todo se complica. Cuando llueve, todo el mundo debe tener botas de agua y paraguas. Simplemente salir de casa para la escuela exige comprobar la lista de necesidades: ¿tiene todo el mundo su bocadillo? ¿Una chaqueta por si hace frío? Una hija tiene una cita para una fiesta y necesita otra ropa, mientras que la otra quiere estar en casa mientras haces el pastel (¿pero te acordaste de comprar el relleno?); un día en la playa se convierte en una pesadilla para prepararlo todo, y no digamos una excursión al campo. Siempre hay algo que se olvida, algo sobre lo que no se ha pensado. Recuerdo una noche, cuando Alexandra tenía tres años: estábamos despidiendo a los amigos después de cenar, les acompañamos hasta la puerta del ascensor y la puerta del piso se cerró dejando a nuestra pequeña niña indefensa dentro y nosotros en el rellano de la escalera. Era invierno, yo estaba en zapatillas de terciopelo, no tenía dinero, ni abrigo y ninguna forma de acceder a un cerrajero. Estábamos mortalmente asustados. Cuando se tiene a un niño cerca, cualquier movimiento que hagamos tiene consecuencias.

> *Hay mucho más en ser madre que en ser mujer... pero hay mucho más en ser una madre de lo que la gente sospecha.*
>
> ROSEANNE

Esto es doblemente verdad para las madres que trabajamos fuera de casa. A principios de 1995, *Newsweek* sacó un reportaje a toda plana afirmando que uno de cada cuatro norteamericanos está apurado. Apuesto a que un alto porcentaje de estas personas eran madres de niños pequeños. Todas las madres que trabajan fuera están doblemente sobrecargadas desde el momento en que se levantan hasta que se acuestan. Una madre que trabajaba tiene dos empleos a tiempo completo y, por ello, estará crónicamente cansada aproximadamente dieciocho años de su vida. Yo sé que yo lo estuve.

Por otra parte, trabajar nos puede proporcionar otro centro de fuerza, un alivio de las exigencias constantes de nuestros hijos. Pero de cualquier forma que se considere, ser madre es un trabajo arduo y cansado. Sin embargo, yo acepté la realidad del agotamiento continuo desde el primer día. Sabía que tenía que dar a las niñas todo el tiempo que pudiese, de forma que simplemente dormía menos. Corté con las obligaciones sociales. Arreglé nuestro horario para hacerlo todo temprano. De vez en cuando necesitaba cenar temprano, enfundarme las zapatillas y prepararme para dormirme a las nueve. Corté con muchas actividades, sintiendo que, puesto que la maternidad había abierto nuevas puertas, algunas otras tenían que cerrarse. Pero valió la pena ya que, desde mi punto de vista, la maternidad justamente reforzó todas mis capacidades. Yo me volví más competente, más responsable, más viva y consciente de lo que nunca había sido.

Todo lo que podemos hacer es averiguar lo que ha de hacerse a medida que avanzamos. Nunca tendremos todo resuelto, ¡y esto era así incluso *antes* de que tuviéramos hijos!

Aprender a confiar en nuestros instintos

Yo tenía treinta y seis años cuando fui madre. Estaba insegura de mí misma. Carecía de confianza y autoestima y tenía muy poca conciencia de mi propio poder. En mi familia y en el trabajo estaba rodeada por figuras de autoridad que constantemente intentaban moldearme y hacer que actuara como ellos querían. Yo era particularmente criticada por ser una madre que trabajaba fuera de casa. La directora de la empresa de decoración para la que trabajaba no era muy sutil expresándome lo que pensaba sobre mi obligación de estar en casa criando a mis hijos en lugar de trabajar. Mi cuñada me recriminaba por la larga duración de mi jornada laboral.

> *La primera tarea es ser una buena madre.*
> FAYE DUNAWAY

Nos trasladamos desde la parte norte de la ciudad al centro, precisamente para estar sólo a cinco minutos a pie de mi despacho. Hice muchos sacrificios para ser una madre con un trabajo fuera de casa. Pero a mí me gustaba mi trabajo y además tenía que trabajar para colaborar en el mantenimiento de la casa. Sin embargo, por creer en mis críticos, con frecuencia se me hizo difícil confiar en mis propios instintos. Yo era suficientemente insegura para dejarme engañar y estar de acuerdo con los puntos de vista de los demás, simplemente porque la persona fuera mayor y más afirmativa que yo. Tendía a sobrevivir conformándome, dejándome «dirigir externamente» en público y guardando mis verdaderos sentimientos para mí misma. Pero todo eso cambió cuando gané confianza como madre.

Cuando te conviertes en madre, tienes una oportunidad incomparable para aprender a confiar en tu propio corazón. Tal vez hayamos tenido dificultades en confiar en nuestros propios instintos antes, pero la maternidad puede enseñarnos, poco a poco, a ver que tenemos nuestras propias ideas, nuestras propias soluciones a los problemas, nuestras propias razones para hacer lo que hacemos. Se aprende por experiencia lo que funciona para una misma y para nuestros hijos. Si tu hija de dos años se tira al suelo porque le dices que no puede comer veinte galletas, aprendes a confiar en que tal vez el que se desarrolle la rabieta es la mejor solución para ella. Escuchar tu propia voz —sin que interfieran todas las voces externas— te ayuda a tomar las decisiones adecuadas para tu hija así como para ti misma.

> *Los niños pequeños siguen siendo el símbolo del matrimonio eterno entre el amor y la obligación.*
>
> GEORGE ELLIOT
>
> *Yo vi el amor puro cuando mi hijo me miró, y supe que tenía que construir una buena vida para los dos.*
>
> SUZANNE SOMERS

A mí me ayudó a atender mi propia voz el escuchar las voces de mis dos niñas. Éstas expresaban honradamente sus necesidades. Si tenían hambre, comíamos. ¿Qué importa que sea la hora de comer o no? Si querían estar conmigo, yo estaba allí. Si querían estar solas para soñar despiertas, yo desaparecía de su vista. Relajándonos en esta reciprocidad, intercambiamos derechos y privilegios. Alexandra y Brooke se convirtieron en *mis* maestras y, al mismo tiempo, les enseñé que *existen* adultos que escuchan a los niños, que los toman en serio y que encuentran su compañía estimulante y gozosa.

Otro campo en el que las madres pueden agudizar sus instintos es aprendiendo a establecer límites y fortaleciendo el sentido de la estructura. La mayoría de las madres estarían de acuerdo conmigo en que crían niños más felices y sanos cuando sus hijos saben lo que no pueden hacer. Un niño sabe que gritar y patalear no sirve para conseguir lo que quiere y por eso aprende a hacer compromisos. También aprende a tolerar la frustración y la decepción, sentimientos que son inevitables a lo largo de la vida. Los niños no quieren en realidad tener la última palabra. Desde el punto de vista emocional, es como poner a un niño de dos años al volante y decirle que conduzca. Una madre aprende a confiar en su propia autoridad; a veces dice simplemente «no» porque es la madre. Cuando una madre adquiere confianza en sus propias intenciones y capacidades, puede establecer límites de un modo que es confortable para todo el mundo.

> *La tierra se llenó de cielo.*
>
> ELISABETH BARRETT BROWNING
>
> *Un simple acontecimiento puede despertar en nuestro interior a un extraño que nos es totalmente desconocido. Vivir es nacer lentamente.*
>
> ANTOINE DE SAINT-EXUPÉRY

Sin embargo, yo creo mucho en romper las normas de forma selectiva y, particularmente, cuando se trata de la hora de ir a dormir. Si se es incapaz de estar con los hijos durante el día a causa del trabajo o porque se está en un viaje de negocios, hay que hacer ajustes en sus horarios. Muchas veces yo me sentía perfectamente justificada de dejar que mis hijas se acostaran tarde porque su padre o yo (o ambos) habíamos estado ausentes durante el día. Nosotros sabíamos que teníamos necesidad de tener un tiempo para estar juntos.

Cuando se desarrolla esta confianza en una misma, se tiene un mayor sentido de cuándo se tiene que ser estricta y cuándo se puede aflojar el control.

Con la autoconfianza llega la plena conciencia y la capacidad de ser una negociadora bondadosa y justa con los hijos. Una aprende a dirigir el propio poder con consideración, porque se reconoce el poco poder que tiene el *adversario*. Los niños crecen probando la temperatura del agua y llevando a cabo duras negociaciones. Pero una, como árbitro final, debe utilizar la propia autoridad para beneficio recíproco. Los niños pueden ser manipuladores, pero hasta que aprenden otras capacidades, la manipulación es el único instrumento que tienen. Eres tú quien debe juzgar cuándo y cómo plegarte a ellos. Esto puede exigir que pases por encima de tu necesidad de controlar y de tener la última palabra. Saber cuándo permanecer firme y cuándo soltar llega cuando confías en ti misma. Mi fe y confianza en mis propios instintos se han ampliado a lo largo de mi vida como madre.

Tirar la eficiencia por la ventana

> *Yo conseguí una capacidad femenina para aferrarme a una tarea y continuarla cuando todo el mundo se va y la deja.*
>
> Margaret Thatcher

Antes de convertirnos en madres, la mayoría de nosotras aprendimos mucho sobre la gestión del tiempo; aprendimos cómo ser eficientes en todos nuestros trabajos. Nos metíamos de cabeza en proyectos orientados hacia la consecución de objetivos, llevando con nosotras una lista de tareas y tachando una por una hasta que todas habían sido hechas. Aquellos días terminaron. Sin duda alguna, las capacidades que adquirimos de ser más organizadas y capaces son muy útiles en la maternidad. Pero si las madres nos alteráramos para obtener el mismo sentido de plenitud intentando acabar todas nuestras tareas, estamos condenadas a la frustración.

Para sobrevivir y avanzar, una madre debe aprender a soltar algunas cosas. Una madre en plena tarea puede ser una visión que inspire respeto y tiene más brazos que un pulpo. Pero en ocasiones, hay que dejar algo de lado. Sí, hay días en que tenemos que estar en todas partes. Una mano frota a la pequeña para aliviarle un dolor de estómago, mientras que la otra da la vuelta a las crêpes que están en la plancha, selecciona el correo, friega otra pila de platos, dobla la ropa o administra los primeros auxilios. Y muchas madres tienen también trabajos a tiempo completo fuera del hogar además de todo esto. Sin duda existen ocasiones en las que, como madre, una se siente una «superwoman» que puede hacerlo mágicamente todo. Pero, atención; existen límites respecto a cuánto tiempo se puede mantener esto. De cuando en cuando «se puede con todo», pero en otros momentos, hay que aceptar que simplemente no se puede.

> *Cuando la gente me pregunta qué hago, siempre respondo que ante todo soy una madre. Tus hijos representan tus pensamientos. Tus hijos son una afirmación.*
>
> JACKELINE JACKSON

La maternidad enseña una lección más satisfactoria: no hay por qué hacerlo todo. Se puede ser una madre mejor sin todo este sobresfuerzo. Hay veces en las que es esencial hacer sólo una cosa a la vez: cuando estás leyendo un libro a tu hija, cuando estás escuchándola hablar; cuando tú y tu familia estáis preparando la comida. La clave para ser una buena madre feliz es permitirte estar totalmente presente y saber cuándo es necesario que tu atención no esté dividida. Yo nunca me arrepentí de apartarme del camino del trabajo frenético para escaparme con una hija a un lugar tranquilo y privado donde pudiera tenerla en mi regazo, rodearla con los brazos y murmurar: «Oh, cómo te quiero.»

Recuerdo haber hecho esto por Alexandra cuando estaba llorando porque su mejor amiga tenía viruela y no podía ir a pasar la noche en su casa, o cuando Brooke se dio cuenta de que había perdido su pulsera favorita de cuentas en una excursión al zoológico. Tuve que emplear tiempo para ayudarlas y para que entendieran sus respectivas frustraciones.

Antes de que nacieran tus hijos, tal vez te hayas aferrado firmemente a tu sentimiento de control, pero cuando éstos llegan te das cuenta de que la necesidad de control te está controlando. Las madres tenemos que aprender a encajar los golpes. Si nunca lo has hecho antes, ¡aquí tienes la oportunidad!

Piensa en tus hijos como en obras en pleno proceso de creación, que toman a veces formas extrañas y perturbadoras. No son salvajes que deben ser mantenidos bajo control. No siempre saben lo que están haciendo. Ellos intentan descubrir las cosas por primera vez. Entonces, es natural que no conozcan que hay muchas cosas que no están bien o que son fastidiosas. Así como ellos aprenden. Cuando estás totalmente implicada en este proceso de devenir, puedes ayudar a tus hijos a que entiendan no sólo lo que deben hacer, sino por qué está bien que lo hagan. Cuando te enfadas con tu hijo por derramar la leche y romper los platos, es distinto que cuando te enfadas con tu marido por dejar los calcetines sucios en el suelo. Él debería tener más conciencia de lo que hace. Pero los niños están justamente descubriendo la diferencia entre las cosas que suceden por accidente y la mala conducta deliberada. Con frecuencia no son buenos alumnos. Sin embargo, como madre, tu tarea consiste en ayudarles en su camino de aprendizaje, entendiendo que a menudo no saben lo que hacen.

> *En la simplicidad protegida de los primeros días después del parto, una ve de nuevo cómo se cierra el círculo mágico. El sentido milagroso de dos personas que existen sólo una para la otra.*
>
> ANNE MORROW LINDBERGH

Los niños, por milagrosos y maravillosos que sean, se aventuran en cosas que no deben; hacen cosas que les has dicho expresamente que no hagan. Rompen tu pieza favorita de la vajilla china cuando celebran una fiesta. Pintan en las paredes, desperdician la comida, dejan las marcas de chocolate en tu sofá de quimón y juegan a la manicura con tu pintura de uñas rojo brillante sobre tu colcha de cama inmaculadamente blanca. Mientras dibujan con pulverizador tu tarjeta de felicitación por el día de San Valentín, toda la pintura roja se desparrama por el recibidor.

Como norma, yo adopto una actitud ecuánime zen, pero no siempre me fue fácil encajar los golpes. Recuerdo un sábado por la tarde, cuando Brooke tenía sólo un año; ella decidió que quería sentarse sobre un cuenco de arroz cocido en el suelo de la cocina y hacer volar el arroz con una cuchara en todas las direcciones, incluido el techo. No podía creérmelo. En cinco minutos ella estaba fuera de todo control. Yo me resbalé y me caí en el suelo grasiento. En lugar de enfadarme, me reí con ella haciendo bromas. Entendí que simplemente se estaba divirtiendo. Y yo quería que ella se divirtiese. Imaginamos entonces que estábamos sentadas en la playa jugando con la arena. Yo capté este momento de alegría pura con una foto, para que ella pudiera verla cuando creciera y pudiera apreciar lo feliz que era.

> *Mostrar a un niño lo que alguna vez te deleitó, encontrar la delicia del niño añadida a la tuya, de forma que existe una delicia doble que pueda verse en el brillo de la confianza y del afecto, esto es felicidad.*
>
> J. B. PRIESTLEY

Me acuerdo de una dulce historia que me contó mi amiga Melanie Petro:

Yo estaba hablando el verano pasado con una de mis vecinas, antigua compañera de colegio, cuando ella me preguntó: «¿Cómo está tu maravillosa madre?»

«Estupendamente», respondí yo.

«Melanie, tienes la madre más dulce del mundo. Estaba pensando en ella el otro día, porque me acordé de haber ido a tu casa un día con mi madre cuando estábamos en quinto, y había cientos de servilletas en el suelo, en la mesa, en el horno y en los cajones. Mi madre preguntó a la tuya qué había sucedido, y tu madre simplemente sonrió y respondió: «Melanie quería jugar con las servilletas.»

Las madres son instrumentos esenciales para ayudar a sus hijos a formar su carácter y sus valores, lo cual exige que seamos comprensivas y pacientes, además de tener un buen sentido del humor.

Las madres tampoco deben imponer un horario rígido. Intentar mantener un horario estricto podría ser devastador a largo plazo. La verdad penetrante de la maternidad, que aprendemos de nuevo cada día, consiste en que, con independencia de lo acostumbradas que estemos a hacer las cosas a nuestra manera, nuestra manera es algo que, siendo madres, debemos negociar con ese ser humano vital, animado y exigente, cuya misma indefensión nos obliga a considerar las cosas desde su propia perspectiva. Yo tuve que enfrentarme a esto cada vez que encontraba las habitaciones desordenadas de mis hijas. ¿Pueden imaginarse a una decoradora de interiores que no puede mantener su casa limpia? Cuando entraba en la leonera que eran las habitaciones de mis hijas con ellas, tenía que concertar sus obligaciones como una tarea necesaria, pensando: *¿Cómo he podido haber criado niñas tan desordenadas?* Cuando yo era niña, tenía que repasar las arrugas de la colcha después de hacer la cama, para estar segura de que la había hecho correctamente. No se me permitía vivir como si estuviera en una cochinera. Pero con las niñas, a pesar del huracán que arrasaba su habitación una y otra vez, siempre acabábamos riendo como locas.

> *Cuando eres una madre, nunca estás realmente sola en tus pensamientos. Estás conectada con tus hijos y con todos aquellos que entran en tu vida. Una madre siempre tiene que pensar dos veces, una para sí misma y otra para sus hijos.*
>
> SOFÍA LOREN

Cuando podemos relacionarnos con nuestros hijos con esta apertura, evolucionamos y nos hacemos, junto con nuestros hijos, seres más relajados, flexibles y humanos. Nuestros hijos pueden proporcionarnos una conciencia de lo inmediato. Nos enseñan cómo quedar absortas en el momento, en lugar de ser tiranizadas por los horarios. Esto hace que vivamos profundamente en lugar de continuar manteniendo las apariencias externas. Relacionarnos con nuestros hijos es vivir la realidad. Cómo reaccionamos es la clave. Ser eficaz es mucho más noble que ser perfecta. El perfeccionismo no tiene ningún lugar en la maternidad.

Aprender de nuestros hijos

Cuando eres madre tienes el potencial de aprender mucho. Una de las cosas de las que soy más consciente de haber aprendido fue cómo hablar a Alexandra y a Brooke. Recuerdo una época en la que me levantaba a las cinco en punto de la mañana, escribía, bañaba a las niñas, las vestía, les daba el desayuno y las enviaba al colegio al mismo tiempo que yo salía para trabajar.

Mi paciencia fue puesta a prueba a menudo en aquellas mañanas de frenética actividad. Cada día tenía sus momentos de tensión. Yo tenía que estar muy consciente de mi estado de humor para no tener que reaccionar con aspereza ante mis hijas u ordenarles hacer algo, cosa que hacía en ocasiones. Al final aprendí el equilibrio entre ser firme y ser flexible. Me escuchaban mucho más cuando yo lograba este equilibrio.

> *Ningún compromiso de este mundo exige más que criar hijos.*
>
> JANENE WOLSEY BAADSGAARD

Si tiendes a decir lo que está en tu mente en lugar de considerar el impacto de tus palabras en los demás; si eres impaciente cuando explicas algo; si das órdenes en lugar de pedir ayuda; si te expresas con prisas y no con calma, probablemente sufrirás una falta de comunicación innecesaria y, como consecuencia, experimentarás dolor y frustración al tratar con tus hijos. Si realmente quieres comunicar y quieres que tus hijos te oigan, pronto aprenderás a hablar de forma que ellos puedan realmente escuchar. Conseguimos mucho más efecto cuando nuestro tono de voz es tierno y amoroso, especialmente en momentos de profunda seriedad. Existen sin duda momentos en nuestra vida en los que estamos al límite o ansiosas por una u otra razón. No siempre estamos en nuestro mejor momento. A veces erramos en el camino. Algunas de las cosas más estúpidas han salido de mi boca en dichos momentos.

Sin embargo, estoy agradecida por dos palabras que continuamente enseñé a mis hijas: *Lo siento*. En ocasiones les explicaba por qué estaba fuera de mí y, en otras ocasiones, las razones eran demasiado privadas o turbadoras para sus jóvenes oídos. Generalmente, yo era una blanda, incluso en mis momentos de acaloramiento. Yo era consciente de ellas y quería que aprendieran la forma de enfrentarse a cada situación.

> *Tomar la decisión de tener un hijo es trascendental. Supone decidir para siempre hacer que tu corazón lata fuera de tu propio cuerpo.*
>
> ELIZABETH STONE

La relación con nuestros hijos nos enseña no sólo a cómo comunicar mejor, sino que también nos ayuda a aprender cómo pasar el tiempo disfrutando juntos, incluso en espacios cercanos.

A mí me encantaba ver en cuántas formas podíamos resolver los problemas que surgían de vivir en espacios cercanos. Cuando no hay interferencias entre nosotras, el flujo de comunicación es abierto y auténtico. Cuando eran pequeñas, teníamos «periodos de tranquilidad». Cada una de nosotras podía leer o descansar, jugar o no hacer nada especial de forma independiente durante espacios concretos de tiempo, siempre que no molestásemos la paz de los demás. A menudo las niñas querían acurrucarse en mi cama, y eso estaba bien. Puedes aprender, y de hecho aprendes, de tus hijos principios y técnicas para vivir bien juntos.

Empatía y respeto por el proceso

Los niños amplían enormemente nuestra capacidad para entrar en empatía con los demás y ver las cosas desde otro punto de vista. Hacer de madres con otros niños también nos enseña a tener fe en el proceso de crecimiento y de la vida misma. En un sentido, ésta es la promesa que hacemos cuando nos convertimos en madres. Prometemos intentar hacer lo mejor que sabemos para entender a nuestros hijos como seres independientes que están aprendiendo a abrirse su propio camino en el mundo. Los seres humanos somos la única especie que podemos hacer conscientemente dichas promesas. Yo hice un convenio con mis hijas de que siempre estaría disponible para ellas, pero que siempre intentaría respetar su independencia y sus opiniones. Nuestros hijos son seres separados, no simples extensiones de nosotras mismas.

Yo me enfrenté a este hecho frontalmente cuando Brooke me reveló, justo después de acabar el bachillerato, que quería vivir en París. Ella me convenció de que ni siquiera quería intentar entrar en la universidad. Esto no era lo que yo esperaba oír. Recibí llamadas de todo el mundo, de su colegio privado, presionándome (con un tono paternalista) para que la forzara a ir a la universidad: «No es justo para Brooke que no se la empuje para que solicite su admisión.»

> *A mí me gustan estos pequeños; y no es una cosa menor cuando ellos, que racaban de venir de Dios, nos aman.*
>
> CHARLES DICKENS

Personalmente apoyé a Brooke. Después de todo, yo no había ido a la universidad. Finalmente, intervino la ecuanimidad. Una amiga mía de toda la vida la invitó a pasar un fin de semana en la Universidad de Denison en Granville, Ohio, para ver a su hermana que jugaba en un partido. Por casualidad yo estaba dando una conferencia en un museo cercano. El domingo, cuando intenté recogerla del recinto para coger un avión que nos llevara de vuelta a Nueva York, ella me murmuró: «Voy a volver a estudiar en esta universidad.» Y así lo hizo.

Cuando Brooke se licenció, se marchó a París y vivió allí durante un año, hasta que una buena editora la llamó y le suplicó que volviera a Nueva York para trabajar con ella. Las cosas marchaban bien, pero aun así yo confiaba en los sentimientos de Brooke, sabiendo que ella haría lo que fuera mejor para ella —no para mí o para su universidad—, y confiar nos ayudó a todos a crecer.

Yo siempre intento ser respetuosa con la capacidad de tomar decisiones de Alexandra y de Brooke. Recuerdo cuando Alexandra era adolescente y empezó a ir a las discotecas. Peter y yo esperábamos levantados a que ella volviese, paralizados de miedo y leyendo en la sala de estar, hasta escuchar que la puerta se abría y comprobábamos que ella estaba a salvo. Le dábamos un beso de buenas noches y olíamos la nicotina en su pelo y en su ropa, e imaginábamos el «antro de perversión» en el que había pasado la velada.

Un sábado por la noche, Alexandra recibió una llamada telefónica de una amiga y compañera de curso pidiendo ayuda. «Alexandra», suplicaba, «ven a ayudarme. He estado bailando y he bebido demasiado. Acabo de vomitar en el servicio de señoras. Estoy demasiado débil y desorientada para llegar a casa sola».

> *Todo niño llega con el mensaje de que Dios no se ha desanimado todavía del hombre.*
>
> RABINDRANATH TAGORE
>
> *Todo lo que he visto me enseña a confiar en el Creador por todo lo que no he visto.*
>
> EMERSON

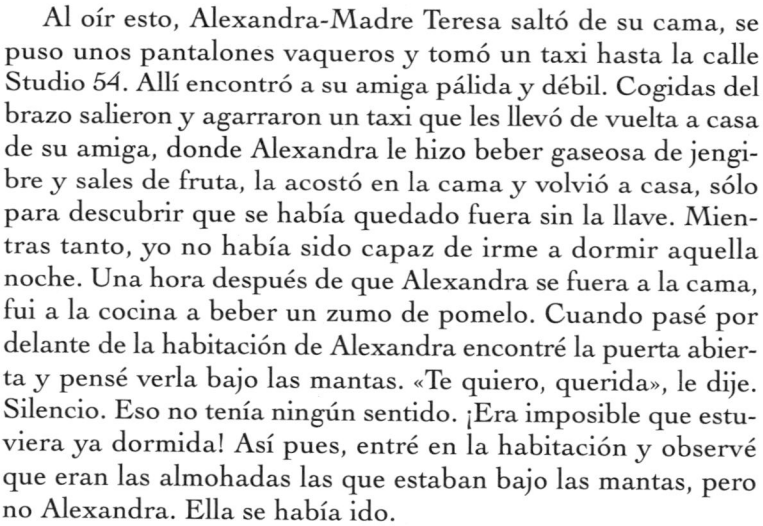

Al oír esto, Alexandra-Madre Teresa saltó de su cama, se puso unos pantalones vaqueros y tomó un taxi hasta la calle Studio 54. Allí encontró a su amiga pálida y débil. Cogidas del brazo salieron y agarraron un taxi que les llevó de vuelta a casa de su amiga, donde Alexandra le hizo beber gaseosa de jengibre y sales de fruta, la acostó en la cama y volvió a casa, sólo para descubrir que se había quedado fuera sin la llave. Mientras tanto, yo no había sido capaz de irme a dormir aquella noche. Una hora después de que Alexandra se fuera a la cama, fui a la cocina a beber un zumo de pomelo. Cuando pasé por delante de la habitación de Alexandra encontré la puerta abierta y pensé verla bajo las mantas. «Te quiero, querida», le dije. Silencio. Eso no tenía ningún sentido. ¡Era imposible que estuviera ya dormida! Así pues, entré en la habitación y observé que eran las almohadas las que estaban bajo las mantas, pero no Alexandra. Ella se había ido.

Cuando Alexandra se vio obligada a llamar al timbre porque se había quedado fuera, tuvimos que hablar. Ella nos rogó que escuchásemos su punto de vista de la historia. No había querido molestarnos; había hecho lo que creía que tenía que hacer por una amiga íntima y, además, estaba a salvo. Al final de nuestra larga discusión, reconocí a Alexandra como una salvadora. Siempre que una amiga la necesita, ella está ahí. Una y otra vez, incluso tras el paso de los años, sigo impresionada por cómo actuó guiada por un poder superior aquella noche, incluso aunque yo estuviera preocupada a más no poder.

> *Cuando vives sólo para el amor, te llenas de amor. Esto es ser un santo.*
>
> THOMAS MERTON

Nuestros hijos nos ayudan a tener fe en los procesos de la vida. Convertirnos en madres nos enseña todo sobre el respeto por la vida. Como madre de dos hijas, descubrí que el amor que siento por ellas me llena de lo mejor de mí. Este «yo-tú» que hay entre nosotras es recíprocamente nutriente. Nuestras almas se elevan a un lugar en el que tenemos más comprensión y más Gracia. A causa de mi compromiso con ellas existe una promesa de que yo sea más digna de confianza, me convierto en esa persona digna de confianza y vivo la experiencia de nuevos niveles de amor y comprensión.

Los hijos nos inspiran el amor porque ellos nos dan mucho de sí mismos. Los hijos creen que somos hermosas por el amor que nos tienen, y este amor que expanden sobre nosotras nos ayuda a ser amorosas hasta la médula. Yo quería ser todo lo que pudiera por mis hijas. Pero no sólo quería ser esta reserva de sensibilidad y compasión, también quería mostrar a mis niñas que yo era capaz de armonizar las cosas. Quería que ellas me respetasen y se respetasen por *todas* nuestras muchas grandes cualidades y capacidades.

Renovación

La maternidad nos transforma, no en una sola ocasión, sino una y otra vez. Cuando nuestros hijos son bebés, nos convertimos en niñeras y expertas en nutrición y desarrollo evolutivo de la infancia. Al principio, podemos estar aterradas de lo poco que sabemos. Cuando yo estaba dando el pecho a Alexandra, ella dejaba de tomarlo y empezaba a gritar inmediatamente. Yo estaba convencida de que mi leche se estaba secando y que realmente la estaba matando de hambre. Unas pocas conversaciones con un médico aclararon el asunto. Sin embargo, las preocupaciones y los miedos seguían acosándome. ¿Cuál sería la causa de esas altas fiebres? ¿Desaparecerían a tiempo? ¿Les estaría creciendo el pelo a buen ritmo? ¿Hablaría alguna vez? Al principio, todo parece causarnos una grave preocupación. Poco a poco, aprendemos a soportar esta tensión y a admitir nuestros miedos y superarlos. Nos hacemos más listas sobre lo que realmente importa, porque aprendemos que sobreviviremos a todo lo que haya de venir. Y aprendemos que es absolutamente esencial que hagamos lo mejor que podamos, pero también que nos relajemos, tanto por nuestra propia seguridad como por la de nuestros hijos. Cuando el bebé deja de llorar porque hemos hecho algo adecuado, podemos relajarnos y acostumbrarnos cada vez más a estos flujos y reflujos de las crisis. En la vida las cosas están permanentemente en un flujo continuo.

> *Cuando proclamamos entonces la necesidad de hacer que el espíritu femenino sea definitiva y absolutamente libre, el pensamiento se vuelve de forma natural, no hacia los derechos de la mujer, ni tampoco de la madre, sino hacia los derechos del niño, de todos los niños del mundo.*
>
> MARGARET SANGER

Este tema es recurrente a lo largo de nuestra vida como madres. Creemos que apenas sobreviviremos a las torturas que supone estar pendientes de apartar al hijo que empieza a gatear de las mesillas de cristal que nos parecen peligrosas. Nos preocupamos demasiado sobre su timidez o sobre su agresividad en los parques infantiles colectivos. Pero cuando les vemos sobrevivir a sus golpes, y los observamos aprender a compartir las cosas con sus amigos —entre peleas—, experimentamos esa sensación de renovación, y nuestra confianza se restablece cuando vemos cómo aprenden a sobrevivir a su modo.

Cuando nuestros bebés se hacen niños, se nos pide ser una fuente de conocimiento y proporcionar la llave del almacén de todos los hechos y misterios de la vida. De repente, tenemos que presentarnos como expertas en el conocimiento de ballenas y dinosaurios. Y no sólo esto, debemos saber todas sus características: cuáles son carnívoros, cuáles herbívoros, cuáles viven en el mar en el que estaríamos dando una vuelta en barca y si estaríamos a salvo o no. Más adelante, tenemos que ser expertas en matemáticas, añadir a esto los ordenadores (sobre los que la mayoría de nuestros hijos saben más que nosotras). Tengo una amiga que tuvo que revisar su oxidado francés para poder conversar con su hijo de once años a la hora de comer.

> *Dar a luz genera un torrente de poderosas hormonas, que producen una oleada de energía que desborda por todo el cuerpo. En una mujer que tenga recuerdos sanos de su primera infancia, esta oleada de energía se vive como un fuerte vínculo cono su hijo.*
>
> Dr. Deepak Chopra

Posteriormente, nuestra fe es puesta a prueba, se nos reclama para ayudar a nuestros adolescentes en su proceso de maduración para que atraviesen el puente que divide, a veces terroríficamente, la niñez de la madurez incipiente. En ocasiones tenemos que contemplar, sin poder hacer nada, cómo nuestros hijos abordan el miedo de probarse a sí mismos en su propio mundo. Ninguna madre está sola al sentirse perpleja ante la conducta de sus hijos adolescentes en ese periodo a veces emocionalmente turbulento. Habrá caídas, pero entonces ya no serán de bicicletas. Puede haber problemas en los estudios, desórdenes alimentarios, problemas con el sexo o las drogas, o incluso con la ley. Pero nosotras permanecemos tranquilas y fluimos con cada situación con un corazón amoroso. Aquí, una vez más, contemplamos el flujo y el reflujo de las crisis, pero en esos momentos quizá tengamos que conservar la calma cuando recordamos cómo hemos superado los desafíos en otras muchas circunstancias difíciles.

También aprendemos la difícil lección de que no podemos proteger a nuestros hijos de sus propios errores. No podemos impedirles que encuentren las dificultades que la vida les presenta, a veces aparentemente al azar. Pero la confianza en nuestros hijos les ayuda a aprender a confiar en sí mismos y a pedir ayuda cuando la necesitan. Pasado un tiempo, nos preocupamos cada vez menos a medida que vamos observando cómo cada vez son más competentes.

> *Todas las madres son ricas cuando aman a sus hijos. No hay madres pobres, ni feas ni viejas. Su amor es siempre la más hermosa de las alegrías.*
>
> MAURICE MAETERLINCK

Cuando estuve en Jackson, Mississippi, dando una charla a algunos estudiantes de bachillerato superior, muchos de ellos me confesaron cómo odiaban la presunción de bastantes adultos de que no valían nunca para nada. Cuando tenemos confianza en nuestros hijos, apoyamos sus mejores impulsos y esto les ayuda a prosperar. Nosotras no estamos a cargo de cómo transcurre la vida de nuestros hijos. Queremos que sean felices, pero debemos entender que nuestro camino no será el de ellos. Cuando prevemos lo mejor, rara vez nos decepcionamos.

Debemos examinarnos constantemente, particularmente en los penosos cambios de la adolescencia, para asegurarnos de que seguimos abiertas y comprensivas, incluso en las circunstancias más difíciles. Podemos armarnos de valor cuando llegan los tiempos difíciles recordando las muchas encrucijadas en las que temíamos que no íbamos a sobrevivir, pero en las que sobrevivimos.

El péndulo se balancea continuamente. Este principio vuelve a aparecer a lo largo de la vida como padre o madre, enseñándonos lecciones esenciales sobre lo que significa estar vivo, momento a momento, en el proceso de cambio y devenir. Nuestros hijos crecen rápidamente, en el plano físico, mental y emocional, recordándonos que nunca somos criaturas fijas y estáticas, sino que siempre somos capaces de desplegarnos para alcanzar nuestro pleno potencial, creciendo en conciencia sobre la vida, sobre nosotras mismas, nuestra responsabilidad y el compromiso de estar más plenamente vivas.

Nuestra capacidad para permanecer flexibles, para «estirarnos» por nuestros hijos, en última instancia nos transforma. Y nuestros hijos nos inspiran y animan mediante su capacidad para aprender y cambiar, para mantener ágil y vivo el músculo que controla la flexibilidad. Los bebés y los niños no hacen que seamos completas, pero las luchas de su vida, su curiosidad y su resistencia son tan inspiradores que nos animan a ser más y a creer más en la misma vida.

Crecer en tiempos de dificultad

> *... tocar nuestro propio límite superior y vivir en nuestro más elevado centro de energía...*
>
> WILLIAM JAMES

Una de las transformaciones más dolorosas que atravesé con mis hijas ocurrió mientras contemplaba cómo Brooke sufría por la muerte de su mejor amiga, Courtney Steel, que fue brutalmente asesinada por un conductor borracho que se dio a la fuga. Yo nunca había experimentado un dolor más grande en toda mi vida que el ver a mi hija de diecisiete años con una pesadumbre tan profunda. Brooke permanecía en la cama con la puerta cerrada y yo estaba en la mía, en el cuarto de al lado. Estábamos separadas, pero juntas. Yo sentía que la estaba apoyando en su dolor y que estaba cercana a ella, pero no asfixiándola. Leí muchos libros sobre la muerte y con Brooke tuve muchos sueños paralelos sobre Courtney.

Una tarde sentí que Brooke se ahogaba en su dolor. Tal vez, lo sentí así porque a mí me estaba pasando lo mismo. Le pedí que viniera a la cocina. Sentadas a la mesa, tuvimos un intercambio cargado de amor, dolor, ansiedad, ternura, pensamientos de muerte: todo el espectro de la energía emocional. Gritamos, dimos alaridos y lloramos aullando. Sacamos hielo de la nevera y lo pusimos en toallas para aliviar nuestros ojos. Pero también reíamos en medio de nuestro dolor histérico. «¡No queremos asustar a nadie!», decía yo. Por casualidad, una amiga de ambas estaba en el piso aquella tarde fotografiando el baño de mi habitación para la revista *Redbook*. De repente, se incendiaron los focos de la fotógrafa. Llamaron al 911 y acudió un equipo de bomberos con mangueras para apagar el fuego, mientras que Brooke y yo discutíamos a fondo nuestro paso doloroso desde la aceptación de la trágica muerte de Courtney hasta soltar nuestro dolor y seguir adelante.

> *Si juzgas a las personas, no tienes tiempo de amarlas.*
> MADRE TERESA

Durante aquel periodo triste y doloroso, una amiga estuvo insistiéndome en que sacara la mente de la tristeza. Vi que Brooke lo estaba superando, pero yo no quería escapar al dolor. Quería estar ahí con ella, porque lo habíamos sufrido juntas, estábamos en la misma longitud de onda emocional y éramos capaces de ayudarnos mutuamente durante esta trágica crisis. El vínculo era sólido. Nunca en mi vida me había sentido más completa.

La mayoría de las madres están de acuerdo en que alegremente tomaríamos sobre nosotras el dolor de nuestros hijos si pudiéramos ahorrárselo. Pero la realidad nos enseña que no hay atajos para superar las situaciones dolorosas. Como madres, aprendemos a respetar esta limitación. Cada alma individual tiene que encontrar su propia experiencia y vivirla personalmente. La vida tiene que afectarnos a todos por igual.

Profundizar nuestro apoyo en la vida

Cuando nos convertimos en madres, sentimos un mayor apoyo en la vida. Evolucionamos enormemente en nuestra comprensión interna y en el conocimiento de la naturaleza humana y de las formas de actuar del mundo. Cuando nuestros hijos se hacen mayores, quizá nos interesamos más por la política y la sociedad en la que nuestros hijos están creciendo, ya que valoramos hasta qué punto ellos se ven afectados por ellas. Cada cosa y cada persona del mundo adquiere una importancia esencial para las madres, porque todo afecta la vida de nuestros hijos, ahora y en su futuro. Nuestras relaciones con todas las cosas y personas, tanto en el ámbito privado como en el público, se vuelven más relevantes y más esenciales.

> *De todo lo que es maravilloso en el ser humano, nuestro valor más glorioso es la capacidad de cambiarnos a nosotros mismos.*
>
> EKNATH EASWARAN

Cuando te conviertes en madre, quieres darlo y hacerlo todo por tus hijos. Esto incluye desear que tengan una amplia red de apoyo. Quieres que conozcan a muchas personas maravillosas, tanto de tu propia familia como de tu mundo social. Tener un hijo puede transformar tus relaciones con la familia, a veces de forma maravillosa. Yo descubrí que me interesaban mucho más las historias familiares, los mitos y las leyendas que habían sido transmitidos a lo largo de años. Tras dar a luz a Alexandra y a Brooke, experimenté una enorme capacidad de conectar con miembros muy queridos de la familia, a causa del efecto maravilloso que éstos tenían en mis hijas. Esto, a su vez, también me ayudó a tener encuentros más íntimos, cálidos y reales con ellos. Igualmente, me encantaba compartir la vida familiar con los amigos y amigas, tanto los que tenían hijos como los que no. Cuando se considera cuánta energía y recursos son necesarios para criar a un hijo, parece absurdo que lo hagan sólo los padres y madres. Creo que todas nos necesitamos mucho más mutuamente cuando nos convertimos en madres.

Como padres y madres, también nos hacemos más conscientes de las fuerzas sociales que afectan la vida de nuestros hijos. La disponibilidad limitada hacia el buen cuidado de los niños en Estados Unidos pone de relieve una terrible falta de interés por el bienestar de nuestros hijos. ¿Qué podría ser más importante para padres y madres que saber que existen disposiciones para el cuidado diario, para la seguridad en las calles, que existen buenas escuelas y buenos centros de salud para nuestros hijos? Cuando una se convierte en madre, de repente el estado del mundo adquiere una importancia fundamental. Cuando Alexandra padeció una neumonía siendo muy pequeña y tuvo que estar en una unidad de respiración asistida en el hospital Hill Lenox de Nueva York, tuve mucho tiempo para mirar fijamente las lúgubres paredes dentro de las que muchos niños enfermos tienen que vivir. Decidí hacer algo, colocando banderolas coloridas y otro tipo de decoración en aquellos tristes pasillos y habitaciones. También me presenté voluntaria para crear un entorno vivo y atractivo en otro centro de asistencia, el ala infantil del hospital presbiteriano de Columbia. Igualmente, participé en una junta directiva de una organización benéfica para ayudar a dar techo a los sin hogar y proporcionarles comidas rudimentarias en escuelas e iglesias, y también participé más activamente en nuestra iglesia, con el deseo de asegurar un buen liderazgo a la nueva generación.

Familiarízate con los ángeles y tenlos con frecuencia en tu espíritu, ya que, sin ser vistos, están presentes dentro de ti.

SAN FRANCISCO DE SALES

Los hijos te aportan amor

Cuando nacieron mis hijas, sentí que estaba participando en una interrelación extraordinaria y preciosa. Me sentí renovada por mi interés, confianza y fe en ellas. Cuanto más creía en ellas, mayor libertad tenía para elevar mis puntos de vista. Me sentía entusiasmada contemplando el crecimiento y expansión del mundo de mis hijas a través de mi ternura y cariño.

Los hijos nos transforman, porque quererlos aumenta nuestra capacidad para amar, tanto para dar como para recibir. Así, muchas lectoras me dicen que desde que han tenido a sus hijos se han hecho más amables, bondadosas y cariñosas. No importa realmente cómo fueras antes de ser madre; puede que fueses fría, distante o colérica. Una vez que eres madre, te abres un poco más. Creo que la maternidad nos proporciona una especie de visión poética de la vida. Y, al igual que el poeta, cuyos sentidos están totalmente armonizados con el mundo para descubrir la belleza o la verdad de la vida, las madres estamos en sintonía con lo que nuestros hijos necesitan para ser felices y prosperar.

> *Por ser una madre, soy incapaz de sorprenderme: eso era algo que no me pasaba antes.*
>
> MARGARET ATWOOD
>
> *La mayoría de las madres son filósofas instintivas.*
>
> HARRIET BEECHER STOWE

«Enseñar es el fin y la tarea constante de todas las cosas», nos asegura Emerson. «La enseñanza y la instrucción constituye el diseño principal que brilla a lo largo del cielo y de la Tierra.» Cuando nos convertimos en madres, vemos el mundo como una oportunidad para educarnos en nuestro propio beneficio y en el de nuestros hijos. Todas las grandes lecciones que he aprendido han venido de mis maestras zen, Alexandra y Brooke. Gracias a ellas he aprendido a estar más abierta al amor.

Hace poco estaba sentada en la playa en una excursión a una isla, cuando una pequeña de tres años vino directamente hacia mí y me dio un beso en la mejilla. Debió seguramente haber sentido mi amor por los niños. Era un ángel que me conectaba de nuevo con mis hijas. Los niños nos permiten ser nosotros mismos. Ellos responden a nuestro amor sin críticas. Ellos no intentan impresionar a los demás. Sus sentimientos puros, auténticos e íntegros, así como sus relaciones inmediatas con los demás, es lo que más les importa.

> *Veréis lo divino en todas las criaturas.*
> BHAGAVAD GITA

En estos tiempos, hasta cierto punto cínicos, es algo que redime el ver que los niños siempre reconocen nuestra ternura, nuestra vulnerabilidad, nuestra añoranza de ser aceptados por lo que realmente somos. Los niños nos transforman porque nos enseñan lo que es verdadero y real, lo que vale la pena. Cada vez que estamos en presencia de un niño amoroso, somos transportados a un mundo apasionado y vital. En él tenemos las percepciones más profundas y agudas del misterio y del milagro de la existencia. A través de esa experiencia sabemos que, de un modo sutil, los niños poseen el secreto de la felicidad. Cuando nos ennoblecemos gracias a ellos, apreciamos nuestra capacidad para abrirnos totalmente a un potencial cada vez más expandido de amor.

Capítulo 3

¿Qué hace una madre por sus hijos?

«Tú me amas más que el amor»
Alexandra Brandon Stoddard, seis años,
31 de enero de 1973

> *¿Quién corrió para ayudarme cuando me caí, me contó alguna preciosa historia o me besó cuando me hice daño para hacerme sentirme bien? Mi madre.*
>
> JANE TAILOR

¿QUÉ HACE UNA MADRE POR SU BEBÉ? Cambia 4.380 pañales, dejando algunos para papi. Se despierta 1.625 veces en mitad del sueño. Prepara 2.920 biberones de leche y zumo. Juega al escondite 730 veces. Prepara 2.255 baños, sabiendo que su bebé podría bañarse 10.555 veces más debido a su continuo ensuciarse. Lo cogerá y lo mantendrá en su regazo 91.250 veces —quizá dos niños a la vez—, llegando a tener encima varios kilos de alegría abrazada. Limpiará lo que ensucia su hijo 40.150 veces, sonriendo ante su pequeño ingenio y creatividad.

Cuando el hijo alcanza la edad de doce años, la madre ha hecho 4.015 bocadillos de mantequilla de cacahuete, limpiado 16.420 basuras, cantado 10.950 canciones, rezado 12.700 oraciones y leído 8.760 libros, algunos de ellos hasta 87 veces. Mi madre me leyó *La máquina mágica* tantas veces que era yo quien tenía el libro, porque ella se sabía de memoria hasta la última palabra.

¿Cuántas veces quisieron mis hijas que les leyese *Amelia Bedelia*, de Peggy Parrish, o *Winnie the Pooh*, de A. A. Milne, o *El globo rojo*, de Albert Lamorisse, o también *Oh, ¡los lugares a donde irás!*, de Seuss.

> *El corazón de una madre es la escuela del hijo.*
>
> HENRY WARD BEECHER
>
> *Siento decir que Peter no se sintió bien por la noche. Su madre lo acostó, hizo una infusión de manzanilla ¡y le dio un poco!*
>
> BEATRIX POTTER

Una madre abrazará a su hijo 46.720 veces, le besará otras 17.520 y le hará 116.800 caricias.

Le dirá «te quiero» al menos 21.900 veces, y siempre deseará haberlo dicho con más frecuencia. Lo sé porque soy una madre. Una madre hará cualquier cosa por sus hijos porque su compromiso y su amor son infinitos.

Me pregunto lo larga que sería la lista si tomara en consideración *todo* lo que una madre hace por sus hijos. Una madre los quiere sin condiciones previas, mientras que al mismo tiempo con delicadeza establece límites para ayudar a sus hijos a aprender a adaptarse y a transigir. Una madre ofrece apoyo y comprensión, incluso cuando enseña a sus hijos a escuchar la palabra *no*. La madre es la guardiana del hogar, aunque para pasar momentos auténticos con sus hijos, a veces tiene que dejar de trabajar antes de caer rendida al suelo. Una madre se deleita jugando con sus hijos y desarrolla la sensibilidad para aprovechar cualquier oportunidad que surja de tener una conversación tranquila y amorosa. Una madre constantemente profundiza dentro de sí para compartir y muestra lo que es bueno y positivo en el mundo, aunque también tiene que reconocer que hay dolor y decepción. Una madre inculca valores en sus hijos, no sólo diciéndoles lo que es correcto, sino también siendo un ejemplo vivo para ellos. Una madre proporciona estabilidad haciendo que su hijo se sienta seguro, aunque debe ser flexible para hacer que su mundo sea divertido.

> *Lo que la madre está diciendo a su hijo con ese afecto es «vive».*
>
> DOCTORA RACHEL NAOMI REMEN
>
> *Amar es recibir una vislumbre de los cielos.*
>
> KAREN SUNDE

Como madres, hacemos lo que hay que hacer para cada hijo en su momento. Afrontamos momentos horribles, manejando rabietas en público y encuentros con el director del colegio. Aceptamos los inconvenientes, meciendo a nuestros hijos para dormirse en medio de la noche y precipitándonos a salir del trabajo antes de tiempo para llevar a nuestros niños al médico. Nunca olvidaré el dolor que sentí cuando llegué a casa desde la oficina una tarde y me enteré de que la niñera había llevado a Alexandra al doctor Davis para que le quitara una gran astilla que se le había clavado. Sentí no haber estado allí para sostenerle la mano, besarla y enjugarle las lágrimas. También tenemos que enfrentarnos a la tarea desagradable de limpiar los vómitos en la cama, la pared, el suelo y la caja de juguetes.

De algún modo, con independencia de lo dura que sea la situación, cuando se trata de nuestros hijos estamos con ellos al 300 por 100, encajando los golpes, conservando nuestro sentido del humor y, de innumerables formas, mostrándoles todo lo bueno que hay en el mundo. Pero, sobre todo, una madre nunca falla cuando se trata de los hijos.

El don del amor incondicional

Lo que más necesitan nuestros hijos de nosotras y lo que intentamos darles con más abundancia es nuestro amor incondicional. Nuestro amor incondicional proporciona a nuestros hijos un sistema de apoyo que es improbable que encuentren en ninguna otra parte a lo largo de su vida, con la única excepción de sus amigas y amigos más íntimos y, más adelante, las parejas importantes de su vida. Aun así, el amor incondicional de los padres es una energía única. Es puro amor entregado con una generosidad inhabitual. Cuando los hijos tienen esta red de seguridad amorosa, cuando saben que suceda lo que suceda pueden recurrir a la madre en busca de consuelo, de fortaleza y comprensión, crecen hasta convertirse en adultos centrados, fuertes y amorosos. Cuanto más pone una madre su apoyo incondicional a la disposición del ser de sus hijos, más oportunidades tienen éstos de alcanzar su pleno potencial.

> *Confiad en vosotros mismos. Sabéis más de lo que creéis.*
> DOCTOR BENJAMIN SPOCK

Recientemente quedé impresionada y emocionada en una charla que tuve con Carol, una camarera que trabaja en el restaurante Noah de Stonington Village. Jason, uno de sus tres hijos, trabaja allí a media jornada como friegaplatos. Carol quiere a sus hijos sin pudores y a menudo habla de lo divertido que es ser madre. «Mis niños son extraordinarios. Quién sabe, tal vez Alexandra sea un día presidenta de Estados Unidos. Pero creo más bien que será mi hija Amanda; ¡eso es!» Con un gran guiño y haciendo un gesto con los dos pulgares hacia arriba, Carol asiente con la cabeza. «Sí, es una cuestión de tiempo. Todo lo que hago es poco por mis hijos. Ellos son toda mi vida.»

El entusiasmo jubiloso de Carol y la fe que tiene en sus hijos les proporcionará un buen punto de partida. ¿Quién sabe hasta qué punto este amor determinará su felicidad y sus capacidades en el futuro? Tiendo a pensar que tendrá una gran influencia.

Yo quiero a mis hijas a partir de esta abundancia, por lo que son, no por la necesidad de que ellas sean de una forma determinada. No todo el mundo está de acuerdo en este apoyo incondicional por los hijos. Algunos dicen que eso es malcriarlos. Yo he asistido a conferencias dadas por psicólogos que creen que dar este amor y apoyo ilimitados no prepara a los niños para vivir en el mundo real en el que no serán tan alentados. Pero el mundo real es frío. Nosotras lo contrarrestamos proporcionando nuestro amor. El mundo externo no es siempre un buen juez de la fuerza y capacidad individuales: o bien hay que ajustarse al molde general o se es marginado. La tarea de padres y madres es ayudar a los hijos a descubrir sus cualidades personales, para que puedan salir al mundo reforzados por este conocimiento. Mimar a un niño es un asunto totalmente diferente; no tiene nada que ver con ser el mayor fanático de tus hijos. Consentirles los malos hábitos y no enseñarles que existen límites a sus demandas pueden contribuir a que tengan dificultades posteriormente en su vida. Pero ¿el amor? Nunca puedes dar a un hijo demasiado amor y apoyo. Nunca es demasiado.

> *Dios sabe que una madre necesita fortaleza, valor, tolerancia, flexibilidad, paciencia, firmeza y casi todos los demás aspectos valerosos del alma humana. Pero, como resulta que yo he sido un padre de una naturaleza casi fieramente maternal, alabo la despreocupación. A mí me parece la virtud más escasa. Es muy útil cuando los niños son pequeños. Es importante hasta el punto de convertirse en una necesidad cuando son adolescentes.*
>
> PHILLIS MCGINLEY

Recuerdo una carta conmovedora que recibí de una lectora a la que el apoyo de su madre le ayudó a creer en sí misma. Literalmente dice:

> A los seis años decidí que quería ser actriz. Mientras que mi padre pensaba que se trataba simplemente de un sueño de niña pequeña que desaparecería con el tiempo, mi madre, que era fisioterapeuta, siempre me tomó en serio y me animó incluso en pequeños detalles. Ella era mi público cuando yo hacía pequeñas obras con mis amigas.

Siempre me ayudó a hacer el vestuario. A lo largo de todos mis estudios ella mantuvo el entusiasmo de mis actuaciones, llegando incluso a hacer más de 1.500 kilómetros en avión para verme actuar. Actualmente estoy trabajando como camarera en Nueva York y haciendo además unas diez representaciones semanales. Mamá sigue siendo mi mayor seguidora.

Los niños nacen con su propio amor. Nos corresponde a nosotras mantener vivo este amor. Lo hacemos aplaudiendo sus logros. Cuando queremos a nuestros hijos, llegamos a conocer sus virtudes y cualidades. A su vez, ellos aprenden a valorarlas.

> *¿Qué hacen las niñas que no tienen madre para ayudarles a superar sus problemas?*
>
> LOUISA MAI ALCOTT

También podemos apoyar a nuestros hijos ayudándoles a encontrar formas de expresar y respetar su sensibilidad. Si tienes una hija extremadamente tímida, en lugar de presionarla para ser más social, anímala para que siga sus propios intereses. Puedes ayudarle haciendo con ella alguna de sus actividades favoritas. Tanto si adora los animales como si colecciona sellos, tu energía suave, amable y amorosa puede encontrar una forma misteriosa de hacer desaparecer su timidez. Poco a poco ella estará menos asustada.

Algunos niños necesitan ayuda para manejar su agresividad. Un niño de cinco años estaba tan agraviado que pegaba a su madre y a su maestra en la cara. Su madre encontró una solución brillante. Le compró un par de guantes de boxeo y un saco: Llegó incluso a comprarse un par de guantes de boxeo con el objeto de poder boxear juntos. A él le gustó la idea y llegó a cambiar de conducta.

No siempre es fácil expresar el amor incondicional. A lo largo del día suceden muchas cosas que ponen a prueba tu paciencia y comprensión. Tal vez tu hija se niegue a usar la servilleta, se pelee con un hermano por un pequeño autobús de plástico o corte tu mantel favorito para hacer vestidos para las muñecas. Quizá coja de encima de tu mesa un bote lleno de lápices recién afilados y, dirigiendo la punta hacia ti, arremeta como si estuviese en una corrida de toros en Madrid. O tal vez coma demasiados dulces y se desmande en una escalada hacia la adicción al azúcar. Nuestra perspectiva en este caso se acercará mucho a la frustración, y todo esto no nos divierte nada. Es fácil querer incondicionalmente a un bebé recién nacido, o a un niño que empieza a andar, o a uno adorable de cinco años, aunque pueda mantenerte durante toda la noche en vela o hacerte correr detrás de él hasta el agotamiento. Los bebés y los niños pequeños son forzosamente adorables por naturaleza. Si la naturaleza no lo hubiera dispuesto así, ¿cómo podríamos sobrevivir a los chillidos y a las 24 horas de atención constante?

> *Las palabras amables pueden ser breves y fáciles de pronunciar, pero su eco es verdaderamente ilimitado.*
>
> MADRE TERESA

A medida que un niño atraviesa todas las fases diferentes y cada vez más exigentes de su desarrollo, nuestra paciencia tal vez quede puesta a prueba, pero nunca nuestro amor incondicional. El amor *nunca* desaparece. Es la verdadera fuerza que une las cosas a través de la gracia divina. Así pues, por definición, el amor incondicional de una madre no puede ser puesto a prueba. Es nuestra energía espiritual en acción, que quiere siempre a nuestros hijos incluso cuando no nos gusta lo que están haciendo en un momento determinado.

La necesidad que tiene un hijo del amor de su madre en toda circunstancia se profundiza durante los periodos más difíciles, gracias a una confianza innata en su vínculo. En primer lugar, teníamos que asegurarnos de que habíamos hecho los bocadillos de mantequilla de cacahuete con la proporción adecuada de mermelada. Después, las cosas se volvían más desconcertantes. Por muy intensa que sea la rebelión, cualquiera que sea el corte de pelo o el estilo de los vaqueros, por muy largos que sean los misteriosos silencios o la impredecible cólera, en nuestro corazón sabemos que podemos capear cualquier tormenta porque estamos seguras no sólo de que pasará, sino también de que nuestro inquebrantable apoyo nos sacará completamente de apuros. En realidad, ofrecer ese apoyo amplía el amor de una madre y refuerza su fe en que todo irá bien.

Al final de los análisis, si tratas a tus hijos como si fueran lo que debieran ser, les ayudas a convertirse en sí mismos. Y eso significa llegar a ser lo mejor que pueden ser. William James nos recuerda: «Si un Emerson fuera obligado a ser un Wesley, o un Moody obligado a ser un Whitman, sufriría la conciencia humana total de lo divino.» Mi madre nos vestía a mí y a mi hermana iguales cuando éramos niñas, pero eso sólo significaba una semejanza externa. Éramos lo más distintas que se pueda ser. Como William James enseñó a sus alumnos:

> *Una madre es la amiga más fiel que tenemos cuando se nos presentan de repente grandes pruebas: cuando la adversidad toma el lugar de la prosperidad.*
>
> WASHINGTON IRVING

No hay dos personas que tengan dificultades idénticas, ni se supone que tengamos idénticas soluciones. Cada persona, desde su ángulo peculiar de observación abarca un cierto aspecto de cada hecho y de cada problema, que cada cual debe afrontar de una forma singular. Algunos tienen que ablandarse, otros endurecerse; algunos tienen que ceder en un punto, otros permanecer firmes, todo ello para defender mejor la posición que se les haya asignado... Lo divino puede que no signifique una sola cualidad, sino un grupo de cualidades, y siendo campeones alternativamente de unas u otras, personas diferentes pueden encontrar todas ellas misiones que valgan la pena. Por ser cada actitud una sílaba en el mensaje total de la naturaleza humana, se necesita a todos los otros para descifrar su significado global.

Una amiga de mi hija compartió una vez conmigo sus recuerdos de haber sido muy introvertida cuando era adolescente. «Alexandra», decía, «mi aislamiento comenzó en la cumbre de mi inseguridad adolescente, en una época en la que yo era absolutamente horrible con mi madre. Llegaba de clase y me iba directamente a mi habitación, cerraba la puerta y apenas decía hola a mamá. Esto continuó cerca de un año. Cuando miro hacia atrás, sé que mis acciones debieron herir mucho sus sentimientos, pero nunca lo manifestó. Por el contrario, me dejó tener mi espacio, que creo que es lo que realmente yo necesitaba. Nunca me obligó a hablar. Nunca se enfadó ante mis muestras constantes de amargura. Sin embargo, siempre estuvo disponible para mí y esto es algo que yo siempre sentí. Ella sabía intuitivamente que cuando yo estuviera preparada sería receptiva a su amor.

> *Me parece que yo pasé mi vida metida en automóviles, pero ésa era la forma en la que mantenía el hilo de lo que estaba pasando.*
>
> BÁRBARA BUSH

El amor por nuestros hijos nunca puede basarse en quiénes o qué nos gustaría que fuesen. Nuestro amor debe basarse en lo que son, en otro caso no es amor por ellos. No siempre es fácil entender las necesidades de tus hijos: son pequeños seres complicados y cada uno es diferente del otro. Descubrir quién es tu hijo es un proceso que lleva toda una vida. Pero, como nos recuerda elocuentemente el líder espiritual Eric Butterworth: «El tulipán es un tulipán, incluso cuando no hay nada sino un bulbo seco y arrugado. El huevo es un pájaro. La bellota es una futura encina... El trabajo acabado no exige una gran voluntad, sino la disposición para permitirle desarrollarse.» La plena conciencia de una madre, su atención hacia los hijos y su disponibilidad para cualquier cosa que pueda suceder es lo que hace que sea posible el amor y la comprensión.

Esto no significa necesariamente que una madre no pueda estar nunca demasiado ocupada o demasiado atrapada por otras cosas. Sólo podemos hacer unas cuantas cosas a la vez. Lo esencial es que cuando una madre está disponible, está presente para su hijo con aceptación y sin juicio. Como madres, no tenemos la tarea de moldear a nuestros hijos, sino de permitir que brille su luz divina. Estamos presentes siendo su pilar fundamental, permitiéndoles devenir, crecer, cometer errores, transformarse y profundizar.

En la vida existen oportunidades ocultas para mostrar tu amor incondicional. Cuando una madre abandona las expectativas de recompensa o de aprecio, porque sus actos de amor son completos en sí mismos, su energía amorosa fluye con más libertad. Dar amor a nuestros hijos aumenta nuestras energías. El amor incondicional de una madre enseña a su hija que, a pesar de que pueda hacer algo mal, ella es intrínsecamente buena. Esta fe permite a la niña ser ella misma, realizar su potencial y avanzar para batear y remontar la pelota.

Guardiana del hogar

> *Actualmente, nuestra actitud hacia la enseñanza es demasiado yang: demasiado absoluta, racional y agresiva. Lo que necesitamos es más yin —intuiciones, sensualidad y sutileza— para restablecer un delicado equilibrio.*
>
> GRETA K. NAGEL

Las madres pueden hacer un paraíso del hogar. Adoro sentir una sensación de bienaventuranza doméstica; es un sentimiento que brota en toda la familia cuando estamos juntos, aun haciendo cada cual lo suyo y saliendo y entrando cada uno en el paisaje de los demás con gracia y gratitud. Una tarde —no una tarde particularmente especial, sino una que recuerdo con gran placer— viví perfectamente mi idea de mantener equilibrada la atmósfera del hogar y de la casa.

Peter estaba sentado en su silla tapizada de su lugar favorito del cuarto de estar, desde donde puede ver a todo el mundo. Estaba leyendo algo de Henry James antes de cenar, pero también estaba observándonos a todas ir y venir. Las niñas estaban jugando a las damas en el suelo de la cocina. El piso olía a un agradable asado de pollo y estaba perfumado por varios macizos de primaveras y narcisos enanos que yo había plantado por la mañana temprano en relucientes macetas de bronce y cobre. El asa de uno de los maceteros atrajo la mirada de Peter, que le encantó. Yo me acerqué a él para comentarle una carta que había recibido de mi editor.

> *El aplauso de un solo ser humano es de gran consecuencia.*
>
> DOCTOR SAMUEL JOHNSON
>
> *Las madres están siempre disponibles para escucharte; son un hombro sobre el que se puede llorar, un oído, una voz.*
>
> UN TAXISTA DE TORONTO

Nos sentamos juntos en esa querida habitación durante unos minutos hasta que desaparecí para sacar la ropa para lavar. Cuando volví a aparecer, tenía los brazos llenos de sábanas, toallas y ropa interior; parecía tener suficiente ropa para un ejército, o para una familia que fuera al menos dos veces más numerosa que la nuestra. Inesperadamente, Peter me miró y me dijo: «Alexandra, te quiero. ¿Necesitas ayuda?»

«No, gracias», dije. «Puedo yo sola.» Lo cual era verdad además de que sabía que Peter estaba intentando tener un momento de paz. A Peter le encanta observar la vida familiar (aunque a veces tenía ramalazos de culpabilidad por no participar siempre en la lista de asuntos domésticos en el periodo en que las niñas estaban creciendo). ¡Y a mí me encantaba demostrar lo bien que podía hacerlo!

Después de sacar la colada recién hecha (a mí me gusta el olor de la ropa recién lavada), volví a la cocina, me senté en el suelo de corcho y me uní a mis hijas para jugar a las damas.

A mí me encantaba llenar mi hogar con las escenas, olores y placeres de la vida doméstica para mis hijas. Pero también me percaté de que la acción constante de las tareas caseras sin interrupciones puede crear tensión. Así pues, siempre tenía cuidado de tomarme un descanso para sentarme con las niñas y echar una partida de damas o para participar en cualquier cosa que estuviesen haciendo. Uno de los mayores regalos que una madre puede dar a sus hijos es una atmósfera pacífica y serena en la casa, y esto incluye disfrutar tranquilamente de la compañía de los demás, en medio de las atareadas actividades maternas.

¿Qué es lo que hace que un hogar sea estupendo para los hijos?

> *El primer, y más fundamental, derecho de la infancia es el derecho a ser amada. El niño llega al mundo solo, indefenso, sin recursos. Sólo el amor puede interponerse entre la indefensión del bebé y el aspecto salvaje de un mundo rudo.*
>
> PAUL HANLY FURFEY

¿Cómo podemos hacer que un hogar sea hermoso teniendo los niños en mente? Yo aprendí mucho de esto de mi madre, que era decoradora de interiores. Ella nunca le dio a mis hijas juguetes para jugar, pero en cambio les daba pintura y trozos de madera, pedazos de tela y papeles y lápices de colores. Desde el principio fueron alentadas a servirse de los materiales del mundo real. Recuerdo a Alexandra cuando tenía cuatro años jugando con un libro de muestras de telas diciéndome: «Mami, no hay ningún buen color rosa en todo el libro.» Desde su mesa de despacho mi madre miró hacia abajo a su nieta y fascinada se sentó en el suelo con Alexandra. Revisando juntas todas las muestras de telas rosas, llegó a la conclusión: «Alexandra, querida, tienes razón. Todas ellas son *horribles.*»

Alexandra decoró su propia habitación cuando tenía cuatro años y, desde entonces, ella y Brooke nos han dado consejos y sugerencias para nuestra elección de los colores y diseños. En cierta ocasión, cuando llevé a Brooke al piso de una cliente, se enamoró de la alfombra que había en la sala de estar y se tumbó sobre ella extendiendo sus brazos como las alas de un ángel, lo cual me deleitó a mí, tanto como a la orgullosa propietaria de la alfombra. Muy pronto en mi carrera de diseñadora de interiores me di cuenta de que lo que me fascinaba entonces y continúa fascinándome aún ahora es que un niño sabe establecer la diferencia entre una casa y un hogar. Si un niño se siente cómodo en una habitación, existen muchas posibilidades de que los adultos también sean felices en ella.

> *En momentos de dificultad, refugiaros en la compasión y en la verdad.*
>
> BUDA

Una de mis habitaciones favoritas fue diseñada en gran medida por Tom, un niño de nueve años al que le encanta el azul. Juntos decoramos su habitación con paredes blancas, un techo azul, cortinas de cretona a rayas blancas y azules, un suelo blanqueado en el que pusimos una alfombra de nudos tejida con ocho diferentes tonalidades de azul y blanco. Todo lo que elegíamos mantenía la habitación clara y luminosa. Tom, su madre y yo compramos un póster de Van Gogh —el del pueblo con tejados azules— en el Museo Metropolitano de Arte para colgarlo a la cabecera de su cama. ¿Por qué cada vez que visito el piso de su familia me encanta estar en la habitación de Tom?

Los niños pueden ser sorprendentemente sensibles a lo bello. Es maravilloso cuando las madres confían en sus hijos y les permiten participar en el proceso creativo. Cuando se tienen hijos, hay que intentar evitar decorar nuestras casas con muebles que los niños no pueden tocar. ¿Pero cómo puede un hogar seguir expresando tu personalidad cuando estás criando a tus hijos? Puedes dirigirte a los materiales de fantasía en aras de la seguridad, pero no todo lo que es agradable es frágil. Se puede crear de forma creativa con los hijos. No es necesario preocuparse de cómo te ajustarás a sus ideas una vez que hayas conectado con su energía, sino que querrás pasar a la acción con ellos. Tus espacios se vuelven más alegres, más subjetivos, más íntimos, más reales, *más*, una vez que tienes hijos. El peor error que puedes cometer es hacer que tu casa parezca un escenario en el que los niños tienen que estar en silencio y tranquilamente sentados. Cada habitación debe estar impregnada del espíritu alegre de la vida de familia. Si un niño vive en una casa, me gusta ver que ese niño vive en toda su gloria y creatividad, quiero sentir la presencia de un alma joven.

Por supuesto, hay que ser realista. Es adecuado tener determinadas zonas que no se permite a los niños destruir, tal vez la sala de estar, pero es inadecuado colgar un signo de «NIÑOS NO» en la puerta de cualquier habitación. Es simplemente irrealista intentar cerrar cualquier habitación a los niños. Por supuesto, me vuelvo loca cuando el helado de chocolate ha dejado sus marcas en nuestro sofá de cretona de flores amarillas de la sala de estar, o cuando descubro una galleta de chocolate bajo el almohadón de una silla. Pero entonces tengo que preguntarme a mí misma: ¿Qué es lo más importante aquí?

La madre es y debe ser, tanto si lo sabe como si no, la mayor, más fuerte y más duradera maestra que tienen los niños.

HANNAH WHITALL SMITH

Sin corazones no hay hogar.

LORD BYRON

Lo que es importante es conocer a tu hijo y hacer que tu hogar sea estupendo para *todos* vosotros. Es mucho mejor tener el «cuarto de estar» haciendo honor a su nombre en el que vosotros como familia disfrutéis estando juntos. Si quieres tener un margen de control, siempre puedes tener una mesa en la cocina en la que los niños pueden comer y conseguir que no se coman golosinas en el cuarto de estar.

En el lugar de los niños mantén el mínimo de muebles. Ellos necesitan mucho espacio. Las cosas de valor deben estar escondidas fuera de su *vista*, ya que simplemente fuera de su alcance es demasiado tentador y las consecuencias podrían ser desastrosas. Para cambiar, intenta simplificar. Nuestro poder superior nos enseña que la simplicidad es el valor supremo. Los lugares limpios y austeros proporcionan espacio a los niños para jugar, y a nosotros paz de espíritu. Evita la ansiedad de intentar prever qué es lo siguiente que va a romperse. Los grandes objetos lisos pueden ser elegantes, de estilo y prácticos.

Los muebles realmente buenos y tapizados nunca pueden ser dañados por los juegos de un niño. Busca un buen sofá de muelles hecho a mano si vas a comprar un sofá; puede aguantar a niños felices saltando llenos de alegría. A los niños les gusta jugar con los muebles, hacer tiendas y campamentos con las mesas y sillas de la cocina. Puedes limitar la *construcción* a sus habitaciones y a la cocina. De esta forma, los niños sabrán que existen límites razonables. Siempre que sea posible, participa en la construcción, ayudándoles a alimentar sus energías creativas. Pon un montón «especial» de mantas, edredones y almohadas en una estantería baja del ropero, con el propósito de que se utilice en la «construcción del fuerte». ¿Qué mejor cumplido para el «espíritu del lugar» que ver a los hijos construir un nuevo mundo en nuestra nariz? Creo que es un honor cuando los niños se sienten cómodos jugando en nuestra casa.

Cuando se publicó mi libro *A Child's Place* en 1977, en la contracubierta había una foto de Alexandra, Brooke, Nathaniel —el hijo de Peter—, y yo tomada para la ocasión en el armario de los niños, frente a una escalera que llevaba a «un lugar secreto». Las niñas podían ir allí para escaparse del mundo o jugar con amigas, amontonando almohadones, mantas, colchas y sus animales de peluche. Ése era un santuario para nuestras hijas. Todo el mundo necesita espacios en donde sentirse especiales.

> *¿Qué tigresa no ronronea con sus cachorros y los acaricia con ternura?*
>
> SAN AGUSTÍN
>
> *... la presteza lo es todo.*
>
> WILLIAM SHAKESPEARE

El seno de la madre es la cocina

La cocina es el eje del hogar. Y lo más frecuente es que sea la madre la que la mantiene viva y activa. Está diseñado así. ¿Qué hace una madre para mantener el fogón y hacer de la cocina un lugar especial? Yo descubrí que era esencial tener una mesa de cocina, no simplemente un mostrador con sillas. Adoro sentarme alrededor de nuestra mesa redonda en donde nos reunimos para tomar un aperitivo, charlar, celebrar un banquete o preparar una comida juntos.

> *Verte es bueno para los ojos doloridos.*
>
> JONATHAN SWIFT
>
> *Las madres ablandan a sus hijos con besos y ruidos imperfectos, con la papilla y la leche materna de dulces palabras cariñosas.*
>
> JEREMY TAYLOR

La cocina puede ser el centro creativo y de trabajo de la casa, en donde pueden centrarse muchas actividades divertidas alrededor de la comida. Las mismas cosas que desconciertan a los adultos «sofisticados» son las que divierten a una madre que quiere deleitar a sus hijos. Hacer burbujas de jabón en el aire es emocionante. Ver el color puro y el modo en que se hinchan, hasta formarse por completo en una fuente, siempre nos divirtió a las niñas y a mí. Por diversión, puedes intentar esparcir nata montada en una bandeja de plástico y poner encima el nombre de tus hijos con moras. La presentación, no la nutrición o la calidad, es lo que despierta el apetito del niño. Intenta transformar un huevo duro en un pingüino añadiéndole unos ojos de uva o de aceituna negra, una punta de zanahoria como nariz y unos pies recortados de una tostada. ¿Y qué tal mezclar uvas dentro de un gran vaso de helado? Yo solía esconder notas de amor bajo la servilleta o atar un huevo en el respaldo de una silla. Pequeñas velas de cumpleaños pueden tener un gran impacto cuando las enciendes sobre una porción de espinacas o un tomate al horno. Al hacer pastas de chocolate es muy fácil crear ojos, una nariz y una sonrisa con los pedacitos de chocolate, así que las madres se dicen. ¿Por qué no? Mientras que nos divertimos, estamos manteniendo encendidos los fuegos del hogar con resplandor y disfrutando alegremente del proceso. Nuestra familia ha crecido siendo enormemente sentimental, gracias a estos toques de afecto pequeños, pero significativos.

> *A mí nunca se me permitió leer los libros populares de los niños norteamericanos de mi época, porque, como decía mi madre, los niños hablaban mal inglés <u>sin que el autor lo supiese</u>.*
>
> EDITH WARTON

A mí me gustaba llevar a Alexandra y a Brooke a la cocina para que cocinasen conmigo. Una de las realidades más tristes de la vida de familia contemporánea es la sensación de prisa en todas las cosas. Cuando la comida es acelerada, las madres se roban a sí mismas y a sus hijos la posibilidad de aspirar todos los olores deliciosos, de disfrutar la decoración de pasteles y pastas o de cortar la lechuga para una ensalada. Cada vez que tomamos como aperitivo judías verdes o cascabillo, pelamos zanahorias o hacemos pastelillos de pan de jengibre, lo hacemos juntas y lo hacemos plenamente. Nuestra energía aumenta y también nuestra alegría.

Durante una terrible tormenta, haz una merienda dentro de casa. Nosotros solíamos extender un mantel de bar o una colcha vieja en el suelo de la cocina o del comedor para crear una fiesta colorida. A todo el mundo le encanta la idea de hacer su propio sándwich de queso de untar y gelatina de pomelo para una merienda. Ten a mano un paquete de grandes platos de papel colorido para estas celebraciones espontáneas. Bolsas individuales de patatas fritas y de galletas tostadas en forma de rosquilla es más divertido que un gran cuenco lleno de ellas. El espíritu de una merienda improvisada dentro de casa puede convertir una terrorífica tormenta en un acontecimiento divertido.

Como yo era una madre que trabajaba fuera de casa, siempre invitaba a las niñas a cocinar conmigo, porque quería estar con ellas todo el tiempo que fuera humanamente posible. Hice que lo que podía haber sido una tarea rutinaria se convirtiera en algo muy divertido. Hemos cocinado juntas tanto tiempo que para nosotras es natural poder ahora organizar un banquete con rapidez y sin esfuerzo. Para hacerlo hay un ritmo especial. Cada una de nosotras tenemos nuestras tareas favoritas, y llevar a cabo esas partes hace que el todo sea tan maravilloso. Los menús continúan cambiando a lo largo de los años. Cuando Alexandra y Brooke cocinaban conmigo siendo niñas, nunca habíamos oído hablar de salsas o vinagre balsámico, pero siempre hemos disfrutado probando las recetas.

> *Hay tonos de voz que significan más que las palabras.*
>
> ROBERT FROST
>
> *Amar a un niño no significa concederle todos sus caprichos; quererlo es sacarle lo mejor de sí, enseñarle a amar lo que es difícil.*
>
> NADIA BOULANGER

Existen algunos platos favoritos de la familia que siempre estoy encantada de hacer cuando se me pide. Aprendí a hacer el más suculento asado de cordero cuando leí el libro de Julia Child *Mastering the Art of French Cooking* «La maestría en el arte de la cocina francesa» en 1961. Sus recetas son tan fáciles que incluso los niños pueden hacerlas. Cuando las niñas fueron suficientemente grandes para manejar una cuchara, me ayudaron con los preparativos. Mezclaban mostaza de Dijon con café Medaglia d'Oro para hacer una pasta. En lugar de utilizar una cuchara, que tal vez habría sido divertido pero no algo para recordar toda la vida, les dejaba imaginarse que estaban pintando con el dedo y cubrían todo el asado mientras se deleitaban con el olor. Yo incrustaba el asado de dientes de ajo, y las niñas ponían encima palillos de dientes para poder retirarlos una vez que el cordero estaba asado. A las niñas les encantaba verter un frasco entero de aceitunas españolas en el fondo de la bandeja del asado.

Cuando el cordero se asa a alta temperatura, su jugo se queda dentro y lo de fuera se vuelve negro. El olor de la cocina merece un premio, así que dejamos la puerta totalmente abierta para permitir que nuestro deleite anticipado del asado se cuele por el cuarto de estar y así despertar a Peter y reunir a la familia.

Dejaba que las niñas planeasen lo que quisieran escoger para poner encima de los tomates hervidos. Ponía cuencos y una bandeja de queso en la mesa para que pudieran combinar los diferentes ingredientes. Tras cuidadosas instrucciones y algunos pequeños cortes, dominaron el arte de pelar zanahorias, lo cual constituía una gran ayuda porque eran capaces de pelar las zanahorias y las patatas perfectamente con el pelapatatas. Nuestra alegría de sentarnos juntas a la mesa rústica de la cocina para pelar tubérculos nunca nos ha abandonado. Hoy utilizamos la misma receta, con la única diferencia de que mis hijas emplean una espátula para extender la pasta sobre el cordero y les dejo que utilicen cuchillos.

> *El valor de las dos de la madrugada: quiero decir un valor improvisado.*
>
> NAPOLEÓN

Nunca olvidaré la fiesta que celebramos hace muchos años cuando dejamos a Brooke, que tenía cinco años, quitar la mesa. Ella quería hacer también todo lo que hacía su hermana mayor. Nos resistimos a darle los habituales consejos de «no tires nada», pero nos olvidamos decirle que los cuchillos, tenedores y cucharas de plata no tenían que ir a la basura junto con los restos de comida del plato. Recuperamos nuestra cubertería y nunca dijimos una palabra. Después de todo, cuando se tienen cinco años, ¡la cubertería de plata no tiene más valor que un polo helado!

Rituales de familia

Cuando mis hijas eran pequeñas, teníamos ciertas ceremonias que llevábamos a cabo cada día. Siempre desayunábamos y cenábamos juntas durante los días de colegio. Nos sentábamos juntas y nos concedíamos el tiempo de conversar, así como empezar el día con un desayuno como Dios manda. Mis padres insistían en este punto cuando yo era niña, y me sorprende el hecho del gran número de familias que desayunan juntas actualmente. Es maravilloso pasar los primeros momentos del día unidos, antes de separarnos para seguir nuestras respectivas actividades. La cena era la pausa agradable, durante la que nos sentábamos agrupados alrededor de una mesa a la luz de las velas. Encender las velas sólo lleva unos segundos y tiene un efecto calmante sobre el alma. Cuando una hermosa mesa bien dispuesta está ante nosotros, todos los esfuerzos del día parecen desvanecerse. A menudo comíamos en la cocina. Entonces apagábamos todas las luces del techo y dejábamos sólo luces indirectas que se hallaban bajo los armarios. Entonces encendíamos las velas, lo que convertía instantáneamente a la cocina en un comedor encantador.

> ... *ser un pozo de afecto y no una fuente; mostrar a los hijos que los queremos, no cuando nos parece, sino cuando lo necesitan.*
>
> NAN FAIRBROTHER

Poner una bonita mesa lo hacíamos por turnos. Yo guardaba mis manteles de lino en un antiguo cofre italiano con cajones que traje de Florencia en 1963. La pátina de la vieja madera, cubierta con pequeños agujeros de carcoma, es tan agradable, que siempre sonrío cuando guardo en los cajones un montón de manteles de algodón y de lino recién planchados. Cuando utilizamos estas preciosas cosas en una noche ordinaria de martes, nos sentimos una familia especial.

Desde que nacieron las niñas, nunca fui a comprar sola. Así pues, me ayudaron siempre a escoger los platos, las servilletas, las velas y la cristalería que utilizamos. ¿A qué madre no le gustaría que a sus hijos les encantaran los colores y diseños que ven juntos cada día? Tanto si íbamos a una tienda de segunda mano de la Tercera Avenida de Nueva York y las niñas descubrían por ocho dólares un jarrón Ming azul —el color perfecto para nuestra cocina rústica en Connecticut—, como si acudíamos a una feria de antigüedades y descubrían una silla para niños estilo Windsor, juntas seleccionábamos las hermosas cosas que nos rodeaban, lo cual añadía sentido a nuestras correrías y buenos recuerdos para el futuro.

Uno de nuestros rituales diarios más dichosos era compartir un bello momento juntas después de que se hubieran lavado los dientes y rezado sus oraciones, mientras yo les contaba algún cuento antes de dormirse. Entonces nos dábamos un beso y un abrazo de buenas noches. Sólo una madre sabe el pleno significado de arropar a un ángel en la cama, apagar las luces y salir de puntillas del dormitorio. Una se siente como si estuviera caminando por una nube a la que no se quiere molestar. Cada vez que cerraba la puerta de sus dormitorios, yo salía renovada. ¿Qué más milagro necesitamos que ser una madre a la que se ha confiado alimentar a un alma joven?

... un niño debe saber que es querido por sí mismo, incluso cuando comete fallos o es patoso.

NORMAN M. LOBSENZ

Todavía nos besamos, nos abrazamos y nos decimos mutuamente «te quiero», trascendiendo el tiempo y el espacio, y elevando nuestro espíritu al cielo. Yo he cometido muchos errores en mi vida, y probablemente continuaré cometiéndolos en el futuro, pero una de las cosas que hice bien es el haber pasado bastante tiempo con mis hijas. Yo era insaciable y todavía lo soy en este punto.

Ser madre llena nuestra alma con el don de lo trascendente. Se nos da un flujo de energía espiritual gracias a que nuestra alma está muy sólidamente vinculada al alma de nuestros hijos. William James nos asegura: «Real y literalmente existe ahora más vida en nuestra alma plena de lo que podamos ser conscientes en cualquier ocasión.» Una madre es una dadora de cariño y de amor, que nutre tiernamente ese alma preciosa de su hijo o hija. Los rituales de familia que compartimos tejen una red espiritual que sostiene a nuestros hijos. Les da fe, esperanza y amor de vida.

Escoger las prioridades

Somos capaces de hacer muchas cosas al mismo tiempo por nuestros hijos. Cuando miro hacia atrás, lo que importa no es la habitación bien ordenada, la ropa planchada o las comidas deliciosas, sino que lo que permanece como cimiento de la felicidad de nuestros hijos es el amor y la atención, las sonrisas y la risa, y los momentos que pasamos juntos. Pero para tener el tiempo y la presencia emocional de dar nuestro ser superior a nuestros hijos, tenemos que ser capaces de escoger lo que es más importante en cada momento y en cada circunstancia.

... los niños todavía viven en su propio mundo con su propio orden de valores... merecen ser escuchados en sus propios términos y no en los nuestros. Todo ello en aras de su propio bien.

THE NEW YORK TIMES

Lo que los adultos no entienden.

Cuando no discernimos bien las prioridades, cuando damos a todas las cosas la misma importancia, perdemos el equilibrio. Cuando valoramos igual cenar con nuestros hijos y pagar las facturas, o leer *Winnie-the-Pooh* y doblar la ropa limpia, ha llegado el momento de reajustar nuestras prioridades. Cuando atribuimos a todas estas cosas el mismo tiempo, todo nos parece que tiene el mismo peso y la misma fuerza, y entonces nos quebramos.

Yo viví un episodio de esta naturaleza que todavía me produce dolor cuando lo recuerdo. Una noche estaba preparando la cena y, de repente, oí un gran ruido; sonó como una explosión. Podía ver a mis dos hijas, así que sabía que ninguna de ellas se había caído. Me precipité entonces cerca de la estantería para ver qué había ocurrido. Allí, sobre el suelo de cerámica mexicana, estaban los pedazos esparcidos de una coctelera blanca en forma de búho. Yo adoraba ese pequeño objeto de porcelana. Ni siquiera tenía gran valor, pero lo había comprado hacía muchos años, antes de que naciera Brooke, y estaba muy apegada a él. Cuando lo vi allí destrozado, me puse como un basilisco. «Brooke», le regañé, «¿cómo has podido hacer esto? ¡Sabes lo mucho que me gusta esa coctelera! Está destrozada. Sabes que no es un juguete para jugar; estoy tan enfadada que no sé qué hacer».

Yo sabía que Brooke no había tirado el búho a propósito, pero, sin embargo, perdí los nervios. Y toda la noche estuve con temblores por haber explotado. Hoy día, nos reímos cuando recordamos aquel desastre, pero ese momento está, no obstante, grabado en piedra en mi memoria y en la de ellas.

Mi amiga Claire me dice que se siente fatal cuando reacciona excesivamente con sus hijos: «Sé que mis hijos acabarán en el diván de un psiquiatra dentro de muchos años contándole todas las cosas terribles que dije e hice.»

Un bebé se alimenta con leche y oraciones.
CHARLES LAMB

Hay más placer en amar que en ser amado.
THOMAS FULLER

El mantener nuestras prioridades de una forma justa, sopesando lo que es sustancial, como escucharnos mutuamente, y comparándolo con lo que tiene menos importancia, como el hecho de tener razón, nos proporciona el espacio que necesitamos para tomar las decisiones adecuadas. *Estar* con nuestros hijos siempre es prioritario a cumplir todos los propósitos y llevar a cabo todas las tareas. Deja de pasar el aspirador cuando un niño pequeño está gateando por el suelo; deja los platos en el fregadero cuando sientas que ha llegado el momento de mantener una conversación auténtica y necesitáis miraros directamente a la cara sin distracción. Encuentra un lugar agradable para sentarte y conectar. El tiempo que pasas realmente escuchando a tus hijos será mucho más importante a lo largo de la vida que el tener las habitaciones impecables y hacer las camas. Algunas de las mejores charlas que tuve con Alexandra y Brooke fueron espontáneas. Empezábamos a hacer cosas simples juntas, como arreglar flores, cocinar o poner direcciones en sobres, y dejábamos de lado nuestros proyectos, o para otra ocasión más oportuna, y así podíamos vivir plenamente esa experiencia inmediata. La habitación en orden será desordenada y se saltará sobre la cama, pero la comunión entre una madre y sus hijos es sagrada y eterna.

Una de las cualidades más importantes de ser madre es la coherencia. Cuando mantenemos nuestras prioridades de forma adecuada, nuestras respuestas se hacen más coherentes y no nos encontramos de repente perdiendo los estribos en los momentos más inesperados. La coherencia proporciona a un niño el sentido de que existe un orden subyacente en su vida, de forma que cuando los acontecimientos parecen abrumadores sabe que tiene un lugar seguro y de confianza al que volver. Saber lo que es importante para nosotras enseña a nuestros hijos también a establecer sus prioridades.

Los dos guerreros más fuertes son el Tiempo y la Paciencia.

LEÓN TOLSTOI

Las palabras de consuelo, habilidosamente administradas, constituyen la terapia más vieja conocida por el ser humano.

LOUIS NIZER

Imbuir valores

En la ciudad de Nueva York es raro recorrer hoy día incluso unas pocas calles sin cruzarse con alguna persona sin hogar. Nuestros hijos ven a una edad muy temprana que hay algo terriblemente injusto y que no funciona cuando encuentran personas que tienen que recurrir a vivir en la calle mendigando dinero. Yo siempre hablé de este problema con Alexandra y Brooke, en lugar de limitarme a ignorarlo. Yo les decía que no eran personas malvadas, sino personas desgraciadas que no siempre saben qué hacer para sí mismas. Los niños tienen una sorprendente capacidad para comprender y sentir empatía. Nunca olvidaré el día en que Alexandra acudió a mí a la edad de seis años preguntándome si podíamos adoptar un niño asiático. Cuando le pregunté que quién le había dado la idea, me respondió que había visto en la televisión a unos pobres niños muriéndose de hambre y que quería ayudarlos. Quedé muy emocionada por la compasión que ella sentía por un niño que ni siquiera conocía. Llegamos a un acuerdo de trabajar juntas para ahorrar algo de dinero y enviárselo a una niña pobre de algún país asiático. Al enterarse de este nuevo proyecto, Brooke quiso unirse a nosotras inmediatamente.

Cuando vaciamos nuestras estanterías para llevar conservas a la iglesia o a la escuela del barrio para las personas menos afortunadas, sentimos el verdadero significado de los dones que recibimos a través del dar. Cuando hacemos una hornada de estofado de maíz, hacemos un poco de más para compartirlo con algún amigo anciano o alguien que esté enfermo.

Los niños son esponjas de información y están deseosos de imitarnos. El ser reales, el ser nosotras mismas, enseña a los hijos más sobre los buenos valores que cualquier instrucción mecánica sobre las formas correctas de comportarse. Al igual que los adultos, los niños absorben la bondad de las personas que los rodean. Cuando las niñas eran pequeñas, nos observaban poner dinero en la bandeja de la colecta de la iglesia. Un domingo, Alexandra puso un penique con una nota que decía:

«Dios, éste es todo el dinero que tengo. Amor, Alexandra.» La iglesia de Saint James utilizó esa nota para hacer una campaña para reorganizar la iglesia.

> *Tal vez tengas riquezas que no has dicho;*
> *coronas de joyas y cofres de oro.*
> *Pero más rico que yo nunca puedes ser.*
> *Yo tuve una madre que me leía.*
>
> STRICKLAND GILLILAN

Los niños también escuchan atentamente todo lo que decimos. Si nuestros hijos nos oyen hablar con intolerancia de los demás, especialmente de las personas que son diferentes de nosotros, ¿cómo podemos esperar de ellos que acepten a los demás? Si eres esnob, lo más probable es que alimentes ese lado esnob en tus hijos. El carácter de nuestros hijos absorbe nuestra conducta consciente y nuestra bondad hacia los demás. Pero, de igual modo, ellos también pueden afectar nuestro carácter. Su mundo es tan diferente de aquel que conocimos a su edad que a veces nuestros hijos *nos* ayudan a ser más abiertas a los demás y a nuestra sociedad permanentemente cambiante.

Las madres pueden enseñar casi cualquier cosa, incluido un comportamiento seguro, con afirmaciones positivas. En lugar de ordenar a los niños: «No cruces la calle sin mirar a ambos lados», podemos simple y claramente animarlos a mirar a ambos lados. Igualmente, alabar a nuestros hijos cuando son conscientes es una forma mejor de reforzar su buena conducta que señalar siempre lo que están haciendo mal. No tenemos que enseñar con exceso, robando a nuestros hijos la iniciativa, sino animarlos, por el contrario, cuando hacen las cosas bien. Así es como alcanzan su potencial.

> *Pon todos tus huevos en una sola cesta y VIGILA ESA CESTA.*
>
> MARK TWAIN

Muchas madres tienen un problema cuando sus hijos descubren el poder del lenguaje y utilizan palabrotas o insultos tontos. A menudo, los niños que hacen esto logran que sus padres se alteren. En cierta ocasión, mi madre me lavó la boca con jabón después de que yo hubiera dicho algunas palabras vulgares. La mejor forma de enseñar a nuestros hijos el poder de las *buenas* palabras es tener nuestro propio vocabulario fértil y animarlos a aprender la emoción y el poder de descubrir nuevas formas de expresarse. Estoy segura de que mis hijas juraban cuando estaban con sus amigas, pero nunca las oímos, y creo que en gran medida eso se debió a que a nosotros nunca nos oyeron jurar.

Recuerda que todos imitamos mucho. Cuando estoy en el sur más de un par de días, tiendo a hablar con acento sureño. En lugar de limitarse a castigar a los niños por decir palabrotas o expresiones toscas, los padres deberían ofrecer alternativas. Peter siempre pedía a las niñas que repitiesen una nueva palabra que acababan de aprender. Con frecuencia, siendo todavía niñas, él decía una palabrota sólo para sorprenderlas y que prestasen atención. Sus oídos se fueron afinando respecto al lenguaje, atentas a cualquier «trampa» verbal que Peter les ponía. Solíamos buscar palabras en el diccionario como alimento mental y para impresionar a Peter después de la cena.

Recuerdo una escena placentera que contemplé en el parque recientemente. Un niño se había herido en la rodilla al caerse. Lloraba inconsolablemente mientras su madre lo tenía en brazos intentando consolarlo. Con el rabillo del ojo percibí a una niña pequeña, que, tirando de la manga del abrigo de su madre con una mano y teniendo en la otra un chupa-chups, se acercaba al desconsolado niño para ofrecerle el dulce. El gesto fue probablemente idea de la madre, pero indudablemente impresionó a los dos niños. ¡Qué maravillosa forma de imbuir compasión en tus hijos! En lugar de hablar de compartir, nos abrimos a los demás, pidiendo nuestra verdad, ejemplificando cientos de formas simples de conductas que nos hacen bondadosos.

> *¡Ah!, felices las niñas que crecieron en el refugio del amor de una madre; una madre que sabe cómo inventar oportunidades sin hacer concesiones, cómo aprovecharse de la proximidad sin dejar que el apetito se enfríe por el hábito.*
>
> EDITH WHARTON

Decir no

La tarea de un niño es desafiar la autoridad, y la tarea de los padres mantenerla. Así es como les enseñamos lo que se debe hacer y lo que no. Un niño quizá no quiera terminar sus tareas domésticas antes de poder ver su programa favorito en la televisión y quizá se niegue a cenar como forma de protesta. Cuando se hace mayor, tal vez insista en ir a una película con amigos en día escolar, o faltar a las comidas familiares hablando por teléfono. Amenazarlo con «espera a que tengas tus *propios* hijos» no te llevará muy lejos para convencerlo, pero lo puedes conseguir estableciendo límites y manteniéndolos. Los límites son la tierra en que pueden apoyarse los pies del niño, un muro contra el que pueden sentir sus propios contornos. Establecer límites le ayuda en el momento y garantiza un ambiente de orden y coherencia y un marco para el futuro.

> *Debes mantenerte firme en algo o si no lo concederás todo.*
> CONSEJO DE LA MADRE DE LINDA J. HENDERSON
>
> *Avanza correctamente y escucha mientras avanzas.*
> DANTE

Siempre habrá excepciones a las «normas de la casa», así que es necesario mantener una cierta flexibilidad. Después de que muriese la mejor amiga de Brooke, Courtney, ésta rompió el «toque de queda» [hora límite de llegar a casa] por un periodo que me pareció una eternidad. Yo me sentaba en el cuarto de estar durante horas, mirando la puerta cada cinco minutos, y preguntándome por qué no sonaba el teléfono de la cocina. Yo intentaba permanecer en calma, pero mi mente se agitaba llena de preocupación. Cuando Brooke llegó finalmente sana y salva a casa, se sentó en el sofá y abrazó a su madre que sollozaba desconsolada. Me explicó que había estado con unas amigas hablando de Courtney y que había perdido el sentido del tiempo. Mi instinto me impulsaba a hacerle saber lo terriblemente asustada que había estado pensando que le había podido ocurrir algo, pero mi conciencia me hizo percatarme de que no era el momento de restablecer las normas. Sabía que tenía que ser flexible en aras de Brooke. No era como si Brooke no me hubiera llamado para pedirme permiso para llegar tarde en una ocasión normal. Vi lo profunda-mente afectada que estaba por la trágica muerte de su amiga y entendí que había perdido su equilibrio en medio del dolor que estaba compartiendo con sus amigas.

Recordé las sabias palabras de una noble mujer, Helen Keller: «La maravillosa riqueza de la experiencia humana perdería algo de su alegría gratificante si no hubiera límites que superar. La hora de llegada a la cumbre no sería la mitad de maravillosa si no hubiera habido oscuros valles que atravesar.»

Cuando nuestras hijas eran muy pequeñas, desarrollamos una actitud muy definida de «hacernos cargo», porque teníamos que hacerlo. Pero a medida que crecían, debíamos ajustarnos a sus personalidades en desarrollo, a sus opiniones y aspiraciones, que son distintas de las nuestras. Debemos evitar enfrentarnos a nuestros hijos en cada decisión que toman y elegir muy cuidadosamente los temas de desacuerdo. A los niños se les debe permitir que vivan sus oportunidades. Así es como crecen en última instancia. Cuando permitimos y animamos a nuestros hijos a que actúen, incluso cuando afrontan la incertidumbre —lo cual significa cometer errores—, sabemos que pueden aprender a cuidar de sí mismos.

> *Nunca entiendes realmente a una persona hasta que no consideras las cosas desde su punto de vista.*
>
> HARPER LEE
>
> *Los niños necesitan amor, especialmente cuando no lo merecen.*
>
> HAROLD S. HUMBERT

Muchos niños me han confiado que tienen miedo a decir a su madre la verdad, por temor a que ésta sufra una decepción o les imponga un severo castigo. Cuando se es madre, es importante estar siempre disponible, y no crear una atmósfera en la que tu hijo tenga miedo de decirte la verdad.

Una de mis jóvenes amigas fue regañada por su madre por sacar su nueva bicicleta roja al salón de su piso para dar una vuelta. Jennifer se cayó estropeando la bicicleta y torciéndose el tobillo. Durante una hora dudó, sufriendo un dolor agudo, antes de confesar el accidente a su madre, porque sabía que se pondría furiosa. Y cuando finalmente le dijo lo que había ocurrido, sollozando y disculpándose una y otra vez, su madre inmediatamente sacó la bicicleta del salón y la envió a la habitación. A Jennifer se le había dicho que no montase en su bicicleta dentro del salón, pero la tentación pudo más, como nos pasa a todos a veces. No quiero decir que Jennifer tenía que haber sido recompensada por su desobediencia, pero en ocasiones como éstas, una caricia amorosa y algunos besos de una madre son mucho más adecuados que el castigo.

¿A qué será debido que la primera palabra que sale de la boca de muchos bebés es *no*? Una madre aprende el arte del «no» principalmente para dar seguridad a sus hijos, así como para poner un techo al desarrollo de los malos hábitos de autocomplacencia que serán difíciles de cambiar una vez que éstos crecen. Pero cuando una madre es incapaz de expresar una actitud positiva en la mayoría de las situaciones, el niño se ve privado de explorar todas las posibilidades que le permitirán un pleno florecimiento de su potencial. ¿Qué debería proporcionar a un niño el decir no?

En unas vacaciones familiares, Brooke y Alexandra se presentaron a Peter con una lista de ochenta y nueve razones por las que debían tener un perro. Estaban tan encantadoras y entusiastas, tan persuasivas y entrañables, que Peter quedó dividido entre decir sí y decir no. Nuestra familia se desplazaba demasiado y esto no hubiera sido bueno para el perro. Peter había cuidado anteriormente a tres amigos peludos: Gilbert, un boxer; La Fayette, un caniche francés negro, y Hindenberg, un perro tejonero. Él disfrutaba la compañía de estos animales, en especial de Gilbert, pero sabía que la cantidad de cuidados que merecían iba más allá de lo que nuestro estilo de vida podía soportar. Así pues, a pesar de las apasionadas y agresivas peticiones de Alexandra y Brooke, la respuesta fue *no*. Ahí se acabó la discusión.

> *Sólo existe una felicidad en el mundo: amar y ser amado.*
> GEORGE SAND

No es indudablemente un tema importante para padres y madres. Todas nos preguntamos cuántas madres antes de nosotras han tenido que afrontarlo. Alexandra y Brooke se sintieron muy desgraciadas cuando no consiguieron lo que querían, pero Peter y yo teníamos que mantener nuestras decisiones. Decir *no* enseña a los niños algo sobre los límites. Sin embargo, existen muchas ocasiones en las que una se ve cogida por sorpresa con una idea espontáneamente propuesta por un niño que te deja inmovilizada en la indecisión, que con frecuencia acaba resolviéndose con un reflexivo «¡*no!*».

Las madres deben aprender a decir no, pero también deben aprender a no decirlo irreflexivamente. El arte de decir «no» requiere tiempo para desarrollarse. Muchas de las peticiones de nuestros hijos serán razonables y maravillosas. Decir sí a algunas de ellas significa hacerles saber que sus impulsos están bien y que sus ideas son válidas. Así aprenden a tener aspiraciones y a emprender metas. Como escribió Pearl S. Buck, en *The Good Earth* refiriéndose a las penalidades de las familias campesinas chinas: «Los jóvenes no saben lo suficiente para ser prudentes y, por ello, intentan lo imposible, lográndolo generación tras generación.»

> *Oh madre, madre, haz mi cama,*
> *oh, hazla blanda y estrecha.*
>
> «LA CRUELDAD DE BÁRBARA ALLEN»

Cuando Peter estaba en el ejército, se le dijo que encontrase siempre algo positivo para decir a un soldado antes de comunicarle lo que había hecho mal. Un entrenador de fútbol no dice al defensa que está empezando: «No pierdas el balón». Por el contrario, dice: «Protege el balón.» «Haz esto» es más efectivo que «no falles». Mi experiencia me asegura que es mucho más efectivo decirle a un cliente lo que te gusta de su habitación que herir sus sentimientos señalándole lo que queda antiestético. La carrera de Peter como abogado ante los tribunales le enseñó a decir a sus clientes lo que podían decir ante el tribunal y no lo que «no» podían decir. Esta comprensión se aplica también a los hijos. Las madres pueden exponer su punto de vista de una forma positiva: «Puedes jugar al baloncesto hasta que sea de noche, pero en la avenida principal.» Si la hora de llegada a casa es a las diez de la noche, una madre puede decir amablemente: «Claro que puedes ir al cine esta noche, pero llega a casa hacia las diez.» Cuando nuestra nieta Julia (la hija de Blair, hija de Peter) dijo a sus padres que quería que le alquilasen un poni para el próximo verano, su padre sonrió diciéndole: «Julia, qué gran idea. A todos nos encanta tener un poni en *Stone House* para el verano. Abramos un fondo para alquilar el poni.» Al ver su júbilo, contraté a Julia para que coordinase parte de mi vestuario para el programa de televisión que presento, *Hogares en toda América*. Ordenó zapatos, pantalones, blusas, pañuelos y, como resultado de su genio artístico, todo lo hacía a juego y había sido pensado con gran cuidado. Le pagué veinte dólares y le concedí el título de becaria de «Alexandra Stoddard S. L.»: A sus nueve años, la más joven que nunca haya habido. Es una estrella en alza.

Cuando yo tenía cinco años, acudí a mi madre con la gran idea de empezar mi propio club de jardinería, del que yo, por supuesto, sería presidenta. Ella dijo sí. Madres, entended lo importante que es decir *sí* a nuestros hijos. El arte de una madre en decir *no* constituye los cimientos que afianzan y equilibran a nuestros hijos, por tanto podemos decir *sí* cuando es el momento.

Se abre una fuerza positiva

> *Se halla en la naturaleza de los bebés estar en éxtasis.*
>
> DOCTOR DEEPAK CHOPRA

Como madre, tienes una oportunidad increíble para tomar posesión y canalizarlo de todo lo que sabes y estás todavía aprendiendo de la vida. Todo es nuevo para un niño. Al niño le enseñas no sólo las grandes maravillas del mundo, sino también cómo vivir bien en un mundo que presenta desafíos. Guías a tu hijo a través de los muchos misterios de la vida. No sólo le imbuyes valores, sino que también eres su inspiración para vivir conforme a dichos valores. Como madre, tienes un tremendo poder.

La risa de una madre, sus sonrisas, sus caricias de amor, sus abrazos de oso, su reverencia por el alma del niño, su pura alegría de vivir, todo ello penetra profundamente en el espíritu de su hijo. Una madre toca una cuerda profunda y vibrante en su hija, cuando le dice, como yo decía: «Soy la madre más afortunada porque te tengo como hija»; «Me haces *tan* feliz, eres un ángel; te quiero, querida»; «Eres tan sabia. Te admiro»; «Tu bondad es una gran fuente de fuerza para mí».

> *El pequeño mundo de la infancia con sus entornos familiares es un modelo del gran mundo. Cuanto más intensamente ha impreso la familia su carácter sobre el niño, más tenderá éste a sentir y a ver de nuevo su mundo temprano en miniatura en el mundo mayor de la vida adulta.*
>
> CARL JUNG

El año pasado, Peter y yo pasamos un fin de semana en New Jersey con nuestros amigos Cathy, Bill y su hijo de diez años Christopher. Conocemos a Chris desde que estaba en pañales y, como lo veo con frecuencia, hemos llegado a ser buenos amigos. Sentado a la mesa de su cocina bañada por el sol aquel sábado por la mañana, pregunté a Chris qué es lo que más le gustaba de su madre.

Chris empezó diciendo: «A ella le encantan los animales. Es muy amable. No es mala. Siempre me está haciendo feliz. Es divertida, maravillosa y buena.»

«¿Por qué siempre te hace feliz?», le pregunté.

«Porque le gusta cocinar y juega al tenis. Le gustan las flores, las casas, los pintores y los amigos. Me permite más cosas que papá. Me deja acostarme tarde. Mamá es dulce. Le encanta la naturaleza, los juegos, como las cartas y el pimpón. Es una buena deportista. Mamá me enseñó que leer es divertido. Me dijo que aprender te hace ser una persona mejor y que la creatividad es una cosa maravillosa. A mí me gusta dibujar.

«Mi gusto por la música procede de mamá. A ella le encantan las canciones de Jimmy Buffet. Su canción favorita es 'You Are the Sunshine of My Life' de Stevie Wonder. Incluso le gusta el programa de televisión *Chicago Hope*.

«Mamá me introdujo al arte. Sus artistas favoritos son Edouard Manet, Claude Monet, Botticelli, Frank W. Benson, Mary Cassatt y Roger Mühl.

«Sus lugares favoritos son las villas de California, St. Barts, St. Martin y París. Su color favorito es el verde, el verde selva. Le gusta el azul, el rosa, el blanco, el amarillo y el amarillo brillante tirando a verde. Su flor favorita es la gardenia. Le gusta tener flores para su cumpleaños, especialmente peonías. Le encantan los pequeños narcisos amarillos, las bocas de dragón y las rosas de la paz, que son blancas con rayas rosas y corazones amarillos. Le gustan las rosas rosa pálido, amarillas y blancas. Y el cosmos.

> *La confianza en la bondad de los demás es una buena prueba de la propia bondad.*
>
> MICHEL DE MONTAIGNE
>
> *El amor de madre es leche de madre.*
>
> PETER MEGARGEE BROWN

«La comida favorita de mamá es el salmón ahumado, el caviar, el paté, las pastas, las hamburguesas de queso, el pavo y el pescado.» ¡Qué inspiración! Imagina del saber que has llenado la vida de tu hijo hasta rebosar de todo esto. Imagínate como el vehículo de todos esos placeres y comprensiones que la vida tiene para ofrecer.

Cathy es una típica mamá y está completa y definitivamente prendada de Chris. Como puede verse por sus palabras, el sentimiento es recíproco.

Me sobrecogió el conocimiento que Christopher tenía de las cosas que le gustaban a su madre. ¿Cuántos niños de diez años saben lo que es una rosa de la paz o quiénes son los artistas Frank W. Benson y Mary Cassatt? El intelecto precoz de Chris sólo podía proceder de las miles de horas que pasa con su madre, que lo incluye en casi todas las cosas que hace. Ella ha construido unos sólidos cimientos que ayudarán a Chris a desarrollar herramientas para ser independiente y aprender la belleza que el mundo tiene para él.

Los niños son curiosos por naturaleza. Y esa curiosidad natural puede conduciros a ti y a ellos a experiencias positivas.

Al unirnos a nuestros niños en sus exploraciones y alentar sus aventuras, podemos disfrutar las recompensas del descubrimiento al mismo tiempo que ellos.

> *La conclusión siempre es la misma: el amor es la energía más poderosa del mundo, pero todavía la más desconocida.*
>
> PIERRE TEILHARD DE CHARDIN

A mis hijas les encantaba ir a visitar a mi padre, que se había retirado a la costa oeste de Florida. Nuestra misión diaria consistía en recoger conchas de la playa, algo que habíamos hecho juntas desde que las niñas podían gatear. Si una playa era pedregosa, recogíamos piedras y cristales pulidos por el mar. Llevábamos arena a casa en frascos de cristal y coleccionábamos piedras lisas, añadiéndolas a nuestra preciada colección de conchas marinas. Nuestra favorita es el esqueleto del calamar. (Cuando seleccionábamos papeles y sobres de cartas azules para nuestra cabaña, hicimos que el impresor grabara en el centro una concha de un esqueleto de calamar; era un símbolo afortunado para nosotros, cuyo significado aumentaba porque es el logotipo de la iglesia de St. James de la ciudad de Nueva York, en la que nuestro querido amigo John Bowen Coburn nos casó a Peter y a mí).

Todos nuestros años de rastrear la playa aumentó nuestra curiosidad por la vida submarina. Nos encanta ir juntas con las gafas de bucear y señalarnos mutuamente las maravillas de la naturaleza. Cuando las niñas eran pequeñas, solíamos buscar en una enciclopedia de vida marina todos los peces de colores que habíamos descubierto en nuestras aventuras acuáticas. Después, visitábamos el Museo de Historia Natural para conseguir más información sobre el entorno marino. A veces, las niñas me sorprenden todavía con el conocimiento que han retenido.

Llegamos a llamar a esos periodos deliciosos «rutinas», cuando no corríamos el peligro de ser atrapadas por los horarios del tiempo. Cuando como calamares, siempre recuerdo sus preciosos esqueletos en forma de abanico y las «rutinas» playeras que disfrutaba con mis hijas. Toda la familia es siempre atraída a la orilla del mar, donde jugamos, nadamos y nunca nos cansamos de recoger conchas: son los recuerdos de las playas que nos han gustado.

He sido muy feliz de viajar con mis hijas. Hemos buscado un perfume hecho en Grasse, Francia, en las tiendas y farmacias de todo el mundo, disfrutando su aroma al probárnoslo y su presentación sensacional. Siempre que viajamos a Europa, llevamos con nosotras algunas bolsas de aseo y frascos para poder hacer unas pequeñas provisiones de desodorantes, bolas de algodón de colores y cajitas de esmeril coloreado. Un perfume francés está envasado en un cono de cristal deslustrado con una bola como tapón: es una obra de arte que contiene una mágica poción dentro. Esto es cosa de las niñas y, por tanto, una rutina a la que nunca someteremos a Peter; siempre le encontramos en la terraza de un café después de haber hecho las compras.

> *Todavía tengo que ver a alguien que no responda a la ternura en acción.*
>
> EKNATH EASWARAN

La curiosidad nos lleva por todas las escaleras mecánicas rastreando todos los pisos. ¿Quién sabe si podemos encontrar una ganga? Comprábamos manoplas de cara rayadas para deleitarnos en el baño con todo lujo, y cajas con dibujos a cuadros, clips de flores, mantelitos de mesa, bandejas y servilletas. Como tengo una pasión por los objetos de escritorio, las niñas venían conmigo para hacer provisiones de tarjetas coloridas de Bristol, carpetas, plumas, cartuchos de tinta, archivadores y tijeras. Para ellas podían encontrar un cortaplumas, papel de regalo con motivos botánicos o la cinta francesa encaracolada que les encanta. Los decoradores de interior instintivamente siempre andan a la búsqueda de algo inhabitual, algo práctico que esté bien hecho y diseñado con imaginación.

Ahora que mis hijas tienen sus propios apartamentos, recuerdo nuestras excursiones en torbellino por los grandes almacenes, moviéndonos en todas las direcciones, y me pregunto si tal vez estas experiencias ayudaron a que se formaran sus ojos y desarrollaran su sentido del estilo. Cuando Brooke se instaló en su propio piso, le ayudé a pintar su baño de lila, por encima del revestimiento de paredes de azulejo. El baño tiene un techo de azulejos blanco y negro, muebles blancos y colgadores de cromo.

> *... el primer paso para convertirse en una sólida unidad padre-madre es que el hombre y la mujer desarrollen una atracción fuerte recíproca. La recompensa genética de tener dos padres dedicados al bienestar de un niño es la razón de que el hombre y la mujer puedan caer uno en brazos del otro, incluso durante un gran periodo de tiempo.*
>
> ROBERT WRIGHT

Siempre me gustó llevar a Alexandra y a Brooke al parque Paley, un minúsculo parque que hay en la calle 53, entre la Quinta Avenida y Madison. Siempre nos sentábamos cerca de las salpicaduras de la cascada, bebíamos un refresco y simplemente contemplábamos el paisaje. Descubrimos en Nueva York docenas de lugares que tienen una belleza natural, en donde siempre encontrábamos consuelo y alegría. En primavera nos sentábamos en el muro de mármol del restaurante Four Seasons, calentándonos al sol y contemplando los reflejos majestuosos de los estanques y las fuentes. El jardín del Museo de Arte Moderno era otro lugar especial, que combina su belleza natural con la poderosa energía de la escultura. Los museos eran, y continúan siendo, lugares inspiradores en los que mis hijas y yo nos gustaba estar juntas. Vamos a ellos para divertirnos, entretenernos y, sobre todo, salir siempre renovadas en creatividad y con una visión más clara de los medios para expresarnos.

Una amiga que tiene dos hijos pasa mucho tiempo aprendiendo todo sobre cada ser viviente y cada fenómeno natural, desde los dinosaurios a los capullos de flores; suele ver el canal Discovery de televisión y leer libros sobre estos temas. Nuestras hijas encuentran fascinantes los pequeños gusanos, inspiradoras las conchas marinas, adorable una sabandija y encantador un nido de pájaros. Siendo niños, Thomas Edison, Albert Einstein, Albert Schweitzer, Rachel Carson, Amelia Earhart y Ralph Waldo Emerson deben haber constituido un desafío para los padres que intentaban mantenerse unos pasos por delante de sus jóvenes y curiosos genios visionarios.

> *No estar seguro es incómodo, pero estar seguro es ser ridículo.*
>
> PROVERBIO CHINO
>
> *... el entusiasmo es la fuente de la creatividad.*
>
> DOCTOR RENÉ DUBOS

Tal vez, uno de los ejemplos más maravillosos, fructíferos y felices que podemos dar a nuestros hijos es estar relajadas. Mi madre era tan concienzuda que yo realmente encontraba relajante verla simplemente sentada en una silla, disfrutando tranquilamente del momento. Mi madre era una lectora voraz, así que siempre había libros alrededor. Ella leía para enriquecerse y por el placer de leer. Era visible cómo le cambiaba su estado de humor y se elevaba cuando tenía un libro en las manos.

También recuerdo entusiasmarme siempre que mis padres se vestían para salir a cenar y divertirse fuera con los amigos o siempre que mi madre tomaba un baño de burbujas. Los niños miran a sus padres para aprender de la vida. Cada uno de los placeres que nos damos, cada cosa que disfrutamos, les muestra las delicias que les esperan en sus propias vidas.

Sin embargo, aunque esto nos duela, no siempre podemos proteger a nuestros hijos de la oscuridad y de la tristeza del mundo. Esto depende en última instancia del destino, la suerte y las circunstancias. Aunque existe el dolor y la desgracia, podemos proporcionar a nuestros hijos la verdad reconfortante de que dentro de cada nube hay sin duda un revestimiento de plata, incluso aunque a veces sea difícil de detectar. Nuestros hijos experimentaran el dolor y el peligro; se sentirán perturbados y confusos al ver a las personas sin hogar cuando van camino de la escuela; se sentirán desconcertados por la muerte de alguna persona querida; y sufrirán la decepción por los rechazos de amantes, amigos y el mundo exterior. Pero si conseguimos enseñarles que, aunque surjan los problemas, cada uno de ellos tiene dentro de sí la semilla de su solución, crecerán fortalecidos por la convicción de que son suficientemente fuertes para enfrentarse a cualquier cosa que suceda.

> *El amor de una madre crece al dar.*
> CHARLES LAMB

Cuando yo era niña, Chumily, nuestro perro de aguas cocker, fue atropellado por un coche y murió. Desde entonces, aunque tenía once años y perdí mi perro favorito, me di cuenta de lo universal que es el dolor. No importa la edad que tengamos; todos sufrimos. Mi hermana y yo teníamos dos gatos, Adrian y Boutique, en nuestra granja que estaba al norte del estado de Nueva York. Vivían en el pajar de la cuadra. Una mañana me acerqué a ésta llamando «¡Adrian, Boutique!, por aquí, por aquí». El rocío había desaparecido y el sol era cálido. El día estaba lleno de promesas. Mientras subía por la escalera al altillo, continuaba llamando a Adrian y a Boutique. Mi caballo, Jefe Comanche, relinchó, y recuerdo oír el crujido del heno bajo mis pies desnudos. Vi sangre y, horrorizada, divisé los restos de sus cuerpos destrozados. Habían sido muertos y medio comidos por animales salvajes.

Mi madre estuvo maravillosa. Entendió lo mucho que queríamos a nuestro perro y a los gatos que habían muerto tan repentinamente a nuestra tierna edad. En ambas ocasiones, celebró un funeral para nuestros animales de compañía. Escogimos un lugar sagrado en el que fueron honrados, lo cual nos ayudó a cicatrizar nuestras heridas y mantener su recuerdo vivo.

Meses antes de que me enterase de que mi hermano Powell estaba siendo operado del corazón, Brooke, Peter y yo habíamos planificado un viaje a París a principios de febrero. Powell murió durante la operación a finales de enero. Su muerte súbita nos impulsó a mantener nuestros planes y a hacer de nuestro viaje a Francia una celebración de la vida. Persuadimos a Alexandra para que se tomase vacaciones y se uniese a nosotros. Nuestro viaje nos permitió hacer el duelo juntas y animarnos mutuamente como sólo pueden hacer miembros de una familia. Crecemos espiritualmente cuando experimentamos el dolor y la tristeza. Son tiempos de transición en los que profundizamos nuestra compasión y aprecio por la vida. Fueron momentos que nos llevaron a ampliar nuestra visión de la vida. Estar juntos en uno de nuestros lugares favoritos, apreciando cada momento, aprovechando cada oportunidad para vivir con vitalidad, nos ayudó a cada uno de nosotros a aceptar nuestra pérdida y tranquilizar a mis hijas de que no necesitaban ocuparse de mí. Cuando estamos juntos, somos fuertes y llevamos esa fuerza con nosotros cuando estamos separados.

Prohibirnos algo significa hacer que lo deseemos.
MICHEL DE MONTAIGNE

Poniendo énfasis en lo que es verdad, en lo que es ennoblecedor, en lo que es bello, recordamos a nuestros hijos algo que es esencial a la existencia: que el consuelo y/o la alegría son siempre posibles, incluso en nuestros momentos más oscuros. Tener una vivencia de la naturaleza, estar con amigos y disfrutar del arte pueden siempre elevarme por encima de mí misma y proporcionarme una oportunidad de establecer una conexión divina. Pero estar con mis hijas cuando estoy herida o cuando ellas sienten dolor siempre es transformador.

¿Cuáles son los mayores regalos que puedes dar a tus hijos? Puedes cuidar de ellos, sacrificarte, educarlos, alimentarlos, vestirlos, darles protección, enseñarles principios morales y la virtud mediante el ejemplo. Pero por encima de todas estas cosas, pienso que el mayor legado que puedes, en definitiva, dar a tus hijos es tu corazón puro, amante y cálido y tu amor por la vida.

Estar ahí

Si tuviera que empezar de nuevo mi vida como madre, haría un esfuerzo más consciente por no tener prisa. Como diseñadora de interiores, voy a las casas de muchas personas y veo que muchas madres están demasiado ocupadas y tienen demasiada prisa para pasar algo de tiempo con sus hijos. Y eso me produce inquietud. En algunos casos, es inevitable. Los entrenamientos de fútbol de tu hijo pueden ser tardíos, de forma que no tienes tiempo de recoger a tu hija de la escuela. Tienes que permanecer hasta horas tardías del día en el trabajo y entonces no tienes tiempo para construir esa casa de muñecas que habías prometido a tu hija que harías esa misma noche. Existe una interminable lista de cosas que tienes que hacer y que te impiden pasar más tiempo con tus hijos. Pero para estar realmente *ahí* por tus hijos, tienes que dejar de lado muchas cosas.

> *Existen innumerables personas que tienen una gran posibilidad de elección entre ahorrar o dar a sus hijos las mejores oportunidades posibles. La decisión normalmente recae a favor de los hijos.*
>
> ELEANOR ROOSEVELT

Cuando nuestro hijo nos necesita, instintivamente queremos dejarlo caer todo, ya que nuestro mundo es en ese momento esa persona que nos necesita. Yo he cancelado viajes de negocios unos minutos antes de ir al aeropuerto. Hemos pospuesto reuniones importantes cuando Alexandra y Brooke necesitaban que yo estuviese a su lado por la razón que fuera. Nunca me arrepentí de estar ahí para mis hijas, ni lo consideré un sacrificio. Nunca sentí que estaba perdiendo algo, porque mis hijas simplemente enriquecían mi vida. Tengo que admitir que a veces estaba agotada, pero esto no cambiaba el hecho de que yo adoraba cada minuto que compartía con mis hijas. Eran la mejor compañía que cualquiera pudiera desear. Cuando miro hacia atrás, la mayor felicidad era *estar ahí*, ir de un lado para otro cuando no había nada especial que hacer, y cuando había que dejarlo todo para hacer lo que podía. En definitiva, estar ahí como una presencia amorosa era el regalo que nos dábamos mutuamente.

Había ocasiones en las que las demandas de ser madre, mujer de negocios, esposa y ama de casa es «abrumador». Mi amiga y primera editora, Kate Merina, me corrigió una vez cuando le hice la confidencia de que me sentía sobrepasada cuando Alexandra estaba en el hospital con neumonía, Brooke en casa con bronquitis y yo estaba agotada por el estrés. Kate me sonrió y me dijo: «Alexandra, tienes una vida estupenda. Ahora mismo, están pasando muchas cosas. Pero eres fuerte. Puede que te veas «abrumada» pero no estás sobrepasada.» Y tenía razón. Cuando se pone a los hijos primero, por encima del aspecto que tenga el hogar, por delante de la profesión o de la vida social o de los intereses personales, se descubre que el vínculo que nos une a nuestros hijos es más sagrado. Nadie que busque una vida fácil se convierte en madre. Las madres tienen que dar de sí, afrontar desafíos y, a veces, llegar al agotamiento. Pero todo funciona cuando una se compromete a estar ahí para los hijos.

Ahora márchate y no hagas nada malo. Voy a salir.
BEATRIX POTTER

Una de las cuestiones más importantes para las mujeres casadas con hijos hoy día es una cuestión práctica: ¿Cómo dividimos el trabajo en casa? Muchos hombres compartirán parte de las tareas domésticas, pero, principalmente, es todavía la mujer la que tiene que ocuparse de todo a la vez. Peter, con frecuencia, me dice que sólo puede hacer una cosa al mismo tiempo, y yo lo creo. Nunca he oído a una madre decir eso. Si lo dijera, no estaría diciendo la verdad.

Aunque la mayoría de las mujeres se arreglan bien y disfrutan de su capacidad para alimentar, vestir y nutrir afectivamente a sus hijos haciendo al mismo tiempo su propio trabajo, a veces el peso es demasiado grande. Cada madre posee sus propias capacidades para afrontar la situación. Cuando no espera ser apoyada, cobra más confianza en sí misma y habitualmente se las arregla bastante bien. Cada vez que una madre se vuelve contra su marido, se derrota a sí misma.

Hace años había un cómic en *The New Yorker* sobre una madre que tenía dos bebés y un hijo que empezaba a gatear entre sus piernas. Vestido con un traje gris a rayas, balanceando su cartera marrón de cuero, con el periódico plegado bajo el brazo, el papá sale sorteando los juguetes y da los besos de despedida: «Me voy a la oficina, querida.» A lo cual ella responde: «Ralph, hoy es domingo.»

> *Educar a un bebé conforme a lo que dicen los libros es una buena idea, sólo que se necesita un libro diferente para cada bebé.*
>
> Dan Bennett

A veces las mujeres sienten que sus maridos no están presentes para sus hijos de la misma forma en que lo están ellas. En cierta medida, tienen razón. Los padres están cerca los fines de semana, pero, en general, van y vienen con mayor libertad que las madres. Los maridos pueden librarse de todo, desde cambiar los pañales y dejar el desayuno preparado para llevar a sus hijos a la escuela o asistir a las fiestas de cumpleaños y a las competiciones escolares. Este desequilibrio no tiene por qué causar dificultades, pero en ocasiones las causa cuando hemos idealizado las expectativas basadas en cómo deberían ser las cosas, y no en cómo son, o al menos por el momento. No existen compromisos cuando los hijos son el tema de discusión: los padres tienen que estar ahí para ellos, incluso si uno de los dos hace más que el otro. Al final, los beneficios que cosechamos por nuestras atenciones a los hijos sobrepasan con mucho el esfuerzo que nos cuestan. Muchos padres «se ponen las pilas», como sugiere mi amigo John Coburn, pero algunos nunca se las ponen. Estar presente es una alegría. Ésa es la miel. Eso es lo que hace que todo valga la pena.

Muchos padres dividen las tareas necesarias, pero rara vez hay un cambio completo de papeles. Cuando mis hijas estaban creciendo, a su modo Peter me ayudaba con regularidad, pero no de la misma forma que lo hacía yo. Si yo estaba cocinando la cena y las niñas estaban jugando a las damas en el suelo de corcho, Peter llegaba a casa del trabajo, se sentaba a la mesa de la cocina, y en lugar de *hacer* algo visiblemente útil o práctico, estaba disponible para nosotras, interesado e interesándonos, haciéndonos sentir queridas, apreciadas y seguras.

> *Ten un corazón que nunca se endurezca, un temperamento que nunca se encienda y un contacto que nunca hiera.*
>
> CHARLES DICKENS

Actualmente, las responsabilidades de ser padres entre madres y padres están empezando a ser compartidas. La finalidad no debería ser que los padres alivien a las madres del «tiempo dedicado a los niños», sino de disfrutar la diversión de educar a los hijos como familia. Cuando ambos, padre y madre, están presentes para los hijos diariamente, el sentido de seguridad de éstos es mayor y eso enriquece su autoconfianza.

Lo más importante en ese punto es *cómo* estamos cuando estamos por nuestros hijos. ¿Qué significa para los padres «estar ahí» para un hijo? Nutrir a un hijo no es exclusivamente compartir responsabilidades; se trata de estar ahí. No se trata de saber mágicamente qué hacer. La eficacia no tiene lugar en la educación de los niños. Si papá está *ahí*, entonces él es la mamá. El cariño y el cuidado no tiene género. Estar ahí es la cuestión.

Hemos recorrido un largo camino para llevar a los hombres al centro de la paternidad, pero con frecuencia las madres todavía no podemos dar por sentado el que nuestros maridos sean capaces y quieran aceptar responsabilidades maternas, estar disponibles veinticuatro horas al día.

Aunque parezca raro, y aunque a veces me sentía frenética, me encantaron los dos años que pasé como madre separada. El padre de las niñas se había trasladado a los Ángeles, y yo y mis hijas vivíamos en Nueva York, así, no puede negarse que era yo sola quien esencialmente las criaba. Ellas pasaban siete semanas cada verano con su padre y algunas otras vacaciones concretas. Este acuerdo me hacía dormir menos horas, pero la alegría que experimentaba con Alexandra y Brooke compensaba el agotamiento que sentía. Yo estaba ocupada con mis niñas, disfrutando de su compañía y atendiendo a sus necesidades. Es divertido, pero es posible que saber que yo era la única que estaba allí para cuidarlas me ayudó a aceptar de buena voluntad toda la responsabilidad, sin recelos.

Nosotras cocinábamos, limpiábamos, trabajábamos, nos preocupábamos, planificábamos, llorábamos y reíamos, protestábamos y cantábamos, pero nunca nos desesperábamos. Todo eso no fue sino una fase pasajera; «sin duda nos reiremos de esto algún día», decimos todas nosotras con optimismo, riéndonos incluso entonces.

KATHLEEN NORRIS

Cada matrimonio es diferente. Cuando yo me volví a casar, Peter y yo hablamos sobre cómo serían nuestras economías e hicimos planes de cómo vivir. Él me dijo inmediatamente que no tenía intención de imponer disciplina a las niñas, que en aquel momento tenían siete y cuatro años, respectivamente. Eso me correspondía a mí y a su padre. Yo lo acepté contenta, porque había estado acostumbrada a ese papel como madre separada. Él estaría presente como padre que proporcionaría apoyo, disfrutaría pasando tiempo juntos y estando en familia. Yo dependía de Peter para que me diese consejos, simpatía, ánimos y compañía. A su vez, él colaboraba regularmente, no como una obligación, sino como una bonificación.

En los pueblos de todo el mundo los hombres pasan las horas del día en trabajos duros y las mujeres pasan noventa horas por semana, días y noches, haciendo tareas domésticas. No es probable que una mujer pueda atrapar a su marido para que le ayude después de haber finalizado su trabajo. Las madres tienen la capacidad de ser el centro de la vida de sus hijos a lo largo de toda su infancia. Cualquier ayuda recibida en ese periodo es un regalo. Pero rogar, mercadear y pelearse para obtener un poco de ayuda en una u otra cosa hace disminuir toda la energía y el ambiente de alegría que estableces con tu hijo.

A nadie le gusta ser presionado. Cuando hay una energía amorosa en el hogar, todos los miembros de una familia querrán más estar juntos. Poco a poco los padres «irán cayendo en la cuenta» ofreciendo ayuda y haciendo tareas necesarias sin que se les despida. El secreto consiste en estar tan tranquila y centrada que tu marido se sienta atraído al aura de alegría dada por ti y los hijos. Estoy segura de que todas nosotras podemos hacer más y estar disponibles para nuestros hijos mucho más de lo que creemos.

Un corazón alegre produce un rostro alegre.

PROVERBIOS

Cuanto más presentes estamos para nuestros hijos, más tranquilas nos volvemos. La madre que no ha hecho un compromiso auténtico de poner a sus hijos como prioridad máxima se sentirá dividida, corriendo de un lado a otro frenéticamente y se sentirá ansiosa y culpable. Mi amiga artista Marysarah Quinn, que fue quien diseñó este libro, me dijo recientemente: «Alexandra, desde que nació Dylan todo ha cambiado. Mark y yo somos los padres de Dylan y le ponemos a él antes que cualquier otra cosa. No tomamos ninguna decisión sin considerar antes qué es lo mejor para él. Me siento estupendamente siendo su mamá.»

Como ser madre rara vez nos permite estar en la circunferencia, en la que sólo parcialmente estamos implicadas en la vida de nuestros hijos, tenemos que aprender a estar emocionalmente centradas en medio de todas las distracciones, por nuestro propio bien, así como por los mejores intereses de nuestros hijos.

Anne Morrow Lindbergh entendió todas las fuerzas que tiran de las mujeres, especialmente las madres, en su maravilloso libro *Gift from the Sea: An Answer to the Conflicts in Our Lives* [*Un regalo del mar: una respuesta a los conflictos de nuestra vida*]:

> Pues ser una mujer es tener intereses y obligaciones, irradiando en todas las direcciones desde el núcleo central de madre, como radios a partir del eje de una rueda.
> El patrón de nuestra vida es esencialmente circular. Debemos estar abiertas a todos los puntos del compás; el marido, los hijos, los amigos, el hogar, la comunidad; expandidas, expuestas, sensibles como la tela de una araña a cada aliento espirado, a cada llamada que llega... ¡Cuánto necesitamos y qué arduo de obtener es esa serenidad predicada en todas las normas para vivir de una forma sagrada.

La clave de estar *presente* para tus hijos, de estar segura de que están siempre conscientes de tu amor, nutrición y apoyo, es tu sentido del deleite que obtienes de ellos. Tienes que estar *ahí* en los momentos de tranquilidad y celebración, así como en los momentos de crisis. Recuerda que todo es de gran importancia para los niños. *Estar ahí* para felicitarles por haber pasado los exámenes o por haber hecho una bonita pintura con los dedos; *estar ahí* para leerles a la hora de dormir; *estar ahí* para enjugar las lágrimas cuando se hacen daño; *estar ahí* para ponerles su programa favorito cuando hay que hacerlo; *estar ahí* para responder a sus preguntas, tanto si son serias como si son triviales; *estar ahí* para ver cómo saltan a la comba; *estar ahí* para que sepan que son la parte más preciosa de tu vida. La *presencia* divina de una madre siempre se nota. Cuando estamos ausentes física, emocional y espiritualmente, nuestros hijos sienten un profundo vacío. Cuando somos canales de su energía amorosa, nuestros hijos pueden prosperar.

> *Yo no le quiero porque sea bueno, sino porque es mi hijo.*
> RABINDRANATH TAGORE

Estar *presente* exige una profunda concentración en lo que estamos haciendo a medida que actuamos. No puede una llegar tarde a un acontecimiento, mostrando una crisis de nervios, inquieta, ansiosa y con la mente en otro lado. La plena conciencia exige centrarse en lo que está delante, viviendo por dentro cada momento, absorbiendo plenamente la experiencia, observando, sintiendo, dándose cuenta de las sensaciones. Cuando estamos presentes, estamos utilizando nuestros poderes superiores. Cuando ponemos atención, estamos conectadas con una perspectiva superior, una valoración más profunda y vital de lo que está sucediendo. En este estado de alerta, somos transformadas por el entusiasmo de nuestros hijos, de nosotras mismas y de la vida.

> *Los niños en general odian estar ociosos. Entonces debe ponerse todo el cuidado en que su naturaleza inquieta sea constantemente empleada en algo que le sea de utilidad.*
>
> JOHN LOCKE
>
> *Las madres siempre saben.*
>
> OPRAH WINFREY

El doctor Irwin Chabon, que asistió al parto de Brooke, escribió un libro titulado *Awake and Aware* [Despierto y consciente]; en él expone cómo podemos entrenar nuestras mentes para centrarnos en un objeto con vistas a controlar el dolor. Yo nunca tomé ni siquiera una aspirina cuando di a luz a mis dos hijas. Estando allí «despierta y consciente», estuve completamente en sintonía con lo que estaba sucediendo. Yo estaba *ahí* para ese milagro. Hubiera odiado estar dormida o adormecida. Gracias a Dios, tuve la buena suerte de ser joven, de estar sana y en forma, así que el parto natural fue la mejor opción que pude tomar. Pero entiendo que muchas mujeres no pueden tener un parto natural por diversas razones. Creo que estar despierta y consciente se aplica fundamentalmente a nuestro estado de atención consciente durante el crecimiento de nuestros hijos. Todas nosotras podemos hacerlo. Cualquier don de nuestras *presencias* para nuestro hijo es Gracia. La vida no puede ser más dulce que cuando estamos plenamente presentes para nuestros hijos.

¿Qué hacen las madres por sus hijos? Irradian alegría desde la felicidad que sienten en ser esas personas importantes y esenciales en la vida de aquéllos. Las madres son las principales fanáticas de sus hijos. Nos jactamos de ellos a sus espaldas; exageramos sus talentos y habilidades y pasamos por alto sus fallos. Cuando les ayudamos a florecer hasta convertirse en adultos generosos, el mayor don que les damos es nuestro espíritu. Todo el trabajo duro, los sacrificios, la privación de sueño y las preocupaciones son simplemente radios de ese eje central de la rueda.

> *... su sonrisa era como un arco iris tras una tormenta repentina.*
>
> COLETTE

Recientemente me emocionó profundamente un ensayo que apareció en *The New York Times*. Fue escrito por Amelia H. Chamberlain, una estudiante de Queens, Nueva York, que había ganado un concurso de escritura con el tema «Una mujer que admiro». Ella escribió sobre su madre:

> Yo le dije que no se esforzase, pero ella afirma que necesitamos dinero... De repente tiene que irse. Me pasa mis 3,60 dólares para la escuela y me besa en la mejilla. Como siempre, me dice que me quiere. Después, sale por la puerta y conduce hasta su trabajo.
>
> ¿Cómo lo hace? ¿Cómo recuerda siempre darme mis 3,60 dólares para la escuela? ¿Cómo recuerda decirme siempre que me quiere? ¿Cómo trabaja toda la noche y hace recados todo el día? ¿Cómo consigue criarnos a mí y a mi hermana ella sola? Ella nunca abandona diciendo: «Hoy no puedo ir». Nunca deja de levantarse, por muy poco que haya dormido...
>
> Vuelvo mis ojos a Dios y silenciosamente agradezco al Señor tener a mamá.

¿Qué más puede decirse sobre lo que hacen las madres? La lista es interminable lo mismo que es infinito el amor de una madre por sus hijos.

Capítulo 4

Estimarnos y querernos

La lección esencial de la vida que todos nosotros debemos aprender es el amor incondicional, *que incluye no sólo a los demás sino también a nosotros mismos.*

ELISABETH KÜBLER-ROSS,
Sobre la muerte y el morir

Sé fiel a tu propio Ser

> *Aprecia lo que está dentro de ti.*
>
> CHUANG TSE

COMO MADRES, es posible que estemos tan implicadas en cuidar a nuestros hijos y a nuestras familias que nuestro propio crecimiento interior y nuestro equilibrio queden saboteados. Muchas de nosotras no reconocemos que a menudo nuestro cansancio y frustración respecto a nuestros hijos se producen porque hemos olvidado tender a ser nosotras mismas. Nos volvemos hoscas y cortantes y nuestro mal genio nos impide disfrutar de la vida.

Mi madre era muy consciente de que estar siempre disponible a la demanda de los demás la hacía salir de su centro y, con frecuencia, recitaba teatralmente sus líneas favoritas de *Hamlet*, de Shakespeare, para recordarse a sí misma y a los que la rodeaban la importancia del autorrespeto:

> Sé auténtico contigo mismo, y de ello se seguirá, como la noche sigue al día,
> que no podrás ser falso con ningún hombre.

> *Hoy nace un nuevo sol para mí; todo vive, todo está animado, todo parece hablarme de mi pasión, todo me invita a quererlo.*
>
> ANNE DE LENCLOS

A mi madre le apasionaban estas palabras. Cuando miro ahora hacia atrás, puedo ver que su fe en ellas tuvo una influencia profunda y positiva en mí y en cómo eduqué a Alexandra y a Brooke. Cómo mi madre era absolutamente capaz de seguir sus condiciones, especialmente en la última parte de su vida, cuando se negó a que su identidad estuviera vinculada a las obligaciones familiares; fue capaz de dejarse suficiente tiempo libre para poder llevar a cabo alguno de sus principales intereses.

¿Cómo podemos nosotras, como madres, ser fieles a nosotras mismas? ¿Cómo podemos encontrar continuamente nuevos caminos para nutrir nuestra mente y nuestra alma al mismo tiempo que nos concentramos en hacer lo mismo para nuestros hijos? ¿Cómo podemos permanecer flexibles, fuertes y centradas cuando corremos detrás de niños fogosos? ¿Cómo podemos expandir nuestra conciencia y despertar a nuevas dimensiones espirituales? ¿Cómo podemos mantener nuestra propia identidad —manteniéndola fresca y singular—, para que nunca quede nublada al ser absorbidas por la vida de los demás?

A menudo pienso en esa maravillosa expresión «espacio para respirar». Las madres necesitan espacio para respirar, para recargar su espíritu cada día. Este espacio, un lugar donde el centro del ser se vuelve a despertar, está a disposición de todas las madres. Sólo tienes que centrarte en él para descubrir tu ser de nuevo despierto.

Reclamar tiempo para ti misma

> *Este Yo superior es la miel de todos los seres, y todos los seres son la miel de este Yo superior.*
>
> BRIHADARANYAKA UPANISHAD

En medio del caos de las tareas de la maternidad, la primera forma de recuperar mi equilibrio fue tomarme tiempo para mí misma. Lo mismo que tomar un refresco cuando se está mucho tiempo sedienta, una madre que reclama su propio tiempo queda refrescada y restaurada. Cuando estás hambrienta, necesitas comer. Cuando constantemente te sacan de tu centro las demandas de tus hijos, necesitas volver a ti mima para sentirte bien. Yo he incorporado la soledad a mi vida como práctica habitual, incluso aunque sea por unos breves instantes. El checo Franz Kafka, que escribió en alemán, describió con gran belleza esos momentos de meditación tranquila y las muchas oportunidades que tenemos para tener la vivencia de esos momentos.

> No tienes por qué dejar tu habitación. Permanece sentado a tu mesa y escucha. No tienes ni siquiera que escuchar, simplemente espera. Ni siquiera tienes que esperar, simplemente aprende a estar tranquilo, en silencio y solitario. El mundo se te ofrecerá generosamente para ser desvelado. No tiene otra elección. Caerá en éxtasis a tus pies.

En China deben saber algo de esta necesidad humana de retirarse al interior de sí mismo a lo largo del día. En una pequeña aldea se lleva a cabo un encantador ritual de soledad cada día. En cualquier momento suena la campana, y en ese instante todo el mundo, con independencia de su edad o de la posición que ocupe en la comunidad, deja de hacer lo que esté haciendo y durante unos minutos permanece en silencio.

> *¿Cuál es el secreto de la liberación? ¡No avergonzarse más de sí mismo!*
>
> FRIEDRICH NIETZSCHE
>
> *Lo mismo que un niño, tu cuerpo desea atención y se siente confortado cuando la recibe.*
>
> DOCTOR DEEPAK CHOPRA

He llegado a tener el hábito de crear rituales de recuperación de casi cada cosa que hago. Hacerlo eleva una experiencia ordinaria cotidiana, convirtiéndola a algo que emociona y levanta mi estado de ánimo. Cuando empiezo a sentirme exasperada por las peticiones de los demás, intento encontrar ese lugar interno meditativo que Kafka describe. Tanto si exige que deje lo que esté haciendo y medite, como si requiere que integre esta soledad en algo que estoy ya haciendo, incluso si es algo físico, incluidas las tareas domésticas, no dejo de insistir en encontrar tiempo para estar en contacto con mis propias necesidades.

A veces, cuando necesito estar sola, restriego la tabla de la cocina o lustro los tableros de la mesa de la sala de estar. En esos momentos, cuando nadie me molesta, normalmente pongo una buena música (la «Sonata Claro de Luna» de Beethoven o «Diciembre» de George Winston), o cintas espirituales como grabaciones de sermones de John Bowen Coburn o Eric Butterworth, para aclarar y relajar más mi mente. En esos veinte minutos aproximadamente me siento de nuevo en conexión con mi corazón y con mi alma, siento una sensación desbordante de consuelo y alegría. Encuentro que estos interludios placenteros hacen más fácil enfrentar cualquier actividad de la vida. Yo salgo de ellos refrescada y restaurada. Tú puedes hacer igual para ti misma en tu propia casa. No tienes por qué ir a la iglesia o a la sinagoga para rezar. Cuando haces las cosas de una forma consciente, silenciosa y meditativa, es como decir una plegaria. En tu espíritu estás comulgando con una fuerza superior y expresando gratitud por tu vida.

En otras ocasiones, cuando necesito estar tranquila, como contraposición a hacer algo físico, me tomo un tiempo zen. Ésta es mi oportunidad para sentarme en algún lugar sagrado y meditar. Si no tienes un lugar sagrado en tu hogar, reclámalo. La mesa de mármol del cuarto de estar de nuestro piso en Nueva York es mi lugar sagrado. Cada vez que necesito una calma pura, sé que está ahí para mí. El mármol está siempre frío y tranquiliza mis nervios. La mesa se halla frente a dos grandes ventanas soleadas que dan sobre el campanario de una iglesia que se recorta contra el cielo. Compré esa mesa antigua en Francia hace más de treinta años y simplemente tiene buen karma. Siempre coloco flores encima de la mesa, lo cual contribuye a crear una atmósfera tranquila y agradable. Normalmente enciendo una vela, incluso durante el día, y también la pongo encima de la mesa. ¿Quién tiene que decir cuándo es el momento adecuado de encender una vela en tu propia casa? A lo largo de los años creo que he pasado varios miles de horas ahí, en esa mesa. Acudo a ella en búsqueda de fuerza, de un sentido de totalidad y un sentimiento de trascendencia. Es ahí donde encuentro mi alma de una forma singular; lo que hago ahí es para mí.

> *La vida está ahí para ser vivida. La curiosidad debe mantenerse viva... Nunca debe uno, por ninguna razón, volver la espalda a la vida.*
>
> ELEANOR ROOSEVELT

En cierta ocasión, cuando fui a mi mesa para meditar y escribir, descubrí a Peter sentado con papeles de su trabajo como abogado esparcidos por toda su superficie. Me chocó mucho verlo sentado en mi sitio. Peter se dio cuenta inmediatamente de lo verdaderamente simbólico que era para mí este espacio y de la importancia de que siempre estuviera disponible para que yo lo utilizase. Ese lugar es mi templo para obtener un momento de paz tranquilo, sereno y sin ser molestada.

Puedes crear un espacio sagrado en cualquier lugar dentro de tu casa o cerca de ella. Tal vez tu espacio pueda ser tu jardín en un lugar retirado y sombrío. Quizá el lugar sagrado pueda ser una mecedora vieja, pero a la que tienes mucho aprecio, situada en la cocina o en la sala de estar. Cuando encuentras tu lugar sagrado, deja saber a todo el mundo de la familia que ésa es tu silla, tu rincón en la habitación, tu retiro. Muy pronto anhelarás encontrar cualquier momento para salvaguardar tu sentido del espacio.

> *Una vez fuiste salvaje aquí. ¡No dejes que te domestiquen!*
>
> ISADORA DUNCAN

Desgraciadamente ciertas madres tienen muchas dificultades en reconocer que alguna vez tienen necesidad de estar separadas, de volverse a conectar consigo mismas. Pero ¿por qué? Seguramente, las madres, al igual que sus hijos, tienen que ser impulsadas a ello. Una madre no se alimenta mirando comer a sus hijos. Ella también necesita comer. ¿No se sigue de ello que una madre no sólo obtiene el placer de mirar a sus hijos crecer, sino que también necesita hacer aquello que disfruta? Esto no es imposible de hacer, sean cuáles sean tus circunstancias. Tal vez no siempre sea fácil, y puede que haya momentos en los que simplemente no puedes tomarte tiempo para ti misma, pero tú *puedes* hacerlo.

Los hijos no nos completan

Cuando estábamos solteras, quizá habíamos pensado que nuestras vidas se completarían al casarnos. Una vez casadas, muchas creímos que nuestras vidas estarían plenas sólo cuando tuviéramos hijos. Pero hemos descubierto, cada vez que hemos alcanzado estas etapas, que el sentido de estar completas sólo puede venir de dentro. Sentirse completa es algo que puedes recrear y nutrir cada día. Este sentido de plena realización no viene cuando tachamos de la lista otro objetivo de la vida. En realidad nunca dejamos de desarrollarlos. Nuestro cuerpo y las circunstancias de la vida cambian constantemente, así como nuestras necesidades. Al mismo tiempo, nuestro yo espiritual e intelectual continúa evolucionando y profundizando. En un sentido, nuestras vidas nunca están completas.

> *Primero mantén la paz dentro de ti mismo y después puedes también llevarla a los demás.*
>
> Thomas Kempis
>
> *Quien quiera gobernar a los demás debe primero ser dueño de sí mismo.*
>
> Philip Massinger

Por mucho tiempo que pasemos mirando a nuestros hijos, siempre debemos buscar nuevas experiencias que enriquezcan nuestro espíritu. Tenemos necesidades que sólo *nosotras* podemos satisfacer. Necesitamos momentos de tranquilidad para calmar las aguas agitadas de nuestra alma y encontrar la serenidad en el centro de una vida plena, excitante y llena de energía. Si no podemos encontrar la gracia aquí y ahora, en medio de toda esta actividad, ¿creemos honestamente que ésta puede aparecer de repente por sí misma?

En su autobiografía, *Yo,* Katharine Hepburn escribe que su madre le dio un consejo que ella tomó sin duda muy a pecho. Su madre le dijo: «Si siempre haces lo que te interesa, al menos una persona será complacida.» Hepburn estuvo casada un corto periodo de tiempo y nunca tuvo hijos, pero sin duda aprendió a disfrutar por sí misma.

Como mujer, estoy completa sólo cuando soy capaz de abrirme el corazón a mí misma y de abrirlo a aquellos a los que quiero. De hecho, fue a través de esta autoalimentación como empecé a entender el sentido sagrado de ser madre. Tomar tiempo para mí, aunque sólo fueran unos minutos, me ayudó a estar en contacto con el poder de mi papel maternal. Al volver a mí misma entendí cuánto cuidado tenía que dar, cuánta paciencia tenía que tener para navegar por los mares llenos de escollos de la maternidad, y me di cuenta vivamente de lo que hacía con mis hijas, cuánta atención plena tenía que emplear en ellas. Al final, respetar mis propias necesidades era mejor para todas nosotras.

Da buen ejemplo

Para una mujer es perfecto que sea sobre todo humana.
ANAÏS NIN

Para ser fieles a nosotras mismas, debemos mirar en nuestro corazón y asegurarnos de que no decimos una cosa y hacemos otra. No sólo mi madre citaba con frecuencia las líneas reproducidas anteriormente de Shakespeare, sino que también era capaz de seguir el espíritu de dichas palabras. Al leerlo, no sólo lo hacía una persona más realizada e íntegra, sino que también mi propia satisfacción me ayudó a ser una niña más feliz y estable. Su fe en que la vida está para ser disfrutada me ayudó a establecer un modelo para que yo siguiera mis propios dictados internos. A pesar de su tendencia al perfeccionismo, mi madre sabía cómo relajarse y disfrutar de la vida. Observar a mi madre cuidar su jardín, decorar y disfrutar su hermosa casa y conducir su coche no sólo era emocionante de ver, sino que además su placer me enseñó que era adecuado y bueno alegrarse de los propios placeres.

Siendo fiel a sí misma, una madre da un ejemplo importante a sus hijos para que hagan lo mismo. Realizar nuestro potencial individual es esencial para poder dar a nuestros hijos toda nuestra fuerza; es una forma de que sean auténticos consigo mismos.

La otra mujer de mi vida que me ha dado un ejemplo de cómo una madre se honra a sí misma tendiendo a su propia felicidad fue Miriam, la madre de Peter. Su vida tiene mucho que enseñar a todas las madres sobre cómo apoyarnos a nosotras mismas, incluso cuando estamos atendiendo a los demás. Yo nunca vi a Miriam sin un niño en sus ojos. Muchas madres sienten la misma devoción sin límites hacia sus hijos, pero no todas las madres rezuman el sentido de alegría de Miriam con todas las cosas de la vida. De algún modo, Miriam siempre se las arregló para garantizar su propio alimento espiritual. Creo que esto fue un ingrediente esencial de su felicidad general.

> *La mayor parte de nuestra felicidad y de nuestra infelicidad depende de nuestra disposición y no de nuestras circunstancias.*
>
> MARTHA WASHINGTON
>
> *Una mujer alegre es una mujer que se interesa por los demás, pero no se deja abatir.*
>
> BERVELY SILLS

Miriam se dio tiempo para pintar, leer novelas históricas, nadar, correr, jugar al backgammon y hacer ganchillo. Pintaba biombos y, si el presupuesto para decoración no permitía comprar un papel caro para empapelar las paredes, Miriam pintaba un mural con una escena histórica que imaginaba a través de sus lecturas de historia. En lugar de tener sillas ordinarias para sentarse, cubría las sillas del comedor con sus flores y plantas de todos los colores hechas de ganchillo. Miriam también se concedía periódicamente sus gustos. Tenía sus propias pasiones, que no tenían nada que ver con una madre. Coleccionaba piedras semipreciosas que llevaba a una joyería de la Avenida Madison, en donde las montaban en coquetos anillos y broches. A su marido le encantaban sus piedras coloridas, y sus hijos estaban contentos de ver el placer que esos objetos producían a su madre. Los anillos de zafiro en forma de estrella color púrpura y de esmeralda verde claro que yo siempre llevaba fueron un regalo de la abuela Brown, porque ella decía que mi dedo anular «parecía estar muy solitario». Recientemente, la hija de Miriam, Bebe, mi compañera de tenis de los años 50, sonrió y dijo: «Mi madre estaría muy feliz de saber lo mucho que aprecia sus anillos. Nunca te he visto sin ellos.» Miriam nunca se avergonzaba de recostarse en la tumbona y poner los pies en alto si necesitaba tomar un respiro de sus actividades.

Miriam también daba mucha importancia a mantener su salud física. Siendo madre de cuatro hijos muy activos, estaba todo el día doblándose, estirándose y corriendo de un lado para otro. Hay que estar en forma para cualquier trabajo que se emprenda. Durante la época en que criaba a los hijos pequeños, era capaz de sobrepasarlos en energía. Vivía en una época en que todavía no se habían puesto de moda las clases de aerobic y entendió que un ama de casa que corre escaleras arriba y abajo, hace camas y compras, ya hace bastante ejercicio. Cuando era soltera, tenía un pecho de noventa centímetros. Miriam también prestaba mucha atención a lo que comía; creía que comer un poco de todo era la mejor forma de mantener una dieta saludable: «Nunca se sabe cuándo puede salir una nueva información diciendo que se necesita comer un poco de esto o de aquello en la dieta», solía aconsejar. Las comidas que preparaba para la familia eran variadas y deliciosas.

> *Tu éxito y felicidad residen en ti... Decide conservar la felicidad y la alegría y crearás un ejército invencible contra las dificultades.*
>
> HELLEN KELLER

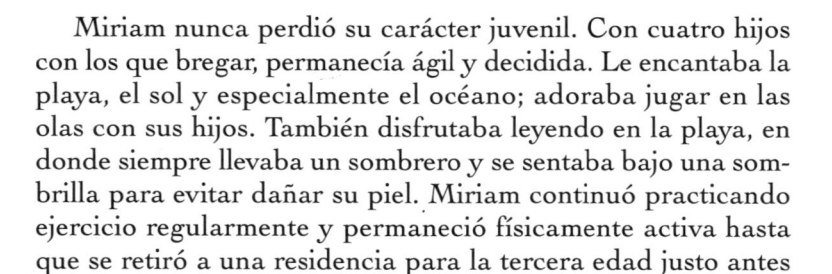

Miriam nunca perdió su carácter juvenil. Con cuatro hijos con los que bregar, permanecía ágil y decidida. Le encantaba la playa, el sol y especialmente el océano; adoraba jugar en las olas con sus hijos. También disfrutaba leyendo en la playa, en donde siempre llevaba un sombrero y se sentaba bajo una sombrilla para evitar dañar su piel. Miriam continuó practicando ejercicio regularmente y permaneció físicamente activa hasta que se retiró a una residencia para la tercera edad justo antes de cumplir noventa años.

No puedo pensar en ninguna madre que viviera una vida más equilibrada y plena que la de Miriam. Para mí ella constituye un modelo de cómo una madre se honra a sí misma haciendo todas las cosas que le gustan. La vida de Peter y su amor por Miriam son tributos luminosos a su riqueza como madre y como ser humano.

Una madre feliz y realizada es un modelo para sus hijos por muchas razones. Ella rompe el molde y hace cosas a su propio modo. Como permanece fiel a sí misma, posee la fuerza para permitir que sus hijos experimenten con formas de ser fieles a sí mismos. Una madre que tiene miedo de ser ella misma será remisa a permitir a sus hijos tomar las oportunidades que necesitan para ser ellos mismos. Los mantendrá retenidos como ella se ha retenido de vivir plenamente. Una madre vital y que es capaz de nutrirse a sí misma proporciona a sus hijos la confianza de que ellos también encontrarán su propio camino.

> *Las mujeres no deben aceptar; deben desafiar. No deben sobrecogerse por lo que se ha construido a su alrededor; deben reverenciar a esa mujer que hay en ellas que lucha por expresarse.*
>
> MARGARET SANGER

Negarse a tener que acabar todo el trabajo

Tal vez te preguntes ¿pero cómo podemos encontrar ese abundante tiempo libre, ese lujo de nutrirme y desarrollarme, tomar mi tiempo para meditar o para estar sola? Una de las cosas que todas podemos hacer es echar una mirada a todo ese arduo trabajo y a todas esas cosas que hacemos y preguntarnos: ¿tenemos que hacer todo ello? Nosotras las madres tenemos que aprender a crear unas pequeñas pausas en medio de nuestro horario para garantizarnos tener un tiempo para nosotras, por mucho que la vida se vuelva exigente y frenética. En los años 70, cuando yo estaba realmente luchando para mantener la gracia bajo la presión, escribí un libro que nunca fue publicado, titulado *Tomar tiempo*. Yo estaba criando a dos hijas, trabajando, manejando obligaciones económicas, escribiendo y acudiendo a diversos servicios religiosos en una búsqueda espiritual, absorbiendo las diferentes filosofías de la vida. En resumen, mi vida era un desbordamiento de actividad. Afortunadamente, había aprendido de mi madre cómo reclamar tiempo para mí misma. Cuando estaba educando a cuatro niños, de alguna forma se las arregló para conducir cuarenta y cinco minutos desde nuestra casa en Westport hasta New Haven, Connecticut, para estudiar arquitectura con Vincent Scully en la Universidad de Yale. Ella se escapaba cuando estábamos todavía en la escuela, dejando a la asistenta para que nos vigilara hasta que llegaba a casa cuando ya había anochecido. Siempre aparecía radiante cuando volvía de aquellas estimulantes sesiones de aprendizaje.

> *Llama a los timbres que todavía pueden sonar*
> *olvida tu ofrenda perfecta.*
> *Existe una grieta en todas las cosas.*
> *Es por ella por donde se cuela la luz.*
>
> LEONARD COHEN

¿Cómo lo hacía? Ella aprendió a reclamar tiempo para sí misma apartándose del perfeccionismo de tener que acabar cada trabajo. ¿Debemos terminar de fregar todos los platos antes de tomar tiempo para nosotras? ¿No puede esperar hasta mañana el exceso de ropa sucia para lavar? Hacer lo que llena nuestro corazón y nuestra mente con inspiración es una prioridad mucho más alta que limpiar el polvo de los muebles de la sala de estar.

Huir de la actitud de tener que acabarlo todo puede ser difícil, pero puede llegarse a ello. Yo he encontrado diversas formas de manejar el mantenimiento de la casa, de forma que la vida cotidiana funciona con relativa tranquilidad sin tener que sobrecargarme. Empiezo por obtener expectativas realistas. Yo sé que todo es un proceso que nunca acaba. Limito el número de tareas de lavandería que hago por semana, y *siempre* interrumpo mis tareas para hacer una comida de mediodía agradable con independencia de lo que esté haciendo en ese momento. Si mi espíritu me mueve a ello, tomo un baño de dos minutos, tal vez varias veces al día, y el resultado es que puedo volver a mis tareas confortada y con una energía suplementaria.

Empecé a resituar mis prioridades cuando me di cuenta de que si acaba todas las tareas domésticas cada día, hasta el punto de «verme atrapada por ellas», nunca tenía tiempo para mí misma. Entiendo el ansia y la satisfacción de las madres que se esfuerzan hasta el límite, pero esforzarse hasta el punto de agotarse no es la solución. Menos en este caso, puede ser más. Al final, perdemos más satisfacción de la que obtenemos. Tenemos que hacer un plan deliberado y aferrarnos a él hasta que tener tiempo para nosotras mismas se convierte en un hábito. Ponte el despertador un poco más temprano para tener media hora de tiempo silencioso y para ti antes de empezar el día. Con el tiempo, tu cuerpo se despertará automáticamente sin necesidad de despertador. O planea ir al cine tú sola o con un amiga una vez al mes. Como nos enseñó el filósofo griego Aristóteles, «somos lo que hacemos repetidamente».

> *Deja momentos para actividades que te ayuden a centrarte y encontrar la calma emocional.*
>
> GRETA K. NAGEL

Otra estrategia para reducir tu horario de trabajo es aprender a dejar que otros hagan cosas para ti. Yo era eficaz, como había sido mi madre antes de mí. Si algo tenía que ser reparado, yo estaba ahí para hacerlo. Pero he aprendido que no tengo que hacerlo todo simplemente porque sé hacerlo. He aprendido a dejar que Peter haga cada vez más. Él escribe la mayoría de las cartas de agradecimiento, compra los regalos de los dos y me ayuda a mantener el piso lleno de flores que él arregla.

Muchas mañanas me trae el desayuno a la cama, y es él el que se ocupa de los billetes con nuestra agencia de viajes. Con más frecuencia que yo se encarga de encender el fuego de la chimenea y comprar los objetos de limpieza e incluso la comida.

Todas las madres tienen que descubrir cómo encontrar ese tiempo para sí mismas. Puedes contratar a una niñera por horas para ir a la biblioteca a leer o investigar, simplemente pasear o ir a divertirte haciendo compras tú sola. Existen muchas formas creativas de encontrar unos momentos tranquilos sin incurrir en gastos exorbitantes. Si no te sientes cómoda pidiendo siempre a tu marido que te sustituya, puedes pedírselo a una amiga o arreglarte con otra madre para cuidar alternativamente a los hijos de cada una. Aprovecha los momentos de insomnio y las fiestas de cumpleaños. No utilices siempre este tiempo para fregar los platos o los suelos. Relájate, quédate con el albornoz puesto después de tomar un baño, ponte una mascarilla de almendras en la cara, escucha algo de música o tómate un café. Recuerda también que muchos lugares, como los clubes de salud, tienen servicios de guardería muy baratos de los que puedes aprovecharte.

> *Nada tiene una influencia psicológica más fuerte sobre su entorno y especialmente sobre los hijos que la vida no vivida de los padres.*
>
> CARL JUNG

Otra cosa que pueden hacer las madres para tener su propio espacio de tiempo es establecer una hora clara en que los niños tienen que irse a la cama. Conozco demasiadas madres que, como no fijan un horario temprano para irse a la cama, nunca tienen tiempo para leer un libro, escuchar música, hablar con una amiga o el marido en privado, porque pasan el tiempo después de la cena cuidando a los hijos. Como dije en un capítulo anterior, Peter y yo, tendíamos a mantener levantadas a las niñas hasta muy entrada la noche, porque nuestros horarios de viaje a veces nos mantenían apartados de ellas. Pero es fundamental crear un horario para estar entre adultos a lo largo de tu día, y la noche después de la cena es uno de los dos mejores momentos.

Haz las cosas con armonía

Ya conoces esa sensación: tus hijos no encuentran qué tareas domésticas tienen que hacer, aunque lo tienen sobre la mesa de su cuarto; tu marido te pregunta dónde están sus gafas; todo el mundo actúa como si estuviera desprotegido, incluso para realizar las tareas más minúsculas sin tu ayuda. Y además existe esa voz en tu cabeza que te dice: «*Puedo encargarme de todo esto porque soy capaz de ello, pero ¿por qué no pueden ellos hacerlo por sí mismos?*» Antes de apresurarte en la ayuda de todo el mundo, haz un repaso a tus propias necesidades. Intenta no perderte de vista a ti misma en todas las peticiones de tus hijos y de tu familia. ¿Tienes que hacer todo lo que te piden? ¿Qué es lo que *tienes* que hacer? ¿Qué es lo que te *gusta* hacer? ¿Dónde marcas el límite y dices que no puedes hacer eso y que necesitas tiempo para ti misma?

> *Aprecia la vida en ti misma y serás capaz de dársela a los demás; dásela a los demás y volverá a ti. Ya que la vida, lo mismo que el amor, no puede prosperar dentro de su propio umbral, sino que se renueva cuando se ofrece a sí misma; la vida aumenta cuando se gasta.*
>
> ARDIS WHITMAN

Puedes hacerte más consciente de tus propias necesidades observando tu estado de humor cuando haces todas las cosas que haces por los demás. Las mujeres que se convierten en madres no tienen por qué convertirse además en mártires. No deberíamos hacer nada por los demás que no podamos hacer con armonía.

No hace mucho, le di un beso de despedida a Peter cuando iba a una reunión. Me di cuenta de que había perdido un botón de la manga de la chaqueta. «Oh, has perdido un botón.» Aunque me enfadó el hecho de que la chaqueta de Peter acababa de llegar de la lavandería, salté de mi preciosa y suave cama, saliendo de las sábanas de flores azules, amarillas y rosa pastel, atravesé la sala hasta llegar al armario, cogí mi caja de costura, enhebré un hilo azul marino en la aguja, me senté de nuevo en la cama y cosí firmemente el botón en la chaqueta. Peter se la puso de nuevo, me besó por segunda vez y me dijo cuando salía del dormitorio: «Te quiero, preciosa. Eres un ángel. Gracias.»

Cuando eres capaz de atender a tus propias necesidades, cuando eres capaz de decir *no* a los demás, puedes hacerlo todo sin sentir frustración, con la sensación de que todo el mundo se está aprovechando de ti. Coser el botón de Peter me llevó menos de dos minutos y fue realmente un agradable interludio, a pesar de que también supuso una interrupción. Yo estaba leyendo, investigando para escribir un nuevo libro, y esa pausa fue refrescante. Aprecié la oportunidad de hacer algo pequeño para mostrar mi amor por Peter. Podemos encontrar formas de ser fieles a nosotras mismas y nutrirnos incluso cuando estamos con nuestra familia.

No vivimos en un mundo en el que estemos completamente solos.

DOCTOR ALBERT SCHWEITZER

Un niño no es una sanguijuela que nos chupa continuamente la identidad. Los niños añaden un sentido a todo lo que hacemos en nuestra vida; no deberían ser considerados como si nos quitasen algo. Pero si nos sentimos tensas, frenéticas y presionadas por las peticiones de los demás, un botón perdido y cualquier otra pequeña tarea doméstica, todo ello puede colmar el vaso. Es cuando no tendemos a nuestro propio florecimiento cuando podemos sentirnos agotadas por la maternidad.

Existe una gran fuerza en activar este aspecto nutritivo y femenino en nuestro propio provecho. Como mujeres, tenemos muchas formas de nutrir nuestra feminidad, que no tiene nada que ver con atraer a los hombres o alimentar a los hijos. Nuestra sensibilidad, nuestra capacidad, nuestra apertura y nuestro placer de hacer la vida bella son rasgos que amamos y por las que somos amadas. Hombres y mujeres por igual tienen una necesidad de nutrirse y de ser cuidados. Éste no es un aspecto de nosotras mismas que debamos abandonar, sino que, por el contrario, debemos utilizar al servicio de las necesidades de todos, incluidas nosotras mismas.

Enriquecer nuestras vidas

Me siento afortunada de haber descubierto que algunas de las tareas domésticas son salidas terapéuticas y satisfactorias para la creatividad. Tengo que admitir que me gusta planchar —las camisas, las fundas de las almohadas, las servilletas y los manteles—, porque para mí es una tarea meditativa y calmante. El movimiento rítmico me aporta solaz.

> *El encanto es un brillo dentro de una mujer que moldea una luz en los demás.*
>
> JOHN MASON BROWN
>
> *No existe una obligación que subestimemos tanto como la de ser felices.*
>
> ROBERT LOUIS STEVENSON

Yo también disfruto pintando cosas por toda la casa porque me encanta el color. Recientemente, miré el dibujo de bambú que se hallaba en la base de una mesa para bandejas y decidí que el beige era un color muy soso. Pintarlo con un verde brillante me hizo resaltar todos los verdes del papiermâché, haciendo que la mesa pareciera mucho más bonita.

Existen innumerables formas de relajarse. Todo el mundo se inspira en diferentes cosas; incluso es posible que no se sea consciente de todas las cosas que nos emocionan. Por ejemplo, puedes encontrar un interés renovado en las plantas y en la vida salvaje que no habías sentido desde que visitaste el zoo cuando eras niñas y empezaste a aficionarte a observar los pájaros o a cultivar orquídeas. El hecho maravilloso es que siempre puedes aprender algo nuevo sobre ti misma.

Encontré recientemente a una mujer que decidió ir a clase de pintura con su hija de seis años. Descubrió un gran júbilo en trabajar con el rojo, el amarillo y el azul, y cantidades de blanco, mezclándolos y experimentando, intentando evitar el patético color de barro que resultaba de vez en cuando. Pocas semanas después de empezar las clases, me dijo que su hija la había sorprendido en el suelo de la cocina con un par de grandes tijeras en la mano y docenas de recortes parecidos a los cuadros de Matisse cubriendo el suelo, y que ¡había tenido una de las experiencias más maravillosas de su vida!

Ampliar tus intereses. Si todavía no lo has intentado o simplemente no has tenido aún la oportunidad de ensanchar tu vida desde que te hiciste madre, tal vez tengas que ser más lista para encontrar formas para mantener vivos tus intereses externos. Una de las cosas más gratificantes que puedes hacer es aprender algo nuevo. No hay ninguna razón para dejar de estudiar o aprender algo porque hayas acabado el periodo de estudios. Aprender es un proceso que lleva toda la vida. A veces descubrimos que estamos abiertas a entender cosas que no podíamos entender cuando éramos más jóvenes. Nunca es demasiado tarde para descubrir un nuevo talento. Conozco a una mujer que a la edad de cuarenta y tres años tomó su primera clase de dibujo y descubrió que era realmente una artista muy sofisticada. Esto le ha abierto la vida a nuevas formas de expresarse que nunca antes había considerado.

> *Nadie nos da nunca tiempo. Nunca encontramos el tiempo, debemos tomarlo.*

Busca clases, conferencias, recitales de poesía y exposiciones en los museos. Ve a conciertos de jazz, a tiendas de antigüedades, a galerías de arte y a exhibiciones en los jardines botánicos. Prueba a tomar lecciones de cocina china, un curso de fotografía para principiantes o series de películas clásicas. Visita una biblioteca especializada en arquitectura, ve al ballet; compra un abono para la temporada y así ¡*tendrás* que ir! Habitúate a sentirte cómoda haciendo estas cosas por ti misma. Si pasas todo tu tiempo con la familia y amigas cercanas, inevitablemente te privarás de ampliar y profundizar tu vida. Recurriendo regularmente a tus recursos internos, a tu sentido de ser individual y centrado, puedes alcanzar otro nivel de conciencia sobre el valor de la vida, que te ayudará a establecer tus prioridades y a descubrir lo que te vivifica.

Haz salidas en solitario. Si eres una persona extravertida, intenta al menos hacer dos o tres cosas por semana tú sola. Incluso pequeñas «escapadas» te permitirá obtener enormes comprensiones de tu verdadero ser, comprensiones que de otra forma podrían perderse.

De vez en cuando, yo disfruto yendo a un buen restaurante sola. Puede ser divertido observar a los demás, escuchar de pasada trozos de conversación, oír sus risas y absorber toda la energía positiva. Existen momentos en los que no quiero hablar ni ser una buena oidora. Cuando estamos solas, estamos libres para divagar, reflexionar y centrarnos. Recientemente, fui sola a uno de mis restaurantes favoritos en la Avenida Madison para comer. Me vestí, sólo por el puro placer de llevar algo especial. Las puertas francesas del restaurante estaban abiertas, así que me senté al sol en una primera fila de sillas para ver pasar a la gente. Mientras miraba el incesante desfile de peatones, todo el mundo me parecía muy optimista por el sol. Emergí de mi trance de dos horas sintiéndome masajeada por los ángeles.

> *¿Sabes lo que es la individualidad?...*
> *La conciencia de la voluntad. Ser consciente de que se tiene una voluntad y se puede actuar.*
>
> KATHERINE MANSFIELD

Buscar conexiones al margen de tu papel de madre. Cuanto más te intereses por la vida misma, más capaz serás de llenarla con toda clase de personas interesantes. No aprenderás mucho aferrándote estrictamente a tu propio plan, a tu grupo cerrado de amigas íntimas. Pueden ser almas gemelas, pero recuerda, tienes muchos aspectos diferentes de tu personalidad, y permanecer sólo con las personas que conoces mejor no te permite ser todo lo que puedes ser. Algunas de tus amigas pueden hablar de política con gran fluidez, pero tienen poca comprensión de tu amor por las novelas históricas y los cuadros de paisajes. Otras amigas pueden estar encantadas de compartir sus intimidades contigo, pero pueden no entender tu placer en asistir a conferencias de arte. Tal vez te sientas frustrada a veces cuando estás con antiguas amigas, porque algunos aspectos de tu personalidad no tienen salida cuando estás con ellas. Sin darte cuenta de la causa, puede que empieces a pensar que simplemente ya no te gustan tus viejas amigas, lo que probablemente no es verdad. Simplemente necesitas encontrar algunas nuevas.

> *El espíritu interior nutre...*
>
> VIRGILIO
>
> *La cualidad del aprendizaje... está dentro de ti y debe proceder del interior de tu mente.*
>
> LIN YUTANG

Recientemente cené en St. Louis con una mujer de allí que escribe novelas románticas. Ella quería que yo fuera uno de los personajes de su próximo libro. Las dos únicas cosas que teníamos en común era ser mujer y que ambas escribíamos. Ella no estaba interesada en mi familia, sino en mí. Yo, a mi vez, añadí algo de color a su vida. Pasamos unos momentos extraordinariamente maravillosos juntas. Ella me había imaginado con los labios pintados de rojo brillante, con peinado de peluquería y uñas de manicura, y se sintió aliviada al descubrir que yo era sobre todo una madre con los pies en la tierra seriamente interesada en la espiritualidad.

Cuando te abres a los demás y permites que tu energía irradie libremente, amplías tu visión de ti misma y del mundo. Aprendes a ver cómo sienten los demás, qué es lo que mueve sus almas, qué creencias tienen y hasta qué punto están vivos. Relacionarte con los demás puede simplemente cambiar tu percepción de tus posibilidades para ti misma. Yo he encontrado centenares de personas fascinantes a través de mi trabajo de diseñadora, tanto proveedores como clientes. Mis directoras son muy variadas. Algunas de ellas están especialmente interesadas en mis libros por ser espíritus muy libres. Tengo amigos y amigas que son actores, cantantes, artistas, bailarines, escritores, escultores, pastores protestantes y maestros. Valoro el tener estas amistades que no tienen nada que ver con mi vida de familia. Para ellas, soy simplemente Alexandra; no la mujer de Peter, ni la mamá de Alexandra y Brooke. ¡Busca y las encontrarás! Estas conexiones están ahí fuera esperándote.

Limpiar tu casa mientras tus niños están creciendo, es como quitar la nieve del camino antes de que deje de nevar.
PHYLLIS DILLER

La mayoría de las cosas mejoran por sí mismas. La mayoría de las cosas, de hecho, son mejores por la mañana.
LEWIS THOMAS

Lee para comulgar contigo y con el mundo. Como madres, todavía necesitamos crecer espiritualmente, profundizar emocionalmente y encontrar salidas creativas e intelectuales a nuestra energía. Leer es uno de mis mayores placeres. Cuando leemos buena literatura, somos absorbidas por otro universo, a menudo por un lugar superior y con más resonancia. En él podemos tener la experiencia de la vida, en él podemos vivir la vida a través de la conciencia de otras personas. Cuando leemos, nos encontramos en compañía de almas sabias, e incluso gemelas, y sentimos haber entrado en un diálogo intemporal. Leer proporciona una tremenda intimidad, una forma de invocar cosas que sentimos pero que con frecuencia vemos que son inexpresables. Por estas y por otras muchas razones, creo que leer es fundamental para clarificar mi cabeza antes de tener un buen descanso nocturno.

Yo leo con un fervor de ritual. Cada día, siete días a la semana, puedes hacer el compromiso de leer la sección de un libro que te inspire, de un artículo, un sermón o cualquier otra forma de palabra escrita. Haz tiempo para ello. Cuando estás educando a los niños, con frecuencia parece imposible encontrar ese tiempo, pero, créeme, siempre está ahí. Yo lo encontré. Puedes levantarte un poco más temprano que el resto de la familia y tomar una taza de café o té y leer. O también, puedes retirarte a la cama un poco más temprano. No limites tu lectura a hojear el periódico cada mañana a la hora de desayunar. Los periódicos suelen bombardearnos incesantemente con noticias malas o alarmantes y no proporcionan mucha inspiración ni razones para la alegría. Mi hija Brooke es inflexible en este punto. Recientemente, cogió *The New York Times*, miró las fotografías de muertos sangrantes de la primera página y lo volvió a dejar doblado en la mesa de la cocina. «No voy a llevarme este periódico al trabajo. Es demasiado deprimente.»

Como sean tus días, así será tu fuerza.

DEUTERONOMIO

Para estar en contacto con cualquier otra persona primero tienes que estar en contacto contigo mismo.

MICHAEL J. GELB

Lleva siempre contigo algo inspirador para leer. Existen habitualmente momentos esparcidos a lo largo del día en los que puedes leer un poco, como cuando se espera en el dentista, se hace cola para lavar el coche o cuando se viaja en autobús. La gente suele creer que soy estudiante porque normalmente llevo una bolsa llena de libros y material para escribir, lo que me permite aprovecharme de todo el tiempo libre que se presente. Cuando era estudiante de arte, leía a Dostoyevski en un autobús abarrotado, de pie, agarrada a la barra del mismo. Si hubiera esperado a leer hasta conseguir un asiento libre, probablemente me habría perdido alguna estupenda lectura y una oportunidad real de iluminación.

Escribe tus pensamientos. A muchas nos gusta escribir, al igual que leer. Algunas sueñan con escribir una novela, unas memorias o un ensayo. Pero muchas dejamos el escribir hasta «tener tiempo». Te aseguro ahora mismo que nunca hay «suficiente tiempo» para escribir. Fantasear sobre el escaparse a una isla para escribir tu libro o esperar hasta que tu familia esté establecida añadirá muy pocas palabras al papel. Lo mismo que encontrar tiempo para leer, es importante guardarse un tiempo cada día, o al menos regularmente, para escribir.

Antes de escribir mi primer libro, creé un hábito cada día de sentarme en una silla, cerrar mi boca y mis oídos y abrir mi corazón para escribir. Yo estaba fuera de quicio criando a dos niñas muy activas, lo cual no es una experiencia muy rara para la mayoría de las madres, y cada vez encontraba más difícil de reclamar mi tiempo para escribir. Tuve que disciplinarme a mí misma para mantener un diario. Pero una vez que conseguí un patrón de regularidad, descubrí que este añadido a mi horario era realmente un reductor del estrés, en lugar de ser otra carga. Era capaz de relajarme profundamente en el momento, aliviando la «ansiedad de anticipación» sobre todo el trabajo no hecho de mi vida. Tanto si llevas un diario como si escribes unas pocas líneas de poesía cada día, intenta no ir a la cama por la noche sin haber escrito. Si prefieres escribir una carta a una amiga o a un hijo que está fuera en la universidad, siempre está bien que pongas pensamientos sobre el papel. Una amiga escritora tuvo una profesora de inglés en el Barnard College de Nueva York que decía a sus alumnos: «Escribid una página por día durante trescientos sesenta y cinco días. Al final del año tenéis el equivalente a un libro.»

> *Creo que hay que meditar diariamente. Debes siempre dedicar la mitad del tiempo a preguntar y la otra mitad a recibir la respuesta.*
>
> Doctor Robert Wallis

Escribir me proporciona tiempo para pensar sobre mi vida. Descubro que recordando de esta forma puedo ver y abarcar más. Escribir me da la oportunidad de profundizar el afecto que tengo por mi marido y mis hijas, mi trabajo y mis amigos. El tiempo de silencio no es un lujo; es tan necesario para mi vida como la comida o el sueño. A lo largo de mi vida he sacado fuerza y paz interior de mi soledad. Escribir es un acto muy solitario, pero una vez que estás inmersa en él, se te abre todo un mundo interno.

Desarrolla cierto grado de independencia económica. Cuando yo era una joven madre, varias mujeres me sugirieron que dejase mi trabajo para poder estar en casa y educar a mis hijas. Algunas incluso me preguntaron: «¿Por qué no puedes ser feliz siendo simplemente esposa y madre?» Sé que éste es un tema muy delicado para muchas madres. Pero ¿cuántas personas preguntarían a un hombre: «¿Por qué no puedes ser feliz siendo simplemente marido y padre?», sin que se riesen de ellas o sin que se ignorase su pregunta. Ahora me doy cuenta de que como mujeres debemos encontrar cada una de nosotras nuestra propia verdad, vivirla, respirarla, nutrirla y protegerla cada día. Mi trabajo como diseñadora fue una fuente constante de placer, satisfacción y desafío. Me estimuló, alimentó mis pasiones y me proporcionó un mayor aprecio sobre todas las cosas de mi vida.

> *... cuanto mejor te sientas contigo misma, menos serán los límites que pondrás a tu capacidad de amar.*
>
> JUDITH SILLS

Pero más allá de mi gran suerte de tener una profesión que adoro, aprendí una de las lecciones más útiles de mi vida. Para mantener la integridad de nuestra independencia y conservar la llama de nuestra propia identidad, es útil tener nuestro propio dinero. Ésta es una observación que puede poner incómodas a muchas madres que trabajan en casa. Aunque algunas madres que no trabajan fuera del hogar pueden tomar alegremente la decisión de permanecer en casa con sus hijos, muchas todavía experimentan probablemente algo de ansiedad por no tener un dinero que sea solamente de ellas para poderlo utilizar a discreción. Muchas mujeres me han dicho que, aunque nunca se arrepintieron de su elección de no trabajar fuera del hogar, les es muy difícil no tener su propio dinero. ¿Cuál es el remedio a esta situación tan generalizada?

La respuesta más obvia es aprender a ganar tu propio dinero. Esto puede ser «más fácil de decir que de hacer», pero, hoy día, existen muchas opciones para ganar dinero trabajando en casa. Una madre puede ser una escritora *freelance*, por ejemplo. También puede hacer cerámica o pintar acuarelas y venderlas en los comercios y pequeñas tiendas de arte de alrededor, muchas de las cuales exhibirán y venderán arte nuevo. Pero no es necesario ser una escritora o una artista de talento para ganar dinero.

> *Las acciones, pensamientos y sentimientos que conducen al funcionamiento y desarrollo adecuado de nuestra personalidad total producen un sentimiento de aprobación interna, de «justeza» característica de la «buena conciencia» humanista.*
>
> ERICH FROMM

Fuera del hogar, podrías trabajar en una librería local, en donde estarás rodeada de excelentes libros, o en una tienda de ropa. Mira las listas de demandas de empleo de tus periódicos locales.

Los trabajos, la mayoría de los cuales consisten en ventas, no son brillantes, sin embargo tienen sus gratificaciones. La finalidad no es encontrar tu vocación en un trabajo, sino proporcionarte un mayor sentido de libertad al ganar tu propio dinero.

Ganar tu propio dinero puede ser algo extremadamente reconstituyente, aunque se trate sólo de una pequeña cantidad semanal. A principios de mi carrera, hice gradualmente la transición entre ganar suficiente dinero para mantener a mis dos hijas y ser capaz de ganar mucho más para llevarlas conmigo en los viajes. En ambas fases, ganar mi propio dinero era algo que se añadía a mi satisfacción. Incluso si escoges hacer mucho trabajo de voluntariado, puedes establecer un equilibrio entre trabajar por caridad y trabajar por dinero a tiempo parcial. No sólo este dinero extra será muy útil para los gastos de la casa, sino que también puedes utilizarlo para satisfacer tus propios deseos personales, sin tener que justificar tus gastos ante nadie. Aunque no hay nada malo en apartar un porcentaje del presupuesto doméstico para tu uso discrecional, muchas madres se sienten incómodas con esta práctica. Si éste es tu caso, haz un esfuerzo para ganar tu propio dinero. Tal vez descubras que los ajustes de tiempo que tienes que hacer son menores en comparación con las gratificaciones. En una cultura que se basa en el dinero, éste nos proporciona la mayoría de las libertades a las que tenemos derecho.

Mantener colorido tu propio jardín interior

> *El espíritu de la verdad y el espíritu de la libertad...*
> HENRIK IBSEN
>
> *Tu propio don puede estar presente en cada momento con la fuerza acumulativa del cultivo de toda la vida...*
> EMERSON

En su libro *Hua Hu Ching*, el antiguo filósofo oriental Lao Tse escribió sobre el logro de la iluminación de la maestría: «Quienes quieran conocer la verdad del universo deben practicar las cuatro virtudes cardinales: la primera es la reverencia por toda vida; ésta se manifiesta como amor incondicional y respeto por uno mismo y todos los demás seres» *.

Es cierto que sin amor incondicional y el respeto por nosotros mismos no tendremos esos mismos dones para ofrecer a nuestros hijos. Debe haber un tiempo para las pausas entre el inevitable estrés y el tedio que supone llevar una familia adelante. Algunas madres están tan estresadas y excesivamente entregadas que temen incluso que tomar un poco de tiempo para sí mismas. ¿Entregan más de lo que tienen? ¿Tienen miedo de estar solas el suficiente periodo de tiempo para enfrentar su propio yo interno? Cuando abandonamos todas las excusas que nos ponemos para no tener tiempo para nosotras mismas, cuando dejamos de lado todos los «deberíamos» y «tendríamos que» de la maternidad, podemos sentarnos, tomar una taza de té y tener un momento para volver a nosotras mismas. Lo mismo que el arco iris tras la tormenta, cuando tomas tiempo para ti misma, tu ansiedad empieza a remitir y algo bello surge en su lugar: tú misma.

Para los seres iluminados, el *ahora* es algo delicioso. Cuando damos valor a nuestra individualidad y a nuestro crecimiento interior, y cuando aprendemos a reconocer nuestras propias necesidades emocionales, podemos nutrir y servir a nuestra alma individual con tiempo y tranquilidad, enseñanzas espirituales, meditación, soledad, silencio y otras muchas cosas. El hacerlo nos ayuda a permanecer fuertes por dentro y por fuera. Puedo abrir completamente mis brazos, abrazar este espacio y llenarlo de sentido. Cuando nos abrimos a nosotras mismas, permanecemos jugosas y nuestro jardín interior está colorido y es generoso y afectuoso. ¿Qué mejor regalo podemos dar a nuestros hijos que entregarnos a nosotras mismas en toda nuestra gloria?

---

* *Hua Hu Ching. 81 meditaciones taoístas*, versión de Brian Walker, traducido al castellano por Alfonso Colodrón, Editorial Edaf, Madrid, 1995, Meditación 51, p. 89.

Capítulo 5

Pasar tiempo disfrutando mutuamente

Madre... no debes bajar nunca hasta el final de la ciudad si no bajas conmigo.

A. A. MILNE

> *Entre la oscuridad y la luz diurna, / cuando la noche empieza a descender, / llega una pausa en las ocupaciones del día / conocida como la Hora de los Niños.*
>
> HENRY WADSWORTH LONGFELLOW

DESDE EL PRIMER MOMENTO mismo en que a tu bebé se le ilumina la mirada contemplando un juguete de colores brillantes o la fija en las caras sonrientes que le rodean, está expresando ese maravilloso impulso humano de jugar. Agitar un sonajero frente a su cara o hablarle en tonos altos provocará arrullos y risas. Estos sonidos celestiales son tal vez la expresión más clara del deleite y del placer puros que podamos tener en el mundo. Siendo tan pequeño, tu bebé ya ha empezado a aprender parte del carácter juguetón que tiene almacenado para el futuro.

El instinto natural de tu niño pequeño es divertirse, explorar, fingir y ser ingenioso en ese juego. Tanto si está en el suelo de la cocina jugando con fichas, haciendo una casa de muñecas a partir de una caja de cartón o jugando a la pelota, a través de la maravilla y del deleite de esos juegos tu hijo aprende sobre el mundo y a navegar por él. Mientras que nosotros, por otra parte, podemos estar empantanados en facturas o comidas por preparar, la espontaneidad de nuestros hijos y su ansia de placer nos recuerda lo que significa vivir en el momento. Al unirnos a ellos, aprendemos que nosotras también podemos ser espontáneas.

Siempre me he divertido mucho con los niños. Con independencia de la edad o del carácter que tengan, ya sean tímidos o extroavertidos, a mí me gusta entrar en sus mundos imaginarios y enseñarles algo del mío también. Cuando estoy con un bebé que responde alegremente a mi sonrisa o con una pequeña de cuatro años que me permite cambiar los pañales de su muñeca, estoy feliz de estar con esos pequeños soñadores. Los niños vibran con imaginación y su juego es vívido y auténtico. Cuando estoy con niños, estoy desinhibida, juguetona y simplemente dichosa de estar en su compañía. ¿Quién no lo estaría?

> *La niñez es un periodo de felicidad y de fantasía, de deleite desinhibido y sensual.*
>
> CLARE BOOTHE LUCE

Cuando nuestros hijos nos invitan a jugar, con independencia de lo que estemos haciendo, aceptamos. Lo más probable es que los momentos que pasas con ellos sean memorables. Nuestra capacidad para abandonarlo todo y jugar llena a nuestros hijos de amor y felicidad. ¿Qué puede abrir más los corazones de nuestros hijos que la respuesta de los adultos a su llamada a jugar en cualquier momento? Yo me siento como una niña cada vez que en un pulso espontáneo de pasión pido a Peter que baile conmigo. A veces, sorprendido por lo repentino de la invitación, duda y empieza a decir: «Más tarde, ahora no.» Pero una vez que tiene claro que se trata de un momento especial que no puede ser recuperado una vez que se pierde, alegre y presuroso acepta bailar. Esto es lo que los niños nos piden, y, cuando se lo damos, recibimos mucho más para nosotros. Los niños son recuerdos constantes de lo buena que puede ser la vida. Les gusta lo sencillo y lo simple. Un helado de cucurucho será el broche de un gran día pasado en el parque.

Podemos estar tan absorbida planificando nuestras vidas que perdemos estas oportunidades de vivir. Pero la miel, los verdaderos regalos de la vida, pueden encontrarse ampliamente en estos desvíos de nuestro recto y estrecho sendero. Hay veces en las que puede suceder lo inesperado. Los momentos más memorables que Peter y yo hemos pasado con Alexandra y Brooke fueron el resultado de sus ideas. Ellas sabían instintivamente cómo obtener el máximo de cada momento. Siempre parecían saber qué hacer a continuación. «Vayamos a Baskin Robbins para comprar helados de cucurucho y chicles.» «Vamos a dar una vuelta en tándem.» «Llevemos bocadillos, y así, después del zoo, podemos cenar en el parque.» «Vamos a tomar el sol en la fuente del Edificio Seagram.» «Vamos a patinar sobre hielo.»

> *Tantos mundos, tanto que hacer, tan poco hecho, tantas cosas que ser.*
>
> ALFRED LORD TENNYSON
>
> *Mi madre tuvo muchos problemas conmigo, pero pienso que los disfrutó.*
>
> MARK TWAIN

Las cosas más simples pueden convertirse en una aventura deliciosa con nuestros hijos. Recuerdo qué alegría suponía llevar a Alexandra y a Brooke a la escuela. Después de dejarlas allí, me apresuraba a mi trabajo de decoración. Esos momentos que pasábamos juntas antes de que las niñas se mezclarán con sus amigas en la escuela eran momentos en los que éramos libres para ser. Cada una de nosotras apreciaba ese corto intervalo de tiempo. Durante varios años vivimos a veinte manzanas de la escuela y siempre teníamos que decidir si caminar o tomar el autobús. Si íbamos andando, normalmente nos veíamos tentadas a pararnos en el café Jimmy, en el cruce de la Avenida Madison y la calle 83, para beber un zumo de naranja o una taza de chocolate caliente. Yo siempre elegía una taza de té o de café, compartía un pedazo de pastel y limpiaba la mermelada de los labios de mis hijas besándolas. Sólo una madre puede quitar el chocolate de la cara de sus hijas con la lengua si no tiene un pañuelo a mano.

Educar a los hijos produce mucha alegría. Echo de menos los chanclos rojos y los trajes de nieve blancos y azules acolchados brillantes mientras caminábamos a un alegre ritmo; los pijamas amarillos que cubrían los pies, que se abrochaban por delante y que era la ropa que se ponían después del baño. Echo de menos las coloridas notas con dibujos que mis hijas chincheteaban en las puertas de sus habitaciones con mensajes de amor y muchos «mua-mua-muas». Echo en falta nuestras sesiones de pintura, cuando nos sentábamos en la mesa de la cocina con nuestras grandes hojas de papel blanco y compartíamos un bote de marcadores Magic y lápices de colores. Hacíamos varios dibujos en una sola sesión, jugando con el color y la forma. A menudo pintábamos con acuarelas, utilizando cajas de pintura sencillas y baratas que contenían unos brillantes colores básicos. A Brooke le gustaban los acrílicos. A los siete años vendió su primera pintura por veinte dólares a una clienta mía de Tennessee cuya casa estaba yo decorando. Shelly, que así se llamaba mi clienta, puso el pequeño cuadro de Brooke, que representaba un valle de pequeños lirios, en la sala de estar en un caballete junto al trabajo de artistas profesionales; pero no estoy segura de que la obra de éstos fuese más artística.

> *La maravilla lleva consigo el deseo de aprender; lo maravilloso es, por ello, deseable.*
>
> ARISTÓTELES

¿Dónde empieza nuestra creatividad? Recuerdo haber pintado acuarelas en un caballete en nuestro invernadero en Westport, Connecticut, al lado de mi madre, que estaba haciendo un busto de arcilla. Estas sesiones diarias de arte me llevaron a un interés apasionado por el color, la forma, la composición y el diseño. Cuando Brooke necesitó un cuadro para colgar en su gran pared frente a su cama de campaña antigua, compró un gran lienzo y pintó una escena de la Provenza. A ella le pareció que pintarlo era lo más natural del mundo. Incluso cuando tenía siete años utilizaba sus veinte dólares para comprar más lienzos, con los que se deleitaba pintando utilizando óleos y acrílicos. Solíamos bromear con ella cuando recién llegada de la iglesia el domingo quería pintar con su mejor vestido, por estar demasiado ansiosa por pintar como para cambiárselo. A menudo entra en su habitación de Stonington, cierra las dos puertas y, adentrándose en su propio mundo, trabaja sobre varios lienzos a la vez. A lo largo de los años, la pintura con paleta se ha hecho más elaborada, pero su visión artística ha permanecido intacta. A ella le encanta expresar la luz y la vibración en colores claros y puros. Y todo esto empezó con nuestras fiestas de pintura encima de nuestra mesa de cocina.

> *Cuando una niña juega, ella es la que manipula; es capaz de crear con cualquier cosa que esté a mano. Su imaginación transforma un lugar ordinario en un lugar invalorable. Una pinza de madera rescatada bajo la mesa de cocina y envuelta en un trapo viejo, se convierte en una muñeca; una moneda perdida bajo un almohadón se convierte en un tesoro escondido.*
>
> EDA LE SHAN

Echo de menos tener a mis pequeñas en mi regazo ante el resplandor de un fuego crepitante, leyéndoles todos mis cuentos infantiles favoritos, que a ellas también les gustaba. Rememoro el buscar mica en la arena del parque, saltar a la comba en el césped, decorar sus habitaciones con ellas, ayudarlas a cultivar plantas en sus pequeños invernaderos de cristal y a crear su propio lugar secreto para estar solas.

Añoro cuando mis hijas se turnaban para ver quién se sentaba junto a mí en el desayuno, en la comida y en la cena. Echo en falta nuestros paseos por la naturaleza a principios de la primavera, descubriendo la primera forsitia y un manto de narcisos que sonreían relucientes en el cálido y fragante aire primaveral. Siento la pérdida de las salidas a la floristería, a la heladería y a la panadería. Recuerdo los momentos en que nos refugiábamos en la biblioteca infantil, sentadas en pequeñas sillas de colores brillantes ante las mesas de los niños. Evoco los días de playa, las citas para nadar y las cintas de pelo. Añoro las vueltas en coche, las excursiones en tren, los viajes en autobús y avión. Echo de menos clasificar hojas y subir por la colina al huerto de manzanos para recoger manzanas en octubre y hacer juntas mermelada y tartas de manzana. Las niñas decoraban las bandejas de queso cuando venían amigos a visitarnos y después les servían aperitivos. Irradiaban el orgullo de ser una familia. Embutidas en sus largos vestidos floridos de Laura Ashley y con su pelo reluciente, irradiaban lo orgullosas que estaban de su familia.

> *Las pequeñas oportunidades son a menudo el comienzo de grandes empresas.*
>
> DEMÓSTENES

Estas princesas que se ponían mi ropa y mis zapatos cuando eran pequeñas, crecieron poco a poco dentro de ellos. El pelo sedoso que a mí me gustaba cepillar y atar con cintas de tartán color pastel en sendas colas de caballo, caen ahora en cascadas sobre sus hombros. Mis bebés son ya jóvenes adultas. Doy las gracias a mis buenas estrellas por haber podido participar junto a ellas en sus aventuras infantiles. Estoy agradecida de que hiciéramos que cada momento que pasábamos juntas fuese significativo.

Cuando confiamos mutuamente —los hijos en la madre, y viceversa—, así como en todas las relaciones, nos ablandamos. Cuando abrimos nuestros corazones a nuestros hijos, nos plegamos a sus ritmos con mayor facilidad y menos esfuerzo, como hacen las bailarinas. Siempre que estaba con las niñas, sentía que yo era una persona más evolucionada. Quererlas y ser una parte central tan importante de su mundo expandió y clarificó mi propia vida. Yo era continuamente renovada. Mi atención no estaba dividida y mi fe en ellas era inquebrantable. Ellas me enseñaron que, aunque es la mente la que adquiere conocimientos, es el corazón el que los equilibra con la comprensión. Durante aquellos momentos familiares, como nadie perturbaba nuestra paz, nada parecía inquietarnos. No luchábamos; nos manteníamos fuertemente agarradas de la mano en un gesto de intenso amor.

Las madres que trabajan

Tanto si eres una madre que trabajas en casa para mantener tu hogar en orden, como si tienes un empleo fuera o ejerces una profesión, tomar el tiempo para jugar y disfrutar con tus hijos puede ser un acto complejo de equilibrio. En *Living Beautifully Together* [Vivir juntos en armonía] sugerí que nos demos un diezmo de nuestro tiempo: pasar el noventa por ciento del tiempo de vigilia ayudando a los demás, entregándonos en alguna de nuestras capacidades, y emplear el diez por ciento de nuestro tiempo en autorrenovación, resurrección, regeneración y nutrición del alma. Como madres, casi todo ese tiempo lo pasamos apoyando a nuestros hijos. ¿Es posible beneficiarnos también de este diezmo del tiempo? ¿No podemos dedicar sólo a divertirnos y jugar el diez por ciento del tiempo que consagramos a nutrir a nuestros hijos ¡Claro que sí!

> *Ningún niño debería crecer sin ser consciente del coro primaveral de los pájaros al amanecer.*
> RACHEL CARSON
>
> *La juventud fue hasta tal punto un hábito de ella que no pudo cederla.*
> RUDYARD KIPLING

Durante los dos años que pasé como madre sola, divorciada y laboralmente activa, siempre tuve que escoger mis prioridades y asegurarme de planificar, si quería hacer todo lo que tenía que hacer y también divertirme. Todas lo hacemos, o de otro modo el caos nos invade. Cuando elaboramos nuestros horarios para que todo encaje, tenemos que tener en mente que lo importante a largo plazo no es tener al día las interminables tareas cotidianas, sino esos momentos de despreocupación en los que dejamos caer todo lo que estamos haciendo y conectamos con nuestros hijos. Por supuesto, tenemos que afrontar todas las necesidades diarias de llevar adelante una casa; es un pequeño contratiempo el que se nos acabe el lavavajillas o el papel de retrete, el zumo de naranja o el café y tengamos que hacer una salida extra al supermercado. Pero, por otra parte, si estamos demasiado organizadas, demasiado programadas, hasta el punto de no permitir ningún espacio para diversiones ocasionales, corremos el riesgo de apagar gran parte de la hermosa música que podemos compartir con nuestros hijos.

Es muy importante para las madres que trabajan asegurarse de que el tiempo que pasan con sus hijos está centrado en estar juntos en ese momento y no en su próxima cita. A menudo yo tenía que ser muy cuidadosa para no verme atrapada en compromisos sociales innecesarios que complicarían mi vida. Yo trabajaba muy duro en mi trabajo, y cuando estaba libre para ver a mis hijas, intentaba tener las menos distracciones posibles.

> *Hijo mío, cuando te traje juguetes de colores, entendí por qué existe tal juego de colores en las nubes reflejadas en el agua, y por qué las flores están pintadas con todas las tonalidades de color.*
>
> RABINDRANATH TAGORE

En el espacio que creé para ellas encontré una maravillosa apertura y franqueza en nuestra relación. Aunque ellas disfrutaban de sus citas con sus amigas para jugar, los momentos íntimos compartidos conmigo eran esenciales para crear la confianza en sí mismas. Nuestro creciente respeto y amor recíprocos nos dio más certeza de que el tiempo que establecíamos para disfrutar valía la pena.

Yo me entregaba totalmente cuando estaba con ellas. ¿Cómo sabía qué hacer? Simplemente tomaba las claves de Alexandra y Brooke. Nos seguíamos mutuamente a lugares maravillosos.

Cuando estaba trabajando y criando a mis hijas, con frecuencia descubrí que cada uno de mis respectivos cometidos me enseñaba sobre el otro. Compararlos también proporcionaba un interesante estudio sobre los opuestos. Ahí estaba yo, decoradora extraordinaria, vestida de seda y con chaqueta azulmarino, con una redecilla de seda encima y un par de elegantes guantes blancos en la mano. Yo había llevado a las niñas a la escuela con mi imponente traje, les había dado un beso de despedida y partía para trabajar varias manzanas más abajo en la misma calle. Al mediodía, me escapaba del trabajo y las recogía en la escuela. Juntas nos íbamos a casa, me despojaba de mi aire formal, me ponía una camiseta y unos pantalones cortos blancos y subíamos a la terraza a jugar. Lo había pintado todo de blanco y había puesto una especie de moqueta verde-césped. Allí hacíamos hamburguesas para comer, tomábamos el sol, jugábamos y nos limitábamos a estar juntas. Ese era nuestro lugar secreto, en el que yo era una reina y las niñas eran princesas. No había teléfono, de forma que nadie podía comunicar conmigo (y no como hoy, ¡que pueden telefonearte en medio del océano Atlántico!). Yo nunca hablé a nadie de estos momentos especiales; era nuestro secreto.

La oportunidad de obrar mal se encuentra cien veces al día...

VOLTAIRE

Después de esos momentos de ensueño, me duchaba, me deslizaba en mi traje oficial de trabajo y daba un beso de despedida a las niñas antes de que se fueran a hacer la siesta. Su día «laboral» se acababa a las 12,30. La asistenta que yo tenía permanecía con ellas cuando yo volvía al trabajo, mientras ellas dormían.

De vuelta al trabajo mis ojos brillaban por mis delicias ocultas. Yo actuaba encubiertamente, ya que era la única decoradora de la empresa que estaba también criando hijas pequeñas. No hablé de esto a nadie por miedo a obstaculizar mi posición en la empresa. Era una época en la que las mujeres que trabajaban eran colocadas en el «callejón de las mamás», lo cual significaba ser situadas en una posición que no conducía a ningún lado. ¿Estamos todavía en el mismo punto? Gracias a Dios, se han producido algunos cambios en este aspecto. Cuando volvía al trabajo, yo era una mujer atareada, que llevaba a cabo mis tareas lo más deprisa que podía para poder volver con mis hijas de nuevo.

No siempre tenía muy clara la forma de establecer mis prioridades. Recuerdo que cuando puse en marcha mi propia empresa tuve que pagar a una niñera para que las acompañara a divertirse fuera del piso y para hacer las cosas que a mí me hubiese gustado hacer con ellas. Un día se me ocurrió la brillante idea de que en lugar de pagar a alguien para estar con mis hijas mientras yo preparaba la cena y arreglaba la casa, podía pagar a otra persona para pelar patatas, fregar los platos, planchar, hacer las camas y limpiar la casa, y así poder tener yo aventuras con mis hijas.

Por muy ocupada que estés como madre, tienes que haber descubierto ese diez por ciento de tiempo para divertirte. Una amiga que tiene un hijo de cinco años me preguntó en cierta ocasión: «¿De dónde sacas tiempo para pasar todos esos buenos momentos con tus hijas?» Yo miré a Brenda a los ojos y le respondí: «No tienes que sacar tiempo, sólo aprovechar el momento. Tú tienes que *tomarte* el tiempo.»

Encontrar el tiempo zen

> *Haced que los primeros rudimentos de educación sean una especie de diversión; entonces podréis descubrir mejor la inclinación natural.*
>
> PLATÓN

Tomar el tiempo de disfrutar con nuestros hijos exige cambiar nuestra percepción del mismo y lo que supone que ocurre en él. Cuando podemos dejar de considerar el tiempo sólo como un espacio en el que se hacen cosas, podemos también abandonar la ilusión de que una vez que las cosas están hechas hemos llegado a una cierta realización. Cuando abandonamos esta perspectiva de las cosas, nos damos cuenta de que nada será nunca perfecto y que, por ello, podemos utilizar el tiempo para vivir nuestra vida en lugar de hacer que ésta avance haciendo «chuf chuf». Redefinir el tiempo nos conecta con experiencias que lo enriquecerán.

En su libro *El espíritu del zen*, Alan W. Watts, que fue durante mucho tiempo estudiante y maestro del budismo zen, nos enseña mucho sobre cómo se percibe el tiempo desde la perspectiva zen. Éste nos ayuda a «fluir con la corriente de acontecimientos, ya que avanzando con esta corriente terminamos haciéndonos uno con ella... y entonces no hay nada a lo que uno pueda aferrarse afirmando. «Esto es, lo conseguí.»

Watts nos enseña que ese zen se basa en una «experiencia personal íntima» y nos asegura que «constituye una alegría inexpresable». En lugar de estar manifiestamente preocupados por el paso del tiempo, tenemos que centrarnos en lo que está sucediendo momento a momento. No existe un tiempo preciso en el que de repente nos iluminamos. Estar vivos para el instante es la clave del zen y la clave de ser madre. Es imposible disfrutar del tiempo con alguien cuando se tiene prisa.

> *No existe ningún problema en el mundo que no pueda ser solucionado con una historia.*
>
> HOMBRE-MEDICINA DE LA TRIBU XHOSA, SUDÁFRICA
>
> *Los paseos y las charlas que tenemos con nuestros hijos de dos años calzados con botas rojas tienen mucho que ver con los valores que apreciarán siendo adultos.*
>
> EDITH F. HUNTER

Educar a mis hijas me puso en contacto directo con la verdad del zen. Había sabiduría en los caminos que mis hijas y yo emprendimos juntas. Ellas eran las que dirigían. Al igual que los maestros zen, mis niñas «nunca pueden explicar, sólo pueden indicar». Todos los niños pueden ser maestros zen, porque saben muy bien cómo vivir plenamente el momento. El maestro zen hará que su discípulo mire el florecimiento del cerezo. Alexandra y Brooke me llevaban al cerezo, me sentaban bajo él y se colocaban en mi regazo. Yo apoyaba mi cabeza contra el árbol. Esta experiencia fue un nirvana zen.

Wendy, una amiga mía de toda la vida, me envió una carta de condolencia cuando murió mi hermano Powell. En ella mencionaba algunos recuerdos del pasado: «En general, nuestras familias nos proporcionaron una infancia dorada. Fue después, en el mundo real, cuando empezamos a ser presionadas y arrinconadas. A menudo pensé que sería divertido refugiarse en uno de aquellos momentos en que nos sentíamos seguras, aunque sólo fuera por un instante.»

Descansar en el lugar en el que estamos es lo que nos enseña el zen. Pero demasiadas cosas de nuestra vida nos sacan de ese lugar tranquilo. Cuando yo estaba educando a mis hijas, constantemente estaba batallando contra mis obligaciones externas. Alexandra y Brooke me sacaban de mi mundo de horarios y de ocupaciones y me llevaban a su mundo donde yo perdía todo sentido del tiempo cronológico. Era allí donde podía liberar mis cargas de persona adulta por un momento y entrar en un reino de experiencia pura. En él me sentía embriagada de puro éxtasis. Ésa fue una segunda infancia para mí porque yo estaba verdaderamente conectada con mis hijas en su propio nivel.

> *Pero al Señor Jeremy le gustaba mojarse los pies; nadie le regañaba, y él nunca agarró un constipado.*
>
> BEATRIX POTTER

Yo practicaba *sus* juegos. Ellas mandaban. Las niñas me enseñaron sus normas, lo cual me proporcionó una profunda comprensión de su vasta imaginación. Lo mismo que Alicia en el País de las Maravillas, yo quedaba absorbida en su realidad, embebida en la emoción de tirarme por un tobogán, no una ni dos veces, sino quizá hasta veinte veces: me caía en la arena riéndome, hacía castillos de arena, saltaba a la comba, jugaba al escondite, nos disfrazábamos para representar que atendíamos una tienda de comestibles o de ropa. Jugábamos a las casitas, hacíamos pan, decorábamos casas hechas de pan de jengibre, convertíamos cajas de cartón en cajas de fantasía... Ellas planeaban cuidadosamente la próxima actividad en la que querían que yo participara y nunca había un momento muerto. Cuando yo estaba trabajando, ellas completaban el camino a seguir para pasar juntas momentos enormemente divertidos.

Tanto si hacíamos un rompecabezas juntas, como si jugábamos a las cartas, ensartábamos cuentas, jugábamos al ajedrez o hacíamos colage, éramos imaginativas, activas y felices.

Captar el momento

Había días en los que sentía que la casa me absorbía demasiado y no sabía cómo divertirme con las niñas. ¿Constituye esto una condición exclusivamente femenina? La mayoría de las mujeres queremos que nuestra casa funcione, que sea hermosa, cómoda y que esté bien ordenada. Pero cuando me di cuenta de que este impulso se estaba convirtiendo en una compulsión que me atrapaba, me quitaba el delantal y me escapaba del piso remolcando a Alexandra y a Brooke. Necesitamos captar el momento en caso contrario, somos atrapados por él. Cuando dejaba físicamente el piso, me sentía libre: ninguna interrupción telefónica, ninguna tarea doméstica esperándome.

Incluso cuando están recién lavados y se les ha limpiado todos los churretes visibles, los niños tienden a estar pegajosos.

FRAN LEBOWITZ

¡Oh!, ¿existe una mayor felicidad que dejar de lado todas las preocupaciones?

CAYO VALERIO CATULO

¡Qué felicidad vivir esos momentos jubilosos de juego con nuestros hijos! Siempre que penetraba en el mundo de las niñas, nada parecía costar esfuerzo. No había nadie alrededor para mandarnos. Nadie sabía dónde estábamos. A veces tampoco sabíamos muy bien en dónde nos encontrábamos o adónde íbamos. Estábamos abiertas a cualquier cosa que pareciera interesante en ese momento. Si no nos apetecía cenar en casa, seguíamos nuestros impulsos hasta el Kentucky Fried Chicken o a la pizzería. Se desvanecían de repente los sentimientos de prisa que había tenido por la mañana temprano y ya no quería estar en ningún otro lugar que donde me hallaba.

Probablemente tú también has tenido esa sensación de dejar de lado la lista de «cosas por hacer» y dejarte fluir. Esos momentos son muy parecidos a las experiencias culminantes; la sensación de que has llegado a un momento simple, pero perfecto. Incluso si es tu vuelta número 3.650 al parque, puede haber una frescura cada vez si te abres a ella. Puedes ir al zoológico infantil, y allí con tus hijos deleitarte en aprender el nombre de cada animal.

La magia del juego no estructurado

Muchas madres, entre las que me incluyo, educan a sus hijos de forma diferente a como sus padres los educaron, y esto incluye la forma de jugar. Cuando yo era niña, esencialmente hacía lo que se me decía que tenía que hacer. Mi madre anunciaba que partíamos a Weston a visitar a nuestros primos, y los cuatro niños saltábamos al coche, aunque nos hubiera gustado hacer cualquier otra cosa. Cuando tuve a Alexandra y a Brooke, decidí pasármelo bien de una forma diferente, a su manera. Hacía lo que ellas querían hacer. Una y otra vez, acabábamos riéndonos como locas por alguna broma o alguna experiencia compartida. Éstos son algunos de mis recuerdos favoritos. Creo que la clave de esta conexión mágica fue que el tiempo que pasábamos juntas no estaba estructurado. Podíamos dejar el piso para tener alguna aventura espontánea en el parque, o podíamos jugar en casa y hacer proyectos juntas. Si tenían ganas de hacer pastelillos con moldes y decorarlos, eso es lo que hacíamos. O también pintábamos huevos de Pascua, hacíamos los adornos de Navidad o decorábamos cajas, volvíamos a decorar sus habitaciones o a ordenar los libros en las estanterías. Nunca poníamos demasiado énfasis en la eficiencia o en los logros; por el contrario, había una sensación de aventura que se ajustaba idealmente al estado de humor que tenían en el momento. Una vez que yo estaba al cien por cien disponible para ellas, me encantaban las sorpresas y la ecuanimidad de dejarme llevar por sus objetivos llenos de energía, emprendiendo cosas que normalmente exigían un esfuerzo concertado. Nunca había segundas intenciones en su cabeza y su excitación era siempre contagiosa.

> *Tienes que levantarte y llamarme temprano, muy temprano, querida madre. Mañana será el momento más feliz de todo el gozoso Año Nuevo.*
>
> ALFRED, LORD TENNYSON

Dábamos paseos por Central Park para ver cómo brotaba la primavera y florecían los manzanos. Hacíamos meriendas y salidas en bicicleta en junio. Bebíamos refrescos en restaurantes de hotel y té en el Plaza Palm Court. Íbamos a «Chockfull O'Nuts» para comprar donuts espolvoreados de azúcar y nos montábamos en el tiovivo de Central Park para conseguir el anillo dorado. Tanto si llovía como si hacía sol, salíamos para dar vueltas. Tomábamos lecciones de arte y visitábamos las exposiciones de los museos. Arrojábamos monedas en la fuente del Observatorio Meteorológico expresando deseos profundos. Incluso comprar zapatos era un placer, y aún sigue siéndolo. Íbamos al cine y al teatro. En Navidades, acudíamos a ver la iluminación del árbol en el Centro Rockefeller. Fuimos a ver el maravilloso ballet *Cascanueces* de Chaikovski. Las tres disfrutábamos mucho durante esos momentos de «puro juego»; eran tremendamente divertidos, pero también nos hacían sentirnos interiormente cálidas y cómodas.

> *Él era un niño pequeño tan inofensivo, que ella no podía encontrar ninguna falta en él, excepto su tendencia a desaparecer.*
>
> COLETTE
>
> *La esencia del placer es la espontaneidad.*
>
> GERMAINE GREER

Muchos padres huyen de la ciudad para criar a sus hijos en un entorno más seguro y menos estresante. Personalmente doy las gracias de que mis hijas crecieran en la ciudad de Nueva York. No creo que ellas cambiaran esa experiencia por todo el mundo. Asistieron a una escuela excelente e hicieron amistades en grupos muy diversos de gente. Disfrutamos de todos los beneficios que una ciudad tan vital puede ofrecer, incluidos un hermoso parque, un zoológico infantil maravilloso a media manzana de nuestro piso, el Museo Americano de Historia Natural, y una enorme variedad de oportunidades creativas.

Cuando nos íbamos de la ciudad en vacaciones, también disfrutábamos mucho. Yo participaba plenamente en todos los juegos y en cada actividad. Si me hubiera limitado simplemente a observar, me hubiera perdido mucho. Jugábamos al cricket, a botar la pequeña pelota atada a una cuerda y al baloncesto. Nos perseguíamos entre nosotras, hacíamos volar cometas, recogíamos conchas, nos subíamos a los árboles y hacíamos incursiones para recuperar y reciclar cosas tiradas en la calle. También nos lanzábamos dando saltos y rodando juntas por laderas de césped.

Mis hijas me enseñaron a estar despierta y alerta, a escuchar y a permanecer abierta. Cuando eran adolescentes, acabábamos a menudo yendo de compras a tiendas de segunda mano en Greenwich Village. En todas partes explorábamos siempre las curiosas tiendas de antigüedades. Especialmente nos gustaba ir a «Pierre Deux», en Bleecker Street. Las niñas estaban constantemente expuestas a una gran diversidad de cosas fascinantes y de gente interesante. Estas rutinas constituían incursiones en nuevos terrenos estimulantes.

> *... déjate sentir como un niño, alcanza a ver como un vidente...*
>
> ELIZABETH BARRETT BROWNING

> *Algunos de mis mejores amigos son niños. De hecho, todos mis mejores amigos son niños.*
>
> J. D. SALINGER

Cuando era joven, tenía un profesor de arte que me llevaba a hacer giras urbanas y tenía que recordarnos que mirásemos los edificios, las esculturas, los árboles y el cielo. Mis hijas miraban de forma natural en todas las direcciones con gran flexibilidad y curiosidad sobre cualquier cosa. Un sábado de diciembre, nos encontrábamos en «Saks», en la Quinta Avenida. En cuanto atravesamos la puerta giratoria, Brooke anunció que tenía hambre. Quería una hamburguesa de queso. Alexandra y yo nos reímos, y las tres volvimos a hacer el giro a través de la puerta para salir. Nos encaminamos a «Hamburguer Heaven» mucho antes de que se llenase de gente al mediodía e hicimos de aquella comida temprana una pequeña y divertida fiesta. Allí donde nos llevase nuestra jornada, siempre sabíamos de antemano que tendríamos una buena experiencia.

Hace años tuve una profesora de prácticas que era bailarina y coreógrafa. Un día, Liz me dijo que la diferencia entre ella y «la mayoría de la gente de nuestra edad es que yo continúo bailando toda la vida y la mayoría de los adultos olvidan cómo mover el cuerpo». Junto con Liz, las niñas me ayudaron a recordar cómo bailar. Liz era la gracia misma. Cantaba, saltaba y cantaba el *cha cha cha*. A mí me parecía una mujer con la mitad de edad de la que tenía. Entre Liz y las niñas, mi cuerpo permaneció en forma y flexible.

> *Los juegos de niños no son deportes y deberían considerarse como sus acciones más serias.*
>
> MICHEL DE MONTAIGNE

Yo adoraba la ciudad como entorno para la infancia de mis hijas. Aunque la vista desde la ventana de su dormitorio no era de jardines y árboles, estaban expuestas a una riqueza de experiencias que ellas agradecen ahora. La ciudad desempeñó un importante papel en la evolución y en los valores de mis hijas.

Ser madre con un trabajo fuera de casa también me ofreció oportunidades y actividades que podía disfrutar con mis hijas, algunas de ellas muy poco convencionales. Por ejemplo, a menudo llevaba a mis niñas conmigo a ver a los clientes. De este modo podía estar cerca de ellas mientras jugaban con los hijos de los clientes o eran invitadas a galletas o a un helado. Siempre las llevaba de compras conmigo, tanto si iba a comprarles ropa, como si iba a adquirir objetos de decoración y cosas para la casa. Incluso hoy día, nos encanta ir de compras juntas. Nunca tenemos prisa; una de esas excursiones especiales y decididas en un instante puede llevar de una a tres horas. A mí continúan llenándome de felicidad.

Disfrutar momentos con los hijos adultos

«Oye mamá, vamos a dar un paseo.» Cuando oigo esto, me quito el delantal y salgo a llamar al ascensor en su edificio de apartamentos o bajo las escaleras de nuestra cabaña. Toda invitación a unirnos a cualquier actividad de nuestros hijos adultos está llamada a ser una experiencia cordial. Muchos de los momentos más felices y más apreciados que he tenido con Alexandra y Brooke han sido esas ocasiones sorpresivas en las que he sido invitada a participar con ellas en alguna actividad. Acepto sin pensarlo, porque cualquier cosa que hagamos es algo para recordar.

El mundo del niño es fresco, nuevo y hermoso, lleno de maravillas y entusiasmo.

RACHEL CARSON

El año pasado, Brooke me invitó a tomar clases de cerámica con ella. Cocinamos varios platos e hicimos un postre para una amiga común que se iba a casar. Después de trabajar varias horas juntas en un proyecto, sentí que había vivido una tarde parecida a muchas del pasado que me llenó de nostalgia. Cuando nos juntamos con Peter para hacer una cena tardía, las dos estábamos desbordantes. A él le encantó vernos tan animadas que nos dijo: «La próxima vez que vayáis, ¿puedo ir con vosotras? Tenéis el aspecto de haber pasado una tarde estupenda.»

Todavía nos damos citas para ir al parque, sentarnos en el embarcadero y beber un refresco. Nos citamos en nuestro restaurante favorito, o para dar un paseo por la playa, darnos masajes en «Stressless Steps», hacernos fotos mutuamente, ir a alguna exposición en un museo, encontrarnos después de trabajar para beber algo o cenar. O también elaboramos algún proyecto de pintura o vamos a alguna conferencia o al cine.

Aquel feliz y tierno viaje que hicimos a París cuando mi hermano Powell murió acabó siendo una experiencia sanadora para todos nosotros. Siempre que toda la familia estamos lejos de nuestros respectivos trabajos y amigos nos aislamos en el tiempo y en el espacio, volvemos a aquellos maravillosos días en que las niñas estaban creciendo. En aquella época teníamos momentos fijos que pasábamos juntos y que eran sacrosantos e inviolables.

Hoy día, a Peter le encanta que cualquiera de las tres Stoddard le involucren para continuar nuestros rituales tradicionales. Yo tengo la sensación de que ir a comprar sin mis hijas es algo rutinario y que carece de chispa. En uno de nuestros pequeños viajes a París, Alexandra y Brooke me invitaron a unos maravillosos almacenes franceses para ver zapatos, sombreros, pañuelos y vestidos. Antes de darme cuenta de lo que estaba sucediendo, ya habían encontrado cosas para mí —un chal azul celeste de lana para poner por encima del abrigo o de un vestido, zapatillas caseras de terciopelo y botas de goma color fucsia para trabajar en el jardín—; a continuación, cuando aterrizamos en el piso en el que se vendía la ropa de mujer, tuve una gran idea. ¡Ése era el momento que había que agarrar: *Carpe momentum*! Cada una de nosotras escogeríamos un nuevo vestido de primavera. Nos divertimos sin límites probándonos vestidos, presentándonos recíprocamente cortes y colores diferentes en los probadores. Después de pasar varias horas de felicidad en los almacenes, exhibimos con orgullo nuestras bolsas de compra a Peter, cuando nos encontramos con él para tomar un café exprés en la cafetería. Él nos sugirió que llevásemos puestos nuestros nuevos vestidos para cenar, lo cual aceptamos con enorme placer; aquella noche tardamos más de lo habitual en acicalarnos. Estábamos entusiasmadas de haber revivido los recuerdos de nuestras incursiones por las tiendas cuando las niñas eran más pequeñas. Ahora somos amigas. Nos lo pasamos muy bien juntas, y estos pequeños rituales continúan tejiendo los años hasta formar una hermosa tapicería.

> *La ficción colorea el pasado con una inocente distorsión y lo hace arremolinarse ante nosotros de mil maneras. Forma parte de nuestra vida colectiva, tejiendo nuestro pasado y nuestro futuro... Es un aspecto particularmente gratificante de la vida misma.*
>
> SHIRLEY TEMPLE BLACK

Todavía celebramos maravillosas fiestas de familia. Recientemente, Alexandra organizó una celebración con siete de sus mejores amigas. Nos invitó a mí y a Peter a que fuésemos a beber algo con ellas antes de salir a cenar. ¿Cuál es el secreto que permite a algunas familias nutrirse recíprocamente y mantener una auténtica relación? Nosotros disfrutamos todavía de encontrarnos juntos en familia. A mí me rompería el corazón que Alexandra y Brooke pasaran momentos con nosotros sólo por obligación. Yo creo en la santidad, en lo sagrado de la vida de familia. Cuando existe un amor y cariño auténticos, el apoyo mutuo es verdaderamente edificante. Conozco a muchas familias que insisten en encontrarse periódicamente por obligación, en tener momentos en los que se supone que todo el mundo debe aparecer, con independencia de las circunstancias personales o del cansancio. La conexión mágica desaparece cuando los padres hacen que los hijos se sientan en deuda con ellos por obligación. Los hijos pueden hacer actos de cariño, y con frecuencia los hacen, utilizando los buenos modos para ocultar sus sentimientos, con miedo a menudo de no mostrarse en estas reuniones familiares obligatorias. Durante todos los años que Peter y yo hemos estado casados, sólo recuerdo una ocasión en la que él pidió a sus hijas mayores, Andrée y Blair, que acudieran a un cierto acto, con la frase: «Por favor, hacedlo por mí», añadida a la invitación. Como normalmente nunca dice eso, sus hijas lo tomaron muy en serio y estuvimos todos juntos para un cónclave familiar importante. Cuando invitamos a nuestras hijas a unirse a nosotros para una celebración, les hacemos una invitación auténtica. Si el momento no es adecuado, o por alguna otra razón una de ellas decide no venir, debemos respetarlo. ¿Por qué arruinar algo que es bueno en sí? Los hijos adultos tienen el tiempo más ocupado que nosotros. Trabajan duramente muchas horas y, con frecuencia, no tienen empleos muy flexibles. En lugar de planear ocasiones especiales para fechas cerradas, tal vez sería mejor que las acordaras con tus hijos de antemano.

> *... puedes disfrutar de estas riquezas cada día de tu vida.*
> WALT DISNEY
>
> *Érase una vez cuatro conejitos que se llamaban Flopsy, Mopsy, Cotton Tail y Peter.*
> BEATRIX POTTER

Ahora que Alexandra vive en Washington, no puede asistir a muchas de nuestras celebraciones en Nueva York. Con frecuencia trabaja hasta las diez de la noche, llega agotada a casa y se va directa a la cama. Venir a Nueva York entre semana es demasiado cansado. En lugar de decepcionarnos, hacemos otros planes. A ella le encanta que vayamos a verla a Washington.

Cuando el amor es compartido, siempre hay una forma de encontrar un lugar y un momento oportuno para estar juntos. Cuando nuestras hijas tienen tiempo, allí estamos nosotros. Alexandra y Brooke lo saben, y eso me emociona.

> *Los mismos niños no son sentimentales respecto a la niñez, y no ven nada extraordinario en ella.*
>
> WALTER KENDRICK
>
> *Pooh no tiene mucho cerebro, pero no hace tonterías, y las cosas le salen bien.*
>
> A. A. MILNE

La edad no tiene nada que ver con esta relación.

Conozco a una niña de diez años que tiene una total empatía con su madre, y estoy segura de que mantendrán una estupenda relación toda su vida. Cuando hay una sensación de interactividad, cuando se mantiene y se alimenta un interés activo, con una vitalidad y energía continuas en cada cosa que haga uno u otro, existe una recíproca simpatía, un compartir y un comprender de sentimientos e ideas. Existe una inclinación recíproca favorable, se siente y se expresa la compasión y se está en un estado de acuerdo armonioso. Continuamos manteniendo este estado de éxtasis, este placer con nuestras hijas, porque la relación está basada en una combinación de interés sincero y activo que es recíproco. Alexandra, Brooke y yo constantemente nos preguntamos mutuamente: «¿Qué está pasando?», «¿Cómo está Peter?», «¿Qué hay de nuevo?» Nos interesamos en lo que cada una de nosotras está haciendo, pensando y sintiendo, dentro del contexto de nuestra vida individual.

En la novela *Ligth* [Luz] de Eva Figes, cuando la mujer del nieto de Claude Monet, Lily, deja que su hermano Jimmy juegue después de comer en el jardín de Giverny con el globo rojo que una tía le había comprado al vagabundo, a Jimmy se le escapa a la puerta de la cocina. Cuando Lily se queja, llorando, «he perdido mi globo», un amigo le desvela un secreto: «Ésa es la única forma de conservar un globo, dejándolo partir. ¿No lo sabías?» Monet añadió: «Tiene razón». Entonces Lily le escucha decir en voz baja: «Espera y verás.» No podemos obtener la atención y el afecto de la gente más de lo que podemos aferrarnos a un globo. Tenemos que dejar que las personas que queremos se alejen de nosotros, y así el mundo se beneficie de esos maravillosos seres. Como Claude Monet aseguraba a Lily sobre su globo: «Puede que siga volando a la deriva, y en ese caso miles de personas lo verán en todo el país.»

> *La inspiración les llega a aquellas personas que inspiran a los demás.*
> PETER MEGARGEE BROWN

¿Cuál es el secreto de la conexión y la alegría continuas de una familia? Cuando dejamos la puerta abierta (en ambas direcciones), los hijos estarán contentos de visitarnos. Si nuestra casa es un hogar en el que nuestras hijas se sienten en unidad consigo mismas, con el espíritu y el poder del lugar, y en donde tienen una profunda sensación de pertenencia, siempre estaremos juntos. Cuando al volver a casa esa visita nos hace sentirnos mejor, es como una bendición. Estar juntos de buena gana, con un sentido de agradecimiento y de alegría, disfrutando la compañía unos de otros, es lo mejor que la vida puede ofrecernos. Nosotros hacemos estos encuentros especiales para celebrar la compañía recíproca. Reconozco que se me cae la baba con esta continuidad, ¿pero qué puedo hacer cuando siento tales recompensas de nuestro amor y respeto mutuos?

Tiempo práctico de juego

Cuando nuestros hijos son niños, en general se está muy ocupada. Yo no sólo era una madre que trabajaba fuera de casa, sino que además, después de una década de estar juntos, mi marido y yo nos divorciamos, lo cual significaba que en vacaciones las niñas pasaban mucho tiempo en California con su padre alejadas de mí o esquiando. Estos periodos de separación me hicieron más consciente del valor del tiempo que pasábamos juntas. Yo quería que cada segundo contase. Nuestros rituales de dejar el piso para explorar el mundo se convirtieron en algo aún más sacrosanto. En casa, en donde siempre hay tareas prácticas que realizar, las niñas participaban de forma natural en los ritmos suaves de la vida doméstica. Yo encontré cientos de maneras de involucrarlas en lo que yo estaba haciendo.

> *¡Cuántos jóvenes genios hemos conocido!*
> EMERSON

Existe algo que es absolutamente delicioso en crear rituales con sentido alrededor de tus tareas domésticas con tus hijas, especialmente cocinar. Cocinar era algo que hacíamos en familia. Podíamos estar todos juntos en la cocina, preparando un banquete que cada uno de nosotros disfrutaría especialmente. Aprendí a preguntar a las niñas qué es lo que les gustaría cocinar y comer, de modo que todo el mundo se sentía realmente parte integral del proceso. Cuando cocinábamos juntas, me daba cuenta de lo razonables que eran sus gustos. Siempre se daba una importancia especial a los alimentos integrales y nutritivos. Yo permitía que las niñas adquieran el gusto por los alimentos de forma gradual, sin forzarlas nunca a comer un solo bocado si no querían.

Nos encantaba cada uno de los aspectos del cocinar y comer juntas. Adorábamos cocer alcachofas en nuestra enorme cacerola blanca. Hay algo maravillosamente liberador en el hecho de *tener* que utilizar las manos cuando se comen alcachofas. A la mesa sacábamos nuestros pequeños platos de acompañamientos y salsas: rodajas de limón, perejil picado, sal marina, pimienta molida, mayonesa de Dijon, vinagreta y salsa de soja, en las que podíamos untar y mojar cada hoja. Los platos que elegíamos para las alcachofas y los acompañamientos tenían igual importancia que la comida principal. Años después, Alexandra y Brooke todavía se entusiasman recordando estos platos decorativos y vívidos que utilizábamos en nuestras ceremonias en el momento de la comida.

También nos encantaba crear banquetes chinos en nuestra cazuela china de base redonda. Pelábamos y troceábamos zanahorias, cebollas y guisantes, y los poníamos en tazas separadas de cristal, antes de mezclarlas en la cacerola con un chorrito de aceite, salsa de soja y zumo de limón. Añadíamos algunos tomates enanos y perejil como toque final y servíamos estas verduras con un pollo al romero que yo había ya asado. Los olores eran jugosos y dulces y llenaban la cocina de ricos aromas. Yo había cortado rodajas de limones, limas y naranjas, que ponía en la mesa para poderlas chupar entre conversaciones y tragos.

> *En medio de sus chucherías, los niños aprenden la acción de la luz, del movimiento, la gravedad y la fuerza muscular; y en el juego de la vida humana, interactúan el amor, el miedo, la justicia, el apetito, el hombre y Dios.*
>
> EMERSON

En algunas noches «chinas» bromeábamos. Nadie cocinaba, pero poníamos en la mesa decoraciones exóticas sirviéndonos de tazones negros de laca y de palillos rojos que yo había comprado en mi viaje alrededor del mundo. Teníamos suerte, porque, fuera de China, la mejor comida china para llevar estaba a poca distancia de nuestro piso de Nueva York. Una de mis editoras para la que yo había escrito artículos *freelance* en el *Reader's Digest*, Eleanor Prouty, pensaba que las niñas y yo siempre cocinábamos nuestra comida china en nuestras fiestas del miércoles por la noche. Qué risa nos dio cuando le dijimos que llegaba preparada al cien por cien a la puerta de nuestra cocina; absolutamente todo, desde la sopa wonton hasta los «pastelillos de la suerte» *. Así pues, incluso cuando no cocinábamos en nuestra gran sartén china ni preparábamos la comida juntas, el tiempo de la comida siempre era una aventura excitante.

Al preparar la mesa, escogíamos juntas los colores, las velas, las flores y la decoración. Cada comida que hacíamos en familia, incluido el desayuno, estaba servido de una forma atractiva. Hacíamos esto para elevar nuestro espíritu, para aportar luz, color y alegría a nuestra vida cotidiana juntas.

> *Los niños despliegan cada día una tremenda vitalidad y energía a manos llenas.*
>
> DOCTOR DEEPAK CHOPRA
>
> *¡Ta-ra-ra-bum-di-ay!* **
>
> HENRY J. SAYERS

Cuando llega el momento de fregar los platos, a Alexandra le gustaba «jugar con el agua». Después de estas agradables y divertidas cenas familiares, ella encontraba placer en ordenarlo todo. Mientras corría el agua y hablaba al teléfono con un amigo, ella lavaba, frotaba, dejaba todo reluciente y colocaba los platos en su sitio.

Además de cocinar y de limpiar después de las comidas, nos divertíamos haciendo un montón de tareas domésticas. Cuando yo planchaba, las niñas preparaban la ropa limpia, clasificándola primero —camisas, fundas de almohada, servilletas— y pasándomelas después una por una para rociarlas de agua y plancharlas. A menudo, mientras estaba planchando, se sentaban conmigo

---

* Pastelillos chinos que contienen dentro una predicción de buena o mala fortuna, un consejo o un proverbio. *(N. del T.)*

** Transcripción fonética al castellano del original *Ta-ra-ra-boom-de-ay!* *(N. del T.)*

pintando y dibujando en la mesa de la cocina. Yo apilaba las servilletas perfectamente dobladas en montones y las niñas seleccionaban cintas de colores festivos para atarlas juntas.

Cuando llegaba el momento de dar brillo a los muebles, al bronce, al cobre y a la plata, toda la familia se ponía concienzudamente manos a la obra. Alexandra y Brooke, al igual que «su madre», ¡adorábamos el desafío de hacer que las cosas brillasen!

Las horas que pasaban en las tiendas de antigüedades conmigo les inspiraban para dar brillo a cualquier cosa que estuviese a la vista. Cuando habíamos acabado nuestra juerga, veíamos nuestra casa bajo una «nueva luz».

Los niños pequeños también disfrutan participando en las tareas domésticas. A veces, la mayor diversión que pueda tener un niño o una niña es fregar los suelos contigo. No paséis por alto ninguna oportunidad para jugar; ésta se puede encontrar en cualquier actividad.

Desarrollar la confianza de tus hijos a través del juego

> *Había un lenguaje en cada uno de sus gestos.*
> WILLIAM SHAKESPEARE

A los niños les encanta tomar decisiones y ser tomados en serio. Cuando una madre le pregunta a su hijo: «¿Qué *te* gustaría hacer?», el niño es alentado a pensar de forma creativa. Los niños pasan muchas horas en la escuela en un entorno estructurado; ¡qué bendición para él dejar el camino marcado! Cuanto más escuches a tus hijos y les muestres lo que valoras sus ideas, más contribuirás a su autoestima. ¿Qué mejor ocasión que los momentos de juego para dar rienda suelta a la imaginación de tus hijos? Estos momentos pueden llevarte a lugares maravillosos.

Cuando los niños tienen buenas ideas y tú las sigues, ellos adquieren confianza en su capacidad para tomar decisiones. Mis hijas siempre decidían a qué pasatiempo jugar, y yo participaba plenamente y con entusiasmo en lo que habían decidido. Cuando jugábamos en casa, ellas escogían y planificaban los escenarios, muchos de los cuales todavía recuerdo como muy sorprendentes.

Mis hijas a veces decidían que fuésemos a museos. Cuando Alexandra tenía ocho años y quería ir al museo Frick, se nos dijo que ella tenía que tener diez años para dejarla entrar. En lugar de esperar dos años, escribí una carta al director del museo abogando por el caso de Alexandra. Al poco tiempo fuimos invitados a pasearnos por el museo, satisfaciendo los deseos de Alexandra.

En cuanto pudieron hablar, Alexandra y Brooke participaron en la planificación de sus propios cumpleaños. Celebrar los cumpleaños de tus hijos es una alegre forma de honrar la importancia de sus vidas. Los cumpleaños son especialmente importantes en nuestra familia. Cuando llegaba el momento de planificar las fiestas de cumpleaños, yo me dirigía a las niñas para que tomasen todas las decisiones creativas. Escogíamos juntas las invitaciones y seleccionábamos los sellos. Cada detalle era el resultado de las ideas de cada una. Decorábamos el piso, cocinábamos y horneábamos juntas. Ellas aprendieron todo el proceso de llegar a tener amigas con las que festejar. Las preparaciones y los arreglos duraban meses antes de la fecha en cuestión.

> *Creo que probablemente no pueda existir una felicidad más grande que el que mi corazón pueda volverse tan puro y simple como el de un niño.*
>
> KITARO NISHIDA

Las fiestas de Alexandra y Brooke eran siempre coloridas e imaginativas. Un año decidimos que los manteles que había en el «Dennison's Party Store» de la Quinta Avenida era exactamente lo que teníamos en mente. Así pues, fuimos a la tienda de pinturas, compramos un lienzo blanco y pintamos formas estilo Matisse con pinturas acrílicas. Y encontramos platos y vasos de plástico rosas, amarillos, verde brillante y azul cobalto. En el fondo de cada vaso y de cada plato pintamos dibujos abstractos, poniendo las iniciales de cada una de las amigas en el centro. Después de la fiesta, lavamos los platos y los vasos y pusimos los juegos en las bolsas de fiesta para invitados para llevar como recuerdo.

Además de comidas creativas, en estas fiestas de cumpleaños jugábamos a la búsqueda del tesoro, pintábamos murales y hacíamos que Peter se disfrazase y representase a petición de las niñas a «Peter el Conejito». Peter no se hubiera perdido esta oportunidad por nada del mundo. Aparte de Peter y yo, nunca invitábamos a ningún adulto a estas fiestas.

A lo largo de los años y gracias a estas fiestas de cumpleaños, tuvimos el placer de conocer a muchas de las amigas de nuestras hijas. De vez en cuando veíamos caras nuevas, y algunas que eran familiares dejaban de venir, pero siempre había un maravilloso sentimiento de continuidad. Ahora que nuestras hijas son adultas, después de algunos de estos encuentros, varias amigas que vienen de lejos pasan la noche en casa; se limitan a coger un edredón del armario de mi dormitorio y duermen en el suelo. Es casi como tener una velada nocturna. Yo siempre he adorado ver todo el espacio del suelo del piso disponible tomado por cuerpos calientes en sacos de dormir.

Explorar la naturaleza con tu hijo supone en gran medida volverte receptiva a lo que está a tu alrededor.

RACHEL CARSON

Volverte accesible a los niños

Cuando yo era niña, mi madrina dejaba que yo lo llamase por su nombre de pila, Mitzi. Me hacía sentir tan adulta y especial que, hoy día, siempre pido a todo el mundo —ya se trate de jóvenes o viejos— que me llamen solamente Alexandra, excepto, por supuesto, el puñado de viejos amigos y amigas que me llaman Sandie. Algunos padres piensan que sus hijos son irrespetuosos cuando me llaman Alexandra y les murmuran al oído: «Señora Stoddard.» Pero inmediatamente aseguro a las mamás que fui yo quien invité a sus hijos a que me llamasen Alexandra. De alguna forma, esto resume mis sentimientos de cómo disfrutar de la compañía de nuestros niños. Tenemos que entrar en el mundo *con* ellos, y no por encima o en contra de ellos.

Recientemente, una niña de seis años me señaló con el dedo en la iglesia y exclamó: «Ahí está mi amiga Alexandra.» La madre de la niña miró a su alrededor para encontrar a alguna niña. «Alexandra está allí. Es la que lleva calcetines rojos.»

También no hace mucho, me encontraba yo con pequeñas amigas cuando «Alexandra» se convirtió en la «Señora Stoddard» como consecuencia de la petición de un adulto. Yo bromeé con una de ellas, diciendo: «Nosotras somos amigas y yo no soy diferente de ti. Estamos jugando juntas y divirtiéndonos. Me haces sentirme una temible señora vieja cuando me llamas Señora Stoddard. Soy una niña como tú.» Ella se rió, diciendo: «No, no eres una niña, Alexandra, porque tú cuidas de nosotras.» ¿Por qué no cuidar unos de otros?, respondí.

> *¿Qué sensación es tan agradable como la mano de un niño en tu mano? Tan pequeña, tan suave y cálida, como un gatito acurrucándose en el refugio de tu regazo.*
>
> MARJORIE HOLMES
>
> *Si obedeces todas las normas, pierdes toda la diversión.*
>
> KATHARINE HEPBURN

Los niños siempre sienten cuándo disfrutas de estar con ellos. Lo saben por la energía que emites. Cuando estoy con cualquier niño, me gusta pensar que yo estoy poniendo mi parte para expandir luz y destacar todas las cosas buenas y hermosas de la vida. Cuando estoy jugando con niños, pierdo completamente la conciencia de mí. Me vuelvo alegre y juguetona, porque simplemente estoy abierta a la experiencia.

¿Existe alguna vez una sola salida sin sentido cuando estás jugando con un niño? En absoluto. Disfrutar de los hijos es siempre una gran experiencia. Tanto tú como tu hijo rompéis las barreras del tiempo para llegar a un momento trascendente de experiencia pura.

A mí me gusta saltar y bailar, jugar a la pata coja y hacer incursiones en el fútbol. Soy consciente de mi cuerpo, pero no de mi edad, o de lo que otros puedan pensar de mi conducta, porque puedo estar muy sintonizada con la alegría del momento. Cuando abandonas tus *debería* y *tendría que,* te conviertes en una cabeza lúcida, en un espíritu fresco, lavado por el agua sagrada de la gracia, en lugar de ser el agua turbia de los remolinos. Estos momentos «tontos» llenos de ensueño, maravilla y fantasía son maravillosos y fugaces. No pueden idearse artificialmente, porque, como toda alegría, existe un toque de lo divino en ellos. No podemos concretar los ingredientes que crean la mejor atmósfera para disfrutar de nuestros hijos. Simplemente tenemos que estar abiertas a jugar.

Capítulo 6

Desprenderte de tus hijos

Vuestros hijos no son vuestros hijos.
Son los hijos y las hijas del ansia de la Vida por sí misma.
Vienen a través de vosotros, pero no son vuestros. Y aunque vivan con vosotros, no os pertenecen.

JALIL GIBRÁN, *El Profeta*

Afrontar el desafío de dejar partir

Con una sonrisa en sus labios, y una lágrima en los ojos.
SIR WALTER SCOTT

LAS MADRES ESTAMOS CONSTANTEMENTE en un proceso de desprendernos de nuestros hijos. Desde el primer momento de su vida somos confrontadas con este desprendimiento. Nos desprendemos un poco de nuestro bebé recién nacido cuando se le corta el cordón umbilical y estamos ansiosas por saber cómo tomará su primer alimento. Nos desprendemos de nuestro bebé cuando aprende a hablar y empezamos a preocuparnos de que se pueda caer. Nos vamos desprendiendo desde el primer día en que lo llevamos a la guardería y salimos de ésta sin él, dejándolo al cuidado de los demás. Y vamos soltando cuando nuestros hijos escogen amigos, amantes, estudios y su futuro, tal vez un poco tristes de que ya no somos el centro de su universo. Nos afecta cualquier señal, cualquier signo de cambio: nuevos zapatos, un nuevo diente, un nuevo curso escolar, una nueva libertad. Por ello, ser madre tendrá siempre un gusto a agridulce. El dulce se halla en sentirse orgullosa de los hijos, encantada con su sana independencia. Y el poco de amargor por saber que a causa de esta independencia nuestra conexión con ellos cambiará.

Soltar es también doloroso porque sabemos que existen límites a lo que podemos continuar haciendo por nuestros hijos. En cada fase de su desarrollo aprendemos de nuevo las luchas y las satisfacciones de ir soltando. Es uno de los mayores desafíos que las madres afrontamos. Como diría mi amigo Carl: «Es así como debe ser.»

Soltar cada día un poco

> *Respeta al niño. Pero no demasiado a sus padres. No penetres sin permiso en su soledad.*
>
> EMERSON

Yo leí en cierta ocasión que una madre es una persona para apoyarse, pero también una persona que hace que apoyarse sea innecesario. Cuando realmente hemos hecho bien nuestro trabajo, centímetro a centímetro, momento a momento, gracias a nuestra ayuda, nuestros hijos nos necesitarán cada vez menos. De repente, nuestra hija no quiere pasar tanto tiempo con nosotras, prefiriendo estar con sus amigos y amigas. Llevamos a nuestro hijo al colegio cada día, pero una mañana en el desayuno nos anuncia: «Voy a ir al colegio con Sam.» Y añade: «Mamá, no te preocupes. Miraré a ambos lados de la calle antes de cruzar.» Nuestro corazón se derrumba sobre el suelo de la cocina. Ardemos por dentro, y mientras torpemente servimos los huevos revueltos, intentando ocultar nuestras lágrimas. Por dentro pensamos: *¿Cómo, mi pequeño cruzando la calle sin agarrarme de la mano?* O cuando nuestra hija nos da un beso de despedida en la puerta del piso antes de que se abra el ascensor —por miedo a que la vean besar a su mamá— morimos un poco por dentro. Sí, vamos soltando un poco cada día. Alargamos el hilo invisible y ayudamos a expandir los límites del mundo de nuestros hijos. También rezamos y nos preocupamos mucho.

> *Quien quiera aprender a amar debe antes aprender a correr por la nieve sin dejar huellas.*
>
> PROVERBIO NATIVO NORTEAMERICANO

El cambio es inevitable. Entender y aceptar este hecho requiere que seamos pacientes con nosotras y con nuestros hijos. Todos juntos estamos aprendiendo a soltar. Cuando mi anterior marido se trasladó de Nueva York a Los Ángeles, y Alexandra tenía siete años y Brooke cuatro, cada verano las llevaba al aeropuerto Kennedy para que cogiesen un vuelo de American Air Lines, que no tenía escala hasta llegar a Los Ángeles, ni nadie para acompañarlas. La azafata me dejaba ir con ellas hasta sus asientos y después les ayudaba a abrocharse el cinturón de seguridad. A continuación las dejaba a su cargo. La primera vez que las dejé se me hizo un nudo en la garganta y no pude tragar nada durante tres días. Ellas se alejaban de su mamá por siete semanas. Por su parte, disfrutaron mucho en aquel viaje sin su madre, y esto me ayudó a soportar mentalmente ese hito en nuestra relación.

Siempre que una de las niñas hacía algo por primera vez —dar sus primeros pasos, hablar sus primeras palabras, empezar la escuela, pasar la noche en casa de alguna amiga—, yo sentía el corazón apesadumbrado al darme cuenta de que estaba creciendo. Mirarlas cruzar la calle sin mí por primera vez me hizo imaginar el día en que cada una de ellas iría a la universidad. Todos estos puntos cruciales hacen surgir sentimientos paradójicos en nosotras. Queremos verlas crecer, pero, al mismo tiempo, no soportamos la idea de dejarlas partir.

Sin embargo, yo sigo aprendiendo una y otra vez la lección de que el cambio es bueno; una puerta se cierra y otra se abre. Cuando mis hijas crecieron, también creció nuestra relación.

Tras un periodo de separación, ya fuera por una noche o por varias semanas, cada vez que iba a recoger a Alexandra o a Brooke, estaban tan animosas y llenas de historias íntimas, que querían compartir conmigo, que siempre me hacían reír. Yo sentía una calidez que me fluía por dentro y me percataba de que su crecimiento había sido una parte buena, natural y misteriosa de algún proceso divino.

> *En su camino hacia la madurez, los jóvenes anhelan intimidad física y espiritual.*
>
> PHYLLIS MCGINLEY

Cuando contemplas a tu hija en una clase de baile o la ves jugando en la escuela, de repente cobras conciencia de que tiene un amplio y gran mundo ante ella. Y eso es bueno. Ves que tiene muchas personas para enseñarle y quererla, personas para hacer amistad e incluso familiares que participan en nutrirla y que, de alguna forma, también te abre a ti a los demás. Las madres tendemos a nutrir a todos los niños con los que entramos en contacto. Disfrutamos siendo capaces de apoyar estas almas tiernas mientras florecen en sus sucesivas transformaciones. Pero el hecho de que nuestros hijos hayan crecido no significa que nuestros sentimientos maternales y nuestra generosidad nos hayan abandonado. Podemos seguir haciendo de madres, podemos utilizar este don con muchas otras personas. El sentimiento permanece con nosotras para siempre.

Es efímera la evolución que va desde el recién nacido hasta el pequeño bebé, el niño que gatea, el adolescente y el adulto; cada etapa dura sólo un breve periodo de tiempo. Viviendo en el centro de cada período de crecimiento, el proceso de nutrir a nuestros hijos a través de cada invalorable fase de desarrollo puede ser y debe ser la cosa más natural de la vida. El paso de Alexandra y Brooke del amamantamiento al biberón constituyó un mutuo desprendimiento. Las niñas al principio se resistían, pero gradualmente se acostumbraron a la idea de beber de un biberón. Por mi parte, me fue difícil afrontar que mis hijas ya no dependían biológicamente de mí y sólo de mí. Otras personas podían proporcionarles su alimento necesario con leche comprada en una tienda y un biberón de plástico.

Cuando Peter y yo salimos para París en nuestra luna de miel, las niñas tenían siete y cuatro años, respectivamente. Fue tan difícil para ellas dejar que su mamá partiese como para mí no llevarlas conmigo. Pero, al mismo tiempo, Peter y yo queríamos empezar nuestra unión con una escapada romántica juntos, y aunque mis hijas se quedaban tristes al verme partir, estaban al mismo tiempo contentas por nosotros.

> *Separado de mis límites, ya había sabido que él tenía y tendría una vida más allá de ser mi hijo... Él tenía tres años y yo diecinueve, y nunca pensaría de nuevo en él como un hermoso apéndice de mí misma.*
>
> MAYA ANGELOU

No es el amor lo que soltamos, sino la dependencia; el amor continúa. Aunque siempre seremos interdependientes, como madres reforzamos la autonomía y el cambio de nuestros hijos. Al aceptar la ley natural del cambio y de la transformación, obtenemos la sabiduría que nos permite vivir felices.

Como dice el Buda:

Nuestra existencia es tan transitoria como las nubes de otoño.
Observar el nacimiento y la muerte de todos los seres es como mirar los movimientos de una danza.
El periodo de una vida es como el resplandor de un rayo en el cielo.

Se precipita como un torrente por una montaña escarpada.

La mejor forma que conozco de desprenderse es hacerlo con amor desde el corazón. Gracias a ese amor tan generosamente dado, tus hijos siempre tendrán un lugar al que volver. Con independencia de dónde les lleve la vida, sabrán que tu amor lo hará todo por ellos. Tu amor expresa la fe que tienes en la capacidad que tus hijos poseen para cuidarse a sí mismos, y esto los alentará.

Cómo ayudar a volar a tus hijos

La desnuda águila hembra norteamericana construye su nido de espinos y de suave plumón. Cuando los aguiluchos nacen y necesitan comodidad, se nutren con este entorno. Pero cuando se desarrollan, la capa de plumas se hace demasiado delgada y empiezan a sentir los pinchos de los espinos. Ésta es la señal de la madre —su empujón— para que sus polluelos dejen el nido y se alejen volando. Para las madres humanas, las señales no son tan obviamente claras.

A veces, nuestros hijos actúan como si no pudieran vivir sin nosotras. Esto puede hacernos querer mantenerles por más tiempo, a pesar de que es la oportunidad para ayudarles a seguir su propio camino hacia la adquisición de confianza en sí mismos. Tal vez tu bebé de seis meses llore cuando le dejes en la cuna. En ese momento piensas: *Si lo tengo en brazos todo estará bien, me necesita.* Pero pronto aprendes que tal vez no necesita que lo tengas en brazos, sino, por el contrario, que le ayudes a ayudarse a sí mismo, dejándole que se distraiga con un juguete. Una madre se halla siempre en proceso de distinguir entre cuidar de su hijo y enseñarle a que cuide de sí mismo.

Es mejor unir a tus hijos a ti por un sentimiento de respeto y bondad que por miedo.

TERENCE

Cuando nuestras hijas eran pequeñas y su padre y yo nos separamos, yo las dejaba dormir en mi cama. Aunque no me arrepiento de este cambio temporal en las pautas de dormir separadas, llegó un momento en que sentí que tenían que dormir en sus propias camas y en sus propios dormitorios. Muchos padres tienen dificultades en forzar esta transición, porque sus hijos son muy persuasivos. Yo he aprendido que una forma muy útil de suavizar la transición es dejar que tus hijos pasen varias noches en un saco de dormir en tu cama antes de hacerlos volver a su propia cama para siempre.

> *Nos habéis gozado suficiente tiempo.*
>
> JANE AUSTEN
>
> *Tal vez nos han guiado erróneamente a aceptar demasiada responsabilidad por nuestros hijos, dejándoles poco espacio para el descubrimiento.*
>
> HELEN HAYES

Nosotras vivimos este proceso de desprendimiento en cada una de las fases de la vida de nuestros hijos. Vemos cómo los niños que gatean afrontan el desafío y logran empezar a andar. En cuanto dominan este primer desafío, otro viene a tomar su lugar. Se sentirán frustrados. Se sentirán incompetentes cuando intentan pero no pueden hacer un cierto dibujo o no logran completar el rompecabezas y se dan por vencidos. Nos vemos tentadas a ayudarles con el dibujo o el rompecabezas. Así, cuando nos mordemos los labios, para no poner por ellos al derecho las piezas del rompecabezas que faltan en sus manos, estamos reconociendo que, en definitiva, es su desafío y no el nuestro. Tenemos que respetar su proceso de aprendizaje y no siempre preocuparnos de él.

A veces tienes que dar a tu hija un pequeño codazo, por doloroso que pueda ser para ambas. El primer día de escuela tal vez se aferre a ti desesperadamente, con lágrimas en los ojos, queriendo a toda costa volver a casa contigo. Pero sabes que tienes que dejarla con su nueva maestra. Nosotras exponemos a nuestros hijos a desafíos seguros y alentamos la experimentación saludable y la toma de riesgos, porque entendemos la emoción del logro a partir de la aventura de nuestra propia vida. Cada logro es otra pluma que decora el sombrero de cada niño, creando un sentimiento de orgullo y autosatisfacción. Estamos desprendiéndonos inteligentemente. La diversión está en su aprendizaje, en su conquista, en la superación de un desafío y en ser capaz de aumentar su curiosidad. Dejados a sus propios recursos, los niños son curiosos y fisgonean en todo por su innato deseo de aprender.

> *Para conducir a la gente, camina tras de ella.*
>
> LAO TSE
>
> *Creo que no hay nada más emocionante en este mundo que tener un hijo propio y que, misteriosamente, es un extraño.*
>
> AGATHA CHRISTIE

Nuestra tarea consiste en animar, no en juzgar. Nosotras no estamos para arropar nuestros egos con el desarrollo de nuestros hijos, y no debemos empujarlos demasiado lejos. Cada vez que nos ponemos excesivamente ansiosas respecto al logro de nuestros hijos, desde el aprendizaje del aseo personal hasta las pruebas de inteligencia, interferimos en su capacidad natural para sentirse bien en la vida.

Debemos estar atentas para ver las oportunidades de ayudar a nuestros hijos a soltarse de nosotras. No siempre estaremos ahí cuando nuestros hijos se «despierten», les debemos la ayuda y el aliento para separarse, para volar por sí mismos gradualmente. Y ello porque, sin nuestra ayuda para hacerlo, nuestros hijos no serán capaces de sobrevivir por sí mismos.

He visto cómo algunas madres se niegan a reconocer la responsabilidad que les corresponde en dejar que sus hijos vuelen con sus propias alas. Una mujer volvió a decorar el dormitorio de su hijo para él mucho después de que él viviera por su propia cuenta. Extrañamente, su hijo ha regresado a vivir a la casa familiar sin haber creado una vida propia. También he visto a madres que hacen las tareas domésticas de sus hijos, y conozco a niños que estudian en casa viéndose así privados del conocimiento de la escuela.

Incluso las mejores madres tienen problemas al intentar establecer el delicado equilibrio entre proporcionar comodidad y seguridad y reforzar la independencia. Algunas pueden sentir que han estado siempre juntas en el desarrollo de su hijo o de su hija, y que cuando empezaban a disfrutar de su conexión madura, sus hijos estaban listos para partir. Esos padres sienten que se comete contra ellos una injusticia de fondo. Para ellos es una pérdida y una pérdida, siempre es dolorosa. Puede también ser algo que produzca confusión y que incluso algunos se sientan enfadados o abandonados.

> *Tienes que querer a tus hijos desinteresadamente. Es duro, pero es la única forma.*
>
> BÁRBARA BUSH
>
> *¿Dónde, oh, dónde están los hijos...?*
>
> COLETTE

Pero muchas de nosotras estamos agradecidas por tener hijos sanos y maduros que resuelven las cosas a su debido tiempo, sin miedo a decepcionar a sus padres. Si permitimos que nuestros hijos crezcan de la forma que son, volarán con sus propias alas.

El doctor en biología Stephen Emlen, que es ornitólogo, aplica sus teorías a las familias humanas. En un artículo publicado en *The New York Times*, la escritora Natalie Angier señala que Emlen presentó más especies de pájaros cuyo comportamiento se ajustaba a la definición de lo que es una familia que mamíferos. Angier escribe: «Un rasgo característico de las familias humanas es el contacto continuo entre generaciones y la influencia sustancial que los padres continúan teniendo en sus hijos.» Añade que «el número de animales que se juntan en esta especie de estructuras de familias extensas es muy pequeño: aproximadamente un 3 por 100 de todos los mamíferos y pájaros».

Cuando ayudamos a nuestros hijos a volar fuera del nido, no debemos aferrarnos a sus alas. Siempre queremos seguir en contacto con nuestros hijos, pero llega el momento en el que se desvanece la necesidad de nuestra influencia.

Cuando los hijos se hacen adultos

> *La primera de las bendiciones terrestres es la independencia.*
> EDWARD GIBBON

Los esfuerzos de la separación alcanzan un nivel totalmente diferente cuando los hijos se convierten en jóvenes adultos y empiezan a desenvolverse en el mundo por sí mismos. Desprenderse cuando ellos tienen diecisiete y dieciocho años se convierte en un desafío fundamentalmente nuevo. Ahora tus hijos pueden conducir coches, hacen viajes a lugares lejanos por sí mismos, tienen relaciones íntimas e intentan desempeñar el papel de una persona adulta que está floreciendo. Esta fase se convierte en una verdadera prueba de nuestra capacidad como madres para respetar la separación, la dignidad y el derecho a la intimidad de nuestros hijos.

La habitación cerrada del dormitorio de tu hijo tiene menos que ver con cerrártela a ti que con su necesidad de establecer y determinar su sentido de identidad. El pelo color púrpura tiene menos que ver con el rechazo a tu sensibilidad que con la búsqueda de sí mismo del adolescente. Una madre que intenta cambiar la conducta de su hijo quinceañero descubrirá que éste se pone más en guardia contra ella, porque su interferencia le hace sentir no sólo que tiene un apoyo frágil en sí mismo, sino que además nunca se le permitirá ser él mismo cerca de ella. La madre de una joven que conozco estaba tan exasperada por el color azul del pelo de su hija que le dijo que lo volviese a teñir de negro o que en otro caso no volviese a casa. La chica acabó abandonando el hogar cuando tenía diecisiete años. Aunque para ella era difícil ser lanzada a vivir por sus propios medios, decidió no ceder a las amenazas de su madre, sabiendo que sería la primera serie de otras muchas concesiones si continuaba en casa. ¡Qué decisión más terrible para una adolescente! ¿Vale realmente la pena abandonar a tu hija porque tiene necesidad de expresar algo que no entiendes? Yo no lo creo. En última instancia, tus hijos van a hacer lo que necesitan hacer. Los padres no pueden, y no deben, tener el control sobre la vida de sus hijos.

Es normal que un hijo llegue a actuar extremadamente para distinguirse de sus padres; es un paso esencial en la formación del yo. Como madres, debemos estar siempre ahí presentes para nuestros hijos cuando afrontan este desafío. Ésta es la mejor forma que conozco para asegurar su fuerza y esta transición delicada.

Las madres también podemos mostrar una cierta insensibilidad cuando damos a nuestros hijos opiniones que no nos han pedido. Por mucho que yo adorase a mi madre, a menudo era insensible al efecto que tenían sus opiniones sobre mí. Cuando yo era una joven adulta, su consejo de cuando en cuando tenía un aguijón dentro. Había muchas veces que yo tenía ganas de pasearme por la casa descalza con la blusa desabrochada y arrugada. «Vete a tu habitación y no salgas hasta que estés vestida adecuadamente», no era la respuesta que yo necesitaba en ese momento. Al bajar la escalera y verla sentada en su mesa de despacho frente al recibidor, a mí me hubiese encantado que me dijese: «Hola, querida Sandie, ¿cómo estás?» Me hubiera gustado que dejara su pluma, se quitara las gafas, viniera hacia mí y me diera un abrazo, preguntándome: «¿Qué puedo hacer por ti?» Por el contrario, se me enviaba de nuevo a mi habitación para que abrochase mi blusa.

> *Siempre estoy listo para aprender, aunque no siempre me gusta que me enseñen.*
>
> WINSTON CHURCHILL

Aunque una educación estricta tiene algunas ventajas, hay ocasiones en las que una hija necesita que se le asegure que ella es maravillosa tal como es. Cuando Alexandra tenía cuatro años, aprendí que ella sabía cómo quería ir vestida a la escuela, y fue una maravillosa lección zen para mí el permitirle que se expresase inocentemente sin que yo la juzgase. Cuando ella escogía sus tartanes a cuadros y rayas púrpuras, rosas y amarillas, ella era dueña del día, de su día.

Recientemente oí a una amiga decir a su hija casada: «Ese color rojo de labios no va para nada con tu vestido. Es demasiado oscuro.» Aunque una madre crea que está simplemente «intentando ayudar», su hija sería más ayudada con su apoyo y su ánimo silencioso. Cuando Alexandra y Brooke quieren mi opinión, me la piden. No tienen vergüenza de pedírmela, y son muy rápidas en decidir si mis opiniones les son útiles o no.

> *No puedes enseñar a un niño a cuidar de sí mismo, a menos que le dejes intentar que se cuide por sí mismo. Cometerá errores; y de estos errores le vendrá la sabiduría.*
>
> HENRY WARD BEECHER

Como aconseja el Buda de una manera tan hermosa: «Darle a tu vaca o a tu oveja un prado espacioso es la mejor forma de controlarla.»

Por el contrario, me encanta cuando mis hijas me dan consejos que no les he pedido: «Mamá, es el momento de cambiar de rojo de labios. Escojamos uno que sea menos fuerte.» Quizá me gusta porque todos estos años he centrado mi atención en ellas y ahora me encanta que se centren en mí.

Recuerdo haber cruzado este umbral un viernes por la noche cuando Brooke tenía veinticinco años. Me pidió prestado mi chal negro, y pocos días después me llegó limpio de la tintorería. ¿Por qué tenía que limpiarse un chal después de haber sido usado sólo una noche?, me preguntaba yo. Tal vez oliese a humo de tabaco del bar o quizá lo había manchado. Cuando le pregunté, Brooke me respondió: «En el fondo, mamá, no quieres saberlo.» ¡Estaba en lo cierto!

Recuerda cuando eras adolescente. ¿Sabía tu madre cuándo habías bebido demasiado? ¿Conocía los detalles de tus aventuras románticas? ¿Hablaba contigo de sexo y de otras cosas íntimas? La mía ciertamente no. Y yo crecí muy bien. Si tu hija no te pide consejo sobre estos asuntos, existen muchas posibilidades de que no necesite tus opiniones. Recordando esos asuntos, siempre me he esforzado mucho para respetar la vida privada de mis hijas. Aunque hemos tenido muchas discusiones significativas e importantes, siempre he intentado proporcionar información sin ser demasiado entrometida. No siempre fue fácil, especialmente porque teníamos una relación muy estrecha y nos encantaba estar juntas. Tal vez es el espacio y el respeto que les di lo que nos permitió estar tan cercanas; ellas sabían que yo no atravesaría los límites de su intimidad. Sabían que estaba abierta a sus vidas como seres independientes. Alexandra y Brooke traían a casa novios que no eran exactamente los que a mí me gustaban, pero yo aceptaba que eran libres de tomar sus propias decisiones. Entendí que si tenían que aprender lo que necesitaban aprender de la vida, tenían que hacerlo en el momento adecuado y a su propio modo. No siempre fue fácil. Tuve que trabajar sobre mí misma para no involucrarme demasiado. Por parte de las madres existe una tendencia natural a tener opiniones sobre casi todo lo que concierne a sus hijos. Yo aprendí a confiar en el juicio de Alexandra y Brooke y a poner mi fe en ellas.

Cuando una madre no logra permitir a sus hijos que tengan este espacio —un lugar en el que pueden ser lo que son—, su amor es contraproducente. Es entonces cuando muchos hijos deliberadamente ponen un espacio real entre ellos y sus padres y se separan de ellos.

Hace unos pocos años, yo me burlé de mi hermano Powell porque en el pasado se había ido a Chicago para poner algo de distancia entre él y mi madre. Él se justificó: «No, Sandie, fue mi trabajo el que me trasladó.» Powell me guiñó al decirme esto. Nosotros estábamos muy unidos, pero, a veces, en una relación estrecha entre madre e hijo, la distancia es muy útil y, a veces, imprescindible.

> *En caso de duda, es mejor decir poco que demasiado.*
> THOMAS JEFFERSON

Los hijos saben cómo conseguir el espacio que necesitan. Cuando Brooke fue a vivir a París después de acabar el bachillerato, definió su propia vida, sus propios intereses y sus propias pasiones. Eran diferentes de las de la familia. Pero nosotros sabíamos que era algo bueno. Cuando tus hijos se marchan para explorar el mundo solos, aunque en ocasiones puedan mantenerte en vela toda la noche, el conocimiento que están aprendiendo de la vida y de cómo participar plenamente en ella puede hacerte sentir sin duda orgullosa. Esto te muestra el buen trabajo que has hecho. Ahora pueden volar con su propia energía.

Soltar el apoyo económico

> *¿Puede olvidar una mujer a su bebé lactante y no tener compasión del hijo que está en sus entrañas?*
>
> ISAÍAS

Creo que es muy importante ofrecer algunos pensamientos sobre el tema sensible del apoyo económico —¿es mucho?, ¿es poco?—, que es una reflexión clave para permitir que tus hijos se conviertan en adultos independientes.

En nuestros esfuerzos incesantes para colaborar en el crecimiento interior de nuestros hijos, en su desarrollo espiritual y físico, ¿qué tiene que ver el dinero? Si puedes permitírtelo, es maravilloso dar a tu hijo o hija recién independizados dinero para que hagan un viaje con un amigo o compren algo importante, como un ordenador. Sin duda, es un acto de generosidad y de amor. Y ayudar a tus hijos a establecerse después de la universidad o obtener un primer empleo también ayuda a facilitar su propio crecimiento. Desgraciadamente, dada nuestra actual economía con las malas perspectivas de empleo que existen para los jóvenes, tal vez tengamos que ayudar durante un periodo de tiempo más largo de lo que sería conveniente. Muchas cosas están fuera de nuestras manos y debemos considerar esos hechos. Pero cuanto antes vivan tus hijos como seres económicamente independientes, antes sentirán fe y orgullo en sí mismos. Yo dejé mi casa cuando tenía dieciséis años y nunca volví a depender de mi familia. Siempre que iba a casa, iba como una persona adulta e independiente, lo cual era muy importante para mí.

> *Verte dormido de espaldas entre tus patitos, perritos y ositos de peluche me recordaba que, por muy bueno que pudiera ser el día siguiente, determinados momentos se habían ido para siempre...*
>
> JOAN BAEZ

Algunos padres pueden continuar apoyando a sus hijos mucho después de lo razonable para mantener una conexión a través de la dependencia. Otros padres incluso van tan lejos como darles dinero para justificar el entrometerse en sus asuntos. Conozco a una madre cuya hija se hizo pintora y que, en una de sus exposiciones, explicaba a todo el mundo que esos cuadros eran «suyos» porque era ella la que había posibilitado a su hija que llevase a cabo su obra. Por supuesto, ése es un caso extremo; sin embargo, refleja el poder peligroso y manipulador que puede llegar a tener el dinero en una familia.

Apoyar económicamente a los hijos y a las hijas cuando necesitan rehacerse o un dinero extra para sobrellevar un periodo especialmente difícil es un regalo de amor, incluso cuando el dinero sea prestado. No puede haber en esto hilos de dependencia emocional. Unos padres amorosos utilizan el dinero como medio de ayudar a sus hijos en épocas difíciles o para darles oportunidades de formación. Uno de los usos más bonitos del dinero es ofrecerle a un hijo un pequeño regalo inesperado. Siempre que he hecho esto, Alexandra y Brooke normalmente me dan las gracias, diciendo: «¿Cómo sabías que era eso lo que quería?» ¿Quién no se aprovecha de un golpe de suerte inesperado de vez en cuando? No puedo imaginarme quién es más feliz en estas circunstancias, si el que da o el que recibe. Supongo que ambos lo son por igual.

Estar abiertas a otros puntos de vista

> *Paradójicamente, sólo en el crecimiento, en la reforma y en el cambio se halla la verdadera seguridad.*
>
> ANNE MORROW LINDBERGH

«Ábrete y la vida será más fácil. Una cucharada de sal en un vaso de agua hace que ésta sea inaceptable. Una cucharada de sal en un lago pasa casi desapercibida.» Encuentro que estas palabras del Buda son liberadoras. Cuando abrimos nuestra mente y escuchamos a nuestros hijos, podemos oír cosas que nunca hemos oído antes. E incluso si no nos sirven para nuestra vida, ¡qué emocionante es saber que nuestros hijos tienen una vida laboral activa por sí mismos!

Cuando confías en los procesos que desarrollan el crecimiento emocional y espiritual, puedes confiar en que tus hijos crecerán y se desarrollarán como personas fuertes, morales, felices y compasivas. Todo lo que entonces tendrás que entender sobre el desprendimiento de tus hijos estará en tu corazón, en tu mente y en tu alma. Si miras ahí dentro, encontrarás que entiendes las necesidades de tus hijos para desarrollarse en su propio camino y en su propia dirección.

Una madre que proporciona aliento, apoyo y elogios está haciendo un trabajo precioso para nutrir el crecimiento de un ser humano maravilloso. Si reconoce los talentos, la generosidad, la honradez y el derecho de sus hijos a mantener propias opiniones, añadirá algo inconmensurable a la confianza de sus hijos en sí mismos. Si es tolerante, colaboradora y confiada, su humanidad hará que el desprenderse sea un proceso armonioso.

A veces tenemos que abandonar nuestros prejuicios sobre el dejar que nuestros hijos sean como son. Tenemos que dejar de encontrar faltas, dejar de ser tan críticas. No es nuestra tarea acabarlos. El autodesarrollo tiene lugar dentro de cada alma humana; no se transfiere a partir de nuestro punto de vista sobre nuestros hijos. En ocasiones, nuestras opiniones pueden ser horriblemente estrechas y limitadas en comparación con la sabiduría que nuestros hijos pueden adquirir en diferentes fases de su evolución. Ellos están aprendiendo cosas nuevas sobre el mundo, cosas que no eran verdad para nosotras cuando teníamos su edad. Por ello, debemos escucharlos en la vivencia que están teniendo.

> *Si hay algo que deseemos cambiar en el niño, debemos primero examinarlo y ver si no es algo que se podría cambiar mejor sin nosotros.*
>
> CARL JUNG

Debemos entender que, en muchos aspectos, el mundo actual presenta muchos más desafíos para los jóvenes adultos. Hay mucho más cinismo y un pesimismo generalizado sobre lo que puede ofrecer el futuro. Los jóvenes adultos ven a sus mayores más motivados por el egoísmo y la codicia que la moral y el optimismo. Yo nací durante la Segunda Guerra Mundial, y fui educada para sentirme orgullosa de ser norteamericana, feliz de tener libertad y democracia. Considerábamos a nuestros líderes políticos como seres humanos morales. Teníamos héroes, hombres y mujeres notables por su nobleza de propósito, y todos celebrábamos su valor. Hoy día, nuestros hijos también se enfrentan a un mercado laboral más difícil. Con las empresas en baja, porque confían más en la tecnología que en la gente, una buena formación no abre forzosamente las puertas para tener oportunidades como sucedía hace décadas. El mundo parece que está más espiritualmente en bancarrota cuando se vienen a bajo los principios morales.

El ambiente predominante de mis años adolescentes era de victoria y optimismo. Todos encarábamos el futuro con autenticidad, con todos sus desafíos y sus aventuras excitantes. Actualmente, nuestros hijos tienen que luchar más duro de lo que luchamos nosotros. Tenemos que ser conscientes de esto. Cuando aplicamos la sabiduría del Buda a nuestros hijos y nos dejamos «estar abiertas», aumentamos nuestra tolerancia, es decir, la capacidad para respetar sus creencias y estilos de vida, aunque sean diferentes de las nuestras. En cada generación, todos los individuos buscan el sentido de su propio mundo, descubriendo lo que es auténtico y bueno para los ojos y el corazón de cada persona. Al abrirnos a esta autenticidad, realmente alentamos el crecimiento de nuestros hijos cuando caminan en dirección de la verdad personal y de la honradez individual.

A mí me gusta una rebelión de vez en cuando. Es como una tormenta en la atmósfera.

THOMAS JEFFERSON

Al joven hay que mirarlo con respeto. ¿Cómo puedes saber que su futuro no será igual a nuestro presente?

CONFUCIO

Es sano que madres e hijos estén en desacuerdo. No hay ninguna razón para pelearse simplemente por tener puntos de vista diferentes. Los puntos de vista de tus hijos sobre política, religión, formas de vestirse o conductas sociales no deben considerarse como desafíos a los tuyos. En diferentes fases de su desarrollo, los hijos discutirán contigo sólo para distinguirse de ti. Ésta es una función de un proceso emocional que se halla en la naturaleza humana. Puedes involucrarte con ellos en estas disputas y, de hecho, las debes de tomar en serio. Pero nunca, nunca, lo tomes como algo personal y arremetas contra ellos.

Yo estoy contenta de que nadie de los que conozco ha dejado de relacionarse conmigo por estar en desacuerdo sobre política, religión, gustos culturales o estilo de vida. Uno de los desacuerdos más dolorosos que tuve con mi propia madre fue sobre la práctica religiosa. Mi madre había sido educada en la Iglesia católica romana y después se unió a la Iglesia episcopaliana, fe en la que nos educó a sus hijos e hijas. Pero cuando dejé el hogar a los dieciséis años y viajé al Lejano Oriente, donde rezaba en los templos hindúes y budistas y participaba en las ceremonias de té y después oraba en las catedrales europeas, además de meditar sola y en silencio, empecé a cuestionar mucho de lo que me habían enseñado.

> *No existe la confianza a menos que te abandones.*
>
> PAPA JUAN XXIII

Mi madre tenía muy poca tolerancia por mis dudas. Su fe había crecido a partir de sus propias tradiciones, que eran diferentes de las mías. Un día íbamos en coche a Massachusetts al funeral de un amigo. Mi madre empezó diciéndome: «Sandie, querida, no entiendo cómo puedes vivir sin fe.» Yo quedé sorprendida. A los treinta y cinco años sentía que estaba llena de fe, que tenía mucha más de la que había tenido en toda mi vida. Nerviosamente, le dije riendo: «Madre, tengo fe. Pero no puedes verla, tocarla, saborearla, olerla ni oírla. Créeme, mi fe no es problema tuyo. Yo continuaré dedicando mi vida a aumentar mi fe.»

Yo no creo que los hijos puedan heredar una religión que tenga pleno sentido para ellos. Creo que cada uno de nosotros debe desafiar y dudar para encontrar una práctica espiritual que sintamos adecuada a nosotros. Deberíamos estar contentos de ver cómo nuestros hijos exploran otros credos, otras tradiciones, creencias y prácticas religiosas. Sólo a través del cuestionamiento pueden llegar a conocer sus propias creencias. Mi propio sentido creciente de la espiritualidad empezó en la Iglesia episcopaliana, a la que todavía pertenezco. Yo aprecio profundamente todos aquellos años de instrucción, guía, consejo, rituales, música, camaradería y sentido de la tradición. Para mí, la Iglesia continúa siendo un lugar reconfortante y lleno de paz. Pero nunca aceptaré al cien por cien todo sobre ninguna religión. Tuve que pensar por mí misma, desaprender muchas cosas, aprender otras y profundizar en mi experiencia personal de lo divino en la vida cotidiana. No espero menos de mis hijas, y ése es también su deseo.

Vivir la transición

> *Es el amor del hijo por parte de sus padres el que le hace querer adoptar los mejores rasgos de ellos y aprender las cualidades que le incitan a tener.*
>
> MORTON M. HUNT

¿Cómo nos preparamos para dejar que nuestros hijos se vayan, dado el dolor de la separación y el conocimiento de que todo va a cambiar en nuestra vida? Mirando la vida claramente y confiando en sus procesos. Imagino que como madres hemos tenido dieciocho años para alimentar, cuidar y guiar a nuestros hijos hacia la independencia. Cuando llegamos a este punto de su desarrollo, con frecuencia tenemos que retirar nuestra guía diaria a menos que se nos pida. Cuando mis hijas llegaron a la adolescencia, me querían cuando me querían, lo cual no era continuamente.

Cuando yo era adolescente, no pasaba mucho tiempo con mi madre a solas. Yo soy una de las cuatro hijas e hijos, así que mi madre tenía que llevar un gran hogar. Aunque no trabajaba fuera de casa en un empleo pagado, estaba muy implicada en trabajos sociales y disfrutaba inmensamente recibiendo a amigos y amigas. Era una mujer ocupada. Pero cuando uno de sus hijos estaba enfermo, lo dejaba todo y estaba al cien por cien entregada a ese hijo. Tengo recuerdos de haber sufrido mucho de una amigdalitis y de cómo mi madre se sentaba en mi cama, me leía y permanecía en la habitación, de forma que cuando estaba dormida podía todavía sentir el consuelo de su presencia.

Aunque hubo tres casas en mi infancia, una en Massachusetts y dos en Connecticut, la mayoría de mis recuerdos están unidos a una vieja granja de cebollas al final de una carretera sin salida. Las escaleras tenían muchos niveles: arriba el dormitorio de mis padres y abajo una enorme y soleada habitación de invitados con cuatro ventanas, dos de las cuales daban sobre el magnolio más majestuoso que haya visto en mi vida. Mis padres instituyeron un ritual que nos permitía vivir en esa maravillosa habitación siempre que uno de nosotros caía enfermo. Ésa era mi habitación favorita de la casa, un sitio espléndido a donde ir cuando no me sentía bien. Es una sensación emocionante estar en una habitación tan atractiva, romántica y lujosa cuando se es una chica un poco hombruna y se está enferma.

> *Nunca pierdo una oportunidad de impulsar cualquier comienzo práctico, por pequeño que sea, ya que es maravilloso ver con qué frecuencia en estos asuntos el grano de mostaza germina y enraíza.*
>
> FLORENCE NIGHTINGALE

Mi madre no era muy sistemática en sus cuidados, pero estaba muy atenta, siempre vigilante y alerta. No descubrí hasta hace poco el que esa maravillosa habitación de invitados tenía las camas más cercanas a la habitación de mis padres, lo cual era muy práctico cuando gritábamos «¡Mamá!» en medio de la noche. Yo era una niña regordeta, y mamá me consentía mi entusiasmo por las palomitas de maíz a pesar de que apenas podía tragar a causa del dolor de garganta. Nos sentábamos en la cama de matrimonio, picando juntas palomitas, y así pude olvidar lo mal que me sentía.

Nosotras aprendemos de nuestra propia madre las habilidades de la maternidad. Cuando Alexandra y Brooke estaban enfermas, no hubieran cambiado mis cuidados y ternura maternales, y una sopa, por nada del mundo. Pero en otras circunstancias, mis hijas empezaron poco a poco a apoyarse entre sí más que en mí. A veces he podido sentirme dejada de lado, pero vi el florecer de su estrecha amistad como una recompensa invalorable, algo que yo nunca había tenido con mi hermana y que siempre echaré de menos. Me emocionaba el que cada una de ellas tuviera modelos de inspiración, así como alguien a quien recurrir en caso de necesidad emocional. Este vínculo fraternal es una relación que mis hijas nunca romperán. Ellas hicieron que el cambio de acudir a mí en busca de consejo y ayuda y confiar cada vez más la una en la otra constituyese una transición menos difícil y horrible para mí.

Crea un espacio vital que estimule el crecimiento, la creatividad, la curiosidad, la independencia y el ingenio de tus hijos.

Una vez que nuestros hijos son adultos, ya no tenemos que continuar controlándolos. Podemos flotar, balanceándonos como una presencia suspendida en el espacio. Se nos ha dado nuestro tiempo para estar con ellos; ahora, se nos invita a retirarnos, a permitirles que se desarrolle su centro personal de energía, sin sentirnos omitidas, manipuladas ni culpables.

Podemos dejar que nuestros hijos cometan sus propios errores y celebren sus propias victorias. Tenemos la capacidad de hacerlo dentro de nosotras, aunque a veces su independencia nos aterrorice y sintamos que hemos perdido un papel esencial en la vida. Nosotras tenemos nuestros instintos y nuestra intuición. Y si los examinamos de cerca con toda honradez, veremos que hemos enseñado a nuestros hijos lo que necesitan saber para empezar. Lo que viene después depende de ellos. Cometerán errores, errores que les causarán dolor. Pero puesto que confiamos en que les hemos enseñado que poseen todas las herramientas dentro de sí para resolver sus problemas, estarán bien. Si nos necesitan, estaremos ahí.

Cuando nuestros hijos abandonan el hogar para empezar su propia vida y, tal vez, su propia familia, aunque seamos una parte importante de su vida, ya no somos el centro. Y ése es un nuevo paso de la vida que nosotras tenemos que afrontar. No sucede de repente. Hemos tenido algunas experiencias prácticas a lo largo de los años al observar a nuestros hijos crecer hacia su propia independencia. Podemos compartir la tristeza y la alegría que matizan esta pérdida de nuestros hijos compartiendo también los recuerdos. La infancia es algo que todos hemos tenido que abandonar, y existe algún consuelo en percatarse de este hecho juntos.

Para estar preparadas para desapegarnos de nuestros hijos, tenemos que estar enteras nosotras mismas. Quiero demasiado a Alexandra y a Brooke para ser una persona seca, amargada y gruñona. Pero también me quiero suficiente a mí misma para saber que merezco ser feliz. Tenemos que descubrir lo que queremos hacer ahora que tenemos mayor libertad y la madurez para entender lo que se ajusta a nuestras necesidades. Esta estabilidad básica, este conocimiento de que la vida es buena y de que siempre podemos participar en su magnífico banquete, sitúa a una madre en una posición mucho mejor para desprenderse de sus hijos. Yo he aprendido que una de las formas más poderosas de expresar mi amor por mis hijas es cuidar bien de mí misma. Con demasiada frecuencia, los jóvenes adultos sienten pena por la madre que abandonan al mismo tiempo que emprenden el camino hacia a su futuro lleno de esperanza y de grandes expectativas.

> *Como norma, los hijos no quieren que se les consienta; quieren ser responsables.*
>
> HANNAH LEES

Ahora que ya hemos educado a nuestras hijas tenemos una ventaja. Hemos hecho un mayor compromiso con la vida, y ahora sabemos lo que es importante para nosotras y qué es lo necesario para conseguirlo. Hemos aprendido a tener paciencia, a luchar, a intentar controlarlo todo, y también las virtudes de tomar riesgos. Hemos aprendido a sobrevivir durmiendo poco; nos hemos entrenado para hacer varias cosas a la vez, acumulando sabiduría a través de la experiencia. Después de haber criado hijos, entendemos que la paternidad y la maternidad continúan para siempre, aunque en formas diferentes. Conseguimos reconociendo que aunque continuamos queriendo a nuestros hijos, ya como personas emancipadas, podemos reemprender nuestra vida personal allí donde la dejamos. Sobre ello no tenemos ninguna duda; esta transición es una oportunidad de crecer y de madurar, tanto para la madre como para los hijos.

> *Todo por amor y nada por recompensa.*
>
> EDMUND SPENSER

Hemos oído hablar mucho de las crisis de la mediana edad y del síndrome del nido vacío. Pero yo contemplo este paso como una oportunidad para tener una relación nueva con nuestros hijos, con nosotras mismas y con el mundo. Es curioso que mi evolución espiritual, que tanto horror le dio a mi madre y fue la fuente de tanto dolor y enfado entre nosotras, me ha permitido dejar partir a Alexandra y Brooke con un sentimiento de alegría en vez de tristeza.

Este crecimiento interior continuo, que he trabajado toda mi vida, me ha permitido afrontar las transiciones de la vida con una sensación de anticipación de más evolución. El viaje de mi fe siempre ha sido mío y empezó mucho antes de que tuviera hijas. Una madre debe estar atenta a reforzar el núcleo de su identidad durante los años de maternidad. No sólo se beneficia de hacerse cargo y de no dejar que su vida sea invadida por las necesidades de los demás, sino que también debe encontrar una forma de desarrollar sus propias pasiones y dirección personales.

Recientemente celebramos el cumpleaños de Peter pasando el día con su hija Andrée y su hijo de cinco años James, que viven en Nueva York. A mí me conmovió la persistencia de Andrée como pintora, aun siendo madre de un niño pequeño. Andrée es consciente de que James no estará siempre tan cerca de ella; pronto irá a la escuela y tendrá más tiempo para sí misma. Ha alquilado un estudio con varios amigos que conoció en la Escuela de Diseño de Rhode Island y está preparándose para hacer una exposición individual dentro de unos años.

El matrimonio y lo que viene después

Después de que los hijos dejan el hogar, no todas las madres se hallan en la misma situación en la que estaban cuando nacieron éstos. Algunas mujeres han perdido a su marido por muerte o divorcio. Y no todas las madres que todavía están casadas están contentas con su vida. No todas tienen un matrimonio feliz. De hecho, muchas mujeres continúan con una relación mala en aras de sus hijos. Pero puede que ésta no sea una estrategia tan sensata como se pensó alguna vez. Algunos estudios han demostrado que los hijos son más felices y sanos cuando los padres se separan amistosamente que cuando sacrifican su propia felicidad en beneficio de sus hijos. En una situación así, una vez que los hijos salen de casa, los padres deben afrontar el vacío de su matrimonio. Si una madre comete este error, puede que guarde un resentimiento contra sus hijos, por sentir que no están suficientemente agradecidos después de todos los sacrificios que ella ha hecho por ellos.

> *Dales a luz y aliméntalos. Dales a luz pero no intentes poseerlos. Ayúdales a crecer pero no los controles. A esto se llama la Virtud Profunda.*
>
> LAO TSE

Desgraciadamente, éste es un hecho bastante generalizado. Los divorcios se producen a menudo cuando el hijo o la hija menor dejan el hogar y marido y mujer se enfrentan cara a cara con la toma de conciencia de que ya no sienten nada el uno por el otro. Sin saberlo, una madre culpará muchas veces a sus hijos por su matrimonio vacío, asociando su partida del nido con su «repentino» matrimonio fracasado.

Los hijos no son sustitutos del marido ni de la esposa. Una mujer posee la capacidad de mantener una relación amorosa con el hombre con el que se ha casado y puede seguir siendo una madre nutritiva después de que sus hijos han nacido. Muchos factores están implicados en esta cuestión. Así como la mejor forma de no engordar es no engordar, idealmente un hombre y una mujer no pueden dejar nunca que algo interfiera en su amor mutuo. El tener hijos puede ser difícil a veces y provocar a menudo que la pareja se vaya distanciando. Una madre coloca a sus hijos primero, pero no debe ser a costa del amor por su marido. No es sano que los padres sean manipulados por un hijo. El gran regalo que dos padres amorosos pueden dar a su hijo es un ejemplo de cómo puede ser un amor maduro y feliz, y de lo unidas que pueden estar dos personas, dándose mutuamente lo que necesitan y compartiendo una buena vida juntos.

> *Por muy vieja que sea una madre, continúa vigilando los signos de progreso de sus hijos ya adultos.*
>
> FLORIDA SCOTT-MAXWELL

Después de que los hijos han dejado el hogar, es el momento de estar orgullosa de tus logros como madre. Continuarás siendo gratificada toda tu vida. Cuando Peter y yo dejamos a Brooke en la Universidad de Granville, en Ohio, regresamos en avión, nos cogimos de las manos, y yo pregunté: «Querido, ¿dónde vamos a cenar esta noche?» Después de haber cocinado durante veinte años, sentí que había llegado el momento de ser servida. Estábamos representando la edad de nuestras hijas y teníamos la libertad de no justificarnos por ello. Los hijos vienen en primer lugar, pero cuando ya no están en el centro de tu vida cotidiana, tus recursos internos, tus pasiones y tu amor expandido por la vida dan a tus hijos confianza en su propia capacidad de buscar y encontrar la alegría en su propio camino individual.

Ampliar nuestras posibilidades

Cuando nuestros hijos dejan el hogar, empezamos a hacer más cosas por nosotras mismas. Algunas madres sienten al principio una especie de amarga inseguridad. Pero pronto te acostumbras y haces esfuerzos voluntarios para aprender, para expandirte, para ampliar tu corazón y tu mente.

También creo que todas nosotras tenemos un impulso divino, una necesidad de expresar la fe y de llevar una vida espiritual, sea cual sea la forma que ésta adopte. Tal vez puedes satisfacer esta necesidad a través de la confesión religiosa que hayas elegido, o encuentres satisfacción espiritual en el arte, la literatura, la meditación o en trabajos sociales. Nuestro ser superior está siempre ahí sonriéndonos, esperando a que nos despertemos. Como madres, es importante que sepamos que después de tanto entregarnos a nosotras mismas, tenemos un lugar más profundo y más iluminado al que volver.

El estilo de hablar o de escribir se forma muy temprano en la vida, cuando la imaginación es cálida y la impresiones son permanentes.

THOMAS JEFFERSON

En una familia, el respeto y la escucha son la fuente de la armonía.

BUDA

Para la madre que trabaja fuera de casa, ajustarse al momento en que los hijos dejan el hogar es menos dramático. Mi profesión como diseñadora de interiores fue de alguna forma un agarradero para mí, otra fuente de fuerza y apoyo. Yo siempre trabajé mientras mis hijas estuvieron en casa, así que no me enfrenté al desafío de empezar una nueva vida profesional. Muchas mujeres vuelven a trabajar a tiempo parcial o incluso a tiempo completo cuando sus hijos todavía viven en casa. Esto les deja con un pie dentro en lo que concierne a su futura vida laboral. Pero incluso cuando se ha sido una profesional a tiempo completo, las habilidades que se aprendieron y la sabiduría que se experimentó como madre le sirven a una en muchas ocasiones dentro del mundo laboral. No subestimes este hecho, ¡aunque otros lo hagan! Has aprendido que las cosas queden hechas, a negociar, planear estrategias y resolver una gran diversidad de problemas. En todo esto has empleado mucho tiempo extra, te has sobrepasado físicamente, has ampliado tu mente y has aprendido a permanecer firme frente a la rebelión.

En la Conferencia de la Mujer celebrada en China en 1995, la premio Nobel de la Paz de Myanmar [Birmania], Daw Aung San Suu Kyi, leyó un mensaje que debe ser escuchado en alto y con claridad:

> Durante milenios, las mujeres se han dedicado casi exclusivamente a la tarea de alimentar, proteger y cuidar a niños y viejos, luchando por las condiciones de paz que favorecen la vida como totalidad.

Sabes que los niños están creciendo cuando empiezan a hacer preguntas que tienen respuestas.

JOHN J. PLOMP

Yo tomo mucho espacio.

BROOKE STODDARD

Recuerda también alguna de las pasiones o intereses que has podido cultivar alguna vez. ¿Tal vez te gustaría pasar más tiempo con niños? Podrías intentar trabajar en la planificación familiar o como defensora de niños. Podrías trabajar en una guardería o en una empresa dedicada a resolver crisis familiares con niños. Considera la posibilidad de convertirte en maestra o tutora, psicóloga infantil, consejera de campamentos, enfermera o médico pediatra, lo cual significa, por supuesto, volver a estudiar. Tal vez puedas estudiar nutrición infantil. Existen actividades que no exigen una formación académica; la editora de mi madre, a sus setenta años trabaja, como voluntaria en un hospital local meciendo a bebés prematuros.

No hay por qué tener un empleo «oficial» para permanecer en contacto con los niños y con tu esencia maternal. Puedes hacer de niñera para una joven pareja, de forma que los padres puedan salir a la ciudad para tener una tarde romántica. Puedes invitar a niños a tu casa para tener una merienda y hacer actividades artísticas. Nuestras habilidades como nutridoras pueden utilizarse en una amplia variedad de disciplinas. Una buena forma de involucrar a los niños es traerlos a tu mundo. Una amiga artista deseaba hacer un mural en el puerto de Martha's Vineyard. Como Miguel Ángel, Brenda necesitaba ayudantes. Visitó a varios vecinos y logró reunir a una docena de niños de diversas edades. El grupo bajó al puerto y, una vez allí, Brenda enganchó todo un rollo de papel blanco a una grieta para que los artistas en ciernes pudieran pintar lo que veían. Después de comprar a los niños helados y pasteles, invitó a todos sus padres a tomar té helado y a ver lo que habían creado; el mural quedó expuesto colgado con pinzas de ropa de una cinta suspendida entre dos árboles. Las sombras de la tarde se recortaban contra un sol resplandeciente que hacía resaltar colores puros e intensos con una energía y una luz interiores, mientras que el mural brillaba y se balanceaba en medio de una vivificante brisa.

> *Allí donde el amor está presente, donde los padres se aprecian mutuamente, los hijos ansían llegar a casa; tienen la sensación de estar contando las horas.*
>
> EKNATH EASWARAN

Tanto si decides emprender una nueva profesión o implicarte más en trabajos sociales, éste puede ser uno de los periodos más ricos y gratificantes de tu vida. Conozco a una mujer que poco a poco se fue implicando en el arte de su ciudad; ahora es concejala y planea presentarse a las elecciones de la Cámara de Representantes. Otra mujer que conocí en una de las giras de presentación de un libro mío, se matriculó en la Facultad de Derecho a los cuarenta años y ahora trabaja como ayudante del fiscal en la ciudad en la que vive y educó a sus hijos. Conozco a mujeres que se dedican a reunir fondos en instituciones consagradas a causas apasionantes. Después de criar a cuatro hijos y pintar a tiempo parcial, otra amiga decidió ser artista a tiempo completo y actualmente sus cuadros tienen una gran demanda.

Cuando disminuyen nuestras responsabilidades hacia nuestros hijos, debemos recordar lo competentes que somos y lo mucho que nos ha enseñado la maternidad. Estamos bien cualificadas para realizar muchos actos, que se adaptan a nuestros propios intereses actuales que se han ido perfilando a lo largo de toda una vida. Después de que las dos hijas de mi amiga Mary Ann dejaron Jackson, en Mississippi, para ir a la universidad a otro estado, a pesar de que ella había estudiado psicología, empezó a servirse de sus capacidades innatas de decoración para ayudar a sus amigas a decorar sus casas. Le encanta ser pagada por su talento. Pero también organiza conferencias y seminarios gratuitos en beneficio de su ciudad.

> *Opón a una ola negativa de pensamientos una ola positiva de pensamientos.*
>
> BUDA

Desde que mis hijas ya mayores dejaron de vivir en casa, he empleado personalmente el aumento de tiempo disponible que he tenido para disfrutar leyendo. Tengo una gran biblioteca de libros en la que me sumerjo habitualmente como fuente constante de inspiración e iluminación. Me gustaría compartir contigo mi lista de libros favoritos:

    Madeleine L'Engle, *A Circle of Quiet*.
    C.S. Lewis, *Surprised by Joy; The Four Loves; A Grief Observed*.
    Rainer Maria Rilke, *Cartas a un joven poeta*.
    Pierre Teilhard de Chardin, *El fenómeno humano; El medio divino*.
    John B. Coburn, *Diario de oraciones; Grace in All Things; Esperanza de gloria; Anne and the Sand Dobbies; Feeding Fire*.
    Jalil Gibrán, *El profeta; Sonrisas y lágrimas* *.
    Maestro Eckhart, *Obras escogidas*.
    San Agustín, *Las Confesiones*.
    Paul Tillich, *El nuevo ser*.
    Blaise Pascal, *Pensamientos*.
    Rollo May, *El descubrimiento del ser; Amor y Voluntad; El valor de crear; Libertad y destino; Mi búsqueda de la Belleza; Psicología existencial*.
    Gerald May, *Voluntad y espíritu; El cuidado de la mente, el cuidado del espíritu*.
    Dietrich Bonhoeffer, *El acto de ser*.
    René Dubos, *El dios interior; Bestia o ángel; Las decisiones que nos hacen humanos; Celebraciones de la vida; Un animal tan humano*.
    Dag Hammarskjöld, *Markings*.
    Michael Drury, *Consejos de una anciana dama a una joven esposa*.
    Nikos Kazantzakis, *Zorba el griego; Report to G. Reco*.

---

* Publicado en Biblioteca Edaf.

Emily Dickinson, *Poemas escogidos*.
Ralph Waldo Emerson, *Ensayos escogidos*.
Eric Butterworth, *The Concentric Perspective (What's in It for Me)*.
Platón, *La República; El Banquete*°.
Lin Yutang, *La importancia de vivir; El genio alegre; Lo mejor de un viejo amigo; Mi país y mi pueblo; Looking Beyond*.
Norman Vincent Peale, *El poder del pensamiento positivo*.
Soren Kierkegaard, *Enten/Eller*.
Dama Julian de Norwich, *Obras escogidas*.
Johann Wolfgang von Goethe, *Teoría de los colores*.
Alan Wats, *El camino del zen*.
Albert Schweitzer, *Obras escogidas*.
Lao Tse, *Tao Te King, el libro de la razón y de la virtud*°°.
Michel de Montaigne, *Ensayos y Obras escogidas*°°°.
Confucio, *La sabiduría de Confucio; Los analectos*.
Sófocles, *Edipo Rey, Edipo en Colona*.
Erich Fromm, *El arte de amar; El miedo a la libertad; Man for Himself*.
Buda, *Obras de Buda*.
Anne Morrow Lindbergh, *El regalo del mar; Hour of Gold, Hour of Lead*.
Eknath Easwaran, *Words to Live By; La conquista de la mente*.
Joseph Campbell, *El poder del mito*.
Antoine de Saint-Exupéry, *El principito*.
Carl Jung, *El yo oculto; Memorias, sueños y reflexiones; Reflexiones psicológicas*.
William James, *Las variedades de la experiencia religiosa*.
George Santayana, *El sentido de la belleza*.
Aristóteles, *Ética*.
Sogyal Rinpoche, *El libro tibetano de la vida y de la muerte*.
Jackes Barzun, *Un paseo con William James*.
Virginia Woolf, *A Room of One's Own*.

° Publicado en Biblioteca Edaf.
°° Publicado por Edaf en la colección Arca de Sabiduría.
°°° Publicado en Biblioteca Edaf.

De madre a amante y a fabulosa compañera

> *La inmortalidad se gana adquiriendo la sabiduría de la aceptación, aceptando lo que viene, ya que fluyendo con las cosas una persona evita convertirse en algo separado de ellas.*
>
> GRETA K. NAGEL

¿Una vida amorosa? ¿Cuánto tiempo ha pasado desde que pensaste en tener una vida amorosa? Tal vez mucho tiempo. Pero no *tanto* tiempo, ni lo has olvidado. Todavía estás llena de energía y de sexualidad. Así pues, ¿cómo es tu relación con tu marido en este momento? ¿Habéis permanecido conectados de una manera íntima? Si tú y tu marido estáis atentos y mantenéis continuamente vuestro amor vivo mientras estáis criando a los hijos, ¡bravo! Si no lo habéis mantenido, pues aquí está vuestra oportunidad.

Cuando nuestras dos hijas vivían en casa, Peter y yo nos tomábamos algunas pequeñas vacaciones en una isla como si fuéramos jóvenes amantes, volvía a tener conciencia de lo atractiva que era todavía para él y él para mí. Íbamos a esquiar o de excursión a un albergue rural o a un lago, para escaparnos de todo lo que en la vida cotidiana del hogar nos apartaba de nuestra relación conyugal. Nos tratábamos como recién casados, agarrándonos de la mano, besándonos y mirándonos fijamente a los ojos. Cuando estábamos en casa, creábamos una atmósfera cálida y amorosa proclive a las relaciones íntimas. La luz de las velas, una música clásica y vino o agua mineral burbujeante bebida en copas altas de cristal tras un productivo y frenético día puede ablandarte, preparando el camino de la ternura y las caricias.

Los maridos pueden ser de gran ayuda y apoyo durante este periodo de transición. Peter y yo empezamos a divertirnos más juntos y a ser mejores compañeros y amigos después de que nuestras hijas se establecieran por su cuenta. Lo mismo que hacías muchas actividades con tus hijos, puedes tomar clases con tu marido, ir a montar a caballo o estudiar cerámica juntos. Conozco a una pareja en Denver que empezó a escalar cuando su último hijo dejó la casa para estudiar en la universidad.

> *La creación del alma es un viaje que lleva tiempo y requiere esfuerzo, habilidades, conocimiento, inspiración y valor.*
>
> THOMAS MOORE

Todavía formas parte de una familia, y al tener ahora a tus hijos a distancia puedes ajustar tus prioridades y pasar más tiempo en pareja. Las madres de hijos mayores tienen una gran cantidad de amor para ofrecer. Esta energía busca una amplia variedad de canales y la riqueza de nuestros años maduros depende de nuestra forma de dirigir esta poderosa fuerza de una forma cada vez más profunda.

Creo que el amor de una madre por sus hijos la hace una amante más magnífica para su esposo; el flujo de amor sin calificativos fluye hacia su pareja. Hemos aprendido mucho a lo largo de nuestros diversos caminos. Tendemos a no juzgar, sino a intentar entender. Lo mismo que dejamos que nuestros hijos sean nuestros maestros, ahora que el ruido y los horarios ajustados han desaparecido, podemos tomar tiempo para prestar atención a la sabiduría y gracia que nuestros maridos o compañeros están esperando compartir exclusivamente con nosotras. Lo mismo que una madre es siempre una madre, también sigue siendo una mujer que, cuando hay alguien para amar, está ahí presente y amorosa.

Cuando criamos hijos, éstos están justo frente a nuestra nariz. Es algo inmediato, aquí y ahora, y vivimos con ellos de cerca. A una madre se le otorga este privilegio, este don divino de poderse iluminar en su propio patio, en la mesa de la cocina o en el suelo de la guardería. Cuando un hijo se va a vivir fuera de casa, la iluminación de la conciencia no se va; la luz brilla como el sol en el agua, porque hemos descubierto el secreto de la vida. La verdadera forma de encontrar satisfacción y alegría está en casa, con las personas que quieres, todas ellas, como si fueran estrellas que atraviesan la oscuridad.

> *No nos preocupemos de hacerlo todo bien: a su debido tiempo maduraremos.*
>
> GALATIANS

Ser madre ha ampliado mi capacidad para amar la belleza y la bondad que hay en nosotros, pero me ha enseñado especialmente a apreciar los pequeños gestos, la ternura de mi marido, el cariño, la solicitud y la dulzura de la vida cotidiana en el hogar. Tenemos un amigo que nos dijo que Peter y yo pasamos mucho tiempo juntos. La respuesta de Peter me divirtió. «Alan, Alexandra y yo nos conocimos cuando ya teníamos bastantes años. Estamos intentando recuperar el tiempo y querernos cada minuto.»

Cuando empezamos a vivir sin que nuestras hijas estuvieran bajo nuestro mismo techo, Peter ya no estaba allí simplemente como una presencia amorosa. Se convirtió en mi novio, mi entretenimiento y mi musa. Hacíamos un ritual de nuestras noches juntos, elaborando planes, decidiendo lo que queríamos hacer, dónde queríamos cenar, dónde queríamos sentarnos para relajarnos y revisar los acontecimientos del día. Todo era diferente porque estábamos solos. Como nos habíamos unido después de haber tenido hijos y un matrimonio previo, nunca habíamos pasado mucho tiempo solos juntos. Este periodo fue para nosotros extremadamente feliz y continúa siéndolo. Parece que crecemos mutuamente cuanto más compartimos las riquezas de la vida.

> *Existe siempre un momento de la infancia en el que se abren las puertas y dejan entrar el futuro.*
>
> GRAHAM GREENE

El apoyo de Peter durante esa transición fue inmenso. Me animó a participar en más giras de presentación de mis libros, acompañándome siempre que podía. Ahora viajamos más juntos, ya que tenemos una gran flexibilidad en nuestro trabajo y carecemos de obligaciones domésticas.

Hicimos algunos ajustes en el ritmo de nuestros días cuando Brooke fue a la universidad. Se fue un domingo, y el lunes siguiente fuimos a trabajar más tarde a nuestras respectivas oficinas. Después fuimos a un pequeño restaurante para cenar y a continuación a ver una película. Volver a casa para cenar sin una hija nos parecía triste, era casi un poco como morir. Todos esos años corriendo a casa temprano para estar con Alexandra y Brooke y después sólo con Brooke se habían acabado. Ya no teníamos que telefonear durante el día para ver cómo iban las cosas. Nadie estaba en casa. Pero éramos libres de hacer lo que queríamos. Paradójicamente, nos sentíamos de nuevo como niños, ¡sin padres que nos vigilasen! Peter y yo aceptamos nuestra situación como algo inevitable. Era el momento de que nuestras hijas se fueran de casa y sentimos que se nos liberaba, abriéndose un nuevo capítulo con desafíos inéditos. La madre estaba en camino para empezar una nueva y excitante transición.

Cuando Jalil Gibrán habla de criar y dejar partir a los hijos, su sabiduría resuena como algo verdadero:

> Sois los arcos con los que vuestros niños, cual flechas vivas, son lanzados.
> Que la tensión que os causa la mano del Arquero sea vuestro ojo,
> ya que así como Él ama la flecha que vuela, ama también el arco que permanece inmóvil.

Capítulo 7

Las abuelas y otras mujeres significativas de nuestra vida

*Nada es tan fuerte como la bondad,
nada tan suave como la fuerza real.*

SAN FRANCISCO DE SALES

Las muchas madres de nuestra vida

> *Convertirse en abuelo o abuela es una segunda oportunidad, ya que tienes la ocasión de utilizar todas las cosas que aprendiste la primera vez... Se es todo amor y ninguna disciplina.*
>
> DOCTOR JOYCE BROTHERS

EXISTE UNA VIEJA EXPRESIÓN QUE DICE: «Se necesita todo un pueblo para un solo hijo.» Sin duda, como madre, estás asintiendo con la cabeza. Se necesita una enorme energía y atención para criar a un hijo; es extraordinario que cualquier madre piense que puede hacerlo todo con la única ayuda de su pareja. Es un trabajo duro. Ésta es la razón por la que muchas personas llegan a desempeñar un papel importante en la vida de un niño. Yo no puedo imaginar haber criado a Alexandra y a Brooke sin la sabiduría y el apoyo de mi madre, mis amigas y todas mis mentoras.

La influencia de una madre es amplia, profunda y permanente, pero no es la única mujer que proporciona amor y apoyo maternales. Las abuelas, las tías, madrinas, suegras, madrastras, maestras y algunas de nuestras amigas pueden ser las nutridoras más energéticas y generosamente comprometidas.

Otras mujeres pueden llegar a ser tan importantes que, a menudo, cuando pensamos en ellas, no podemos imaginar la vida sin su ayuda. Podemos acudir a nuestra propia madre llena de experiencia en busca de consejo. Podemos pedir a las madres de nuestras amigas que nos digan si estamos en la realidad cuando nos sentimos empujadas hasta el límite: «¿Es normal?», preguntamos. Acudimos a maestras y mentoras para que nos lean una página de sus libros sobre la educación de los niños. Podemos recurrir a una tía por su sentido del equilibrio. Cuando estamos criando a un hijo, es inevitable, y es algo que afirma la vida el recurrir a una amplia comunidad de madres con experiencia. Acudimos a ellas no sólo para que nos den sus consejos como madres, sino también por nuestra propia necesidad de apoyo y para que nos den confianza de que, con independencia de lo que ocurra, sobreviviremos para ver evolucionar a nuestros hijos.

> *La sabiduría es un conocimiento especial más allá de todo lo conocido.*
>
> AMBROSE BIERCE

Las abuelas son «grandes» [*]

Mi madre se transformó cuando se convirtió en abuela de Alexandra y Brooke. Se convirtió en una persona diferente cuando se graduó en el reino mágico de las abuelas, en donde reinaba como sanadora y líder entusiasta. Se deshizo de todos los libros de normas, suspendió el juicio y dejó de lado la impaciencia; moldear y modificar la conducta de sus nietas ya no era su obligación diaria, como sucede con las madres.

---

[*] Juego de palabras, ya que en inglés abuelas se dice *grandmothers*. El título original es *Grandmothers are grand*. (N. del T.)

No había apegos en su amor. Mi madre podía por fin ser una verdadera «granmadre» [abuela] y ofrecer su amor puro, esencial e incondicional.

Milagrosamente, se desprendió de todo el pesado bagaje emocional que había llevado a lo largo de toda una vida de dificultades. Durante su propia infancia había padecido un soplo en el corazón que le impidió seguir los estudios. Después había sufrido enormemente durante sus años de maternidad y, a veces, ese sufrimiento afloraba a la superficie. Además de los esfuerzos normales para educar a cuatro hijos, un marido infiel le había roto el corazón. Así pues, a veces su vida fue difícil y, entre otras privaciones más importantes, tuvo poco dinero para viajar, una pasión que había sido esencial en su vida. En ocasiones, esas limitaciones le fueron difíciles de aceptar, y podía ser muy crítica e impaciente con sus hijos.

> *Una influencia constante, una gracia peculiar.*
> WILLIAM WORDSWORTH
>
> *La experiencia es lo que realmente te sucede a largo plazo; es la verdad que finalmente se apodera de ti.*
> KATHERINE ANNE PORTER

Cuando nació Alexandra, a mi madre se le había diagnosticado una leucemia. Aunque su enfermedad estaba remitiendo, vivía sus días con un gran sentido de urgencia e intensidad. Paradójicamente, su pérdida de energía le daba fuerzas para vivirla tan plenamente como podía, del modo que podía y tan intensa y bien como le era posible. Con Alexandra y Brooke cambió el espíritu de mi madre, no sólo a causa de su nueva comprensión y de lo invalorable de la vida, sino también porque las niñas la llenaban de amor. Mi ruda, obstinada e independiente madre se convirtió en una mujer dulce, cálida y sabia. Mostraba sin vergüenza su afecto por todos sus nietos. Cuando las niñas eran pequeñas, mi madre vivía en una maravillosa casa que con cariño había llamado «El Estudio», y que estaba situado a orillas de un pequeño lago detrás de un río en Westport, en Connecticut.

De todas las casas que madre convirtió en su hogar, ésta fue obviamente su favorita. La oficina de sus negocios, *Country Design Interiors*, estaba situada al borde del río a pocas manzanas de distancia. Por fin había encontrado dónde y cómo quería vivir.

> *Jardines secretos del corazón donde los viejos siguen siendo jóvenes para siempre.*
> JUDY COLLINS
>
> *He hecho que todo conocimiento sea mi territorio.*
> FRANCIS BACON

Compartir su tiempo con Alexandra y Brooke lo ponía radiante de alegría. Algunos fines de semana los pasaba sólo con ellas. Un domingo de otoño por la tarde, cuando yo llegaba para recoger a las niñas, oí grandes carcajadas que procedían de la casa de mi madre. Estaba escondiéndolas en montones de hojas de arce color naranja, amarillo y azafrán. Habían estado muy calladas hasta que salieron del gran montón de hojas gritando: «¡Estamos aquí!» Seguramente estuve contemplando este juego veinte minutos antes de que se dieran cuenta de mi presencia. Las «tres niñas» fluían como si estuvieran fuera del tiempo y de su cuerpo. Y yo no sólo tuve el gozo de vivir este desbordamiento de energía amorosa, sino que disfruté especialmente el que durase. La madre que abandonaba temporalmente sus tareas para estar plenamente presente conmigo y que me animaba con su vitalidad y entusiasmo por la vida había reavivado este espíritu con mis hijas. Aquella tarde, semejante a la de un verano indio, vestida con pantalones de montar a caballo y sus relucientes aunque ya un poco polvorientas botas negras, era un vivo retrato de una gran dama. Su honorabilidad se había convertido en su fuerza.

Estaba dedicada a Alexandra y a Brooke, y su corazón se abría a ellas de una forma extraordinaria. De sus seis nietos, nuestras hijas eran las que más cerca vivían de ella y eran las más disponibles. Cuando la visitaban, iban a todas las partes a donde ella iba, y mi madre las exhibía a todos los vecinos y clientes. Las sacaba a sus restaurantes favoritos tratándolas como princesas. Era infinitamente paciente, y adoptaba una actitud de calma estilo Zen cuando se responsabilizaba de ellas. Mi madre adoraba los locos vestidos de color púrpura y rosa de Alexandra y alababa los talentos artísticos de ambas, como si los cuadros que pintaban fueran siempre un Matisse o un Picasso. Como eran «artistas en el estudio», las dejaba vivir en pleno desorden. Los lienzos y los vestidos se hallaban esparcidos por el cuarto de estar, en donde abundaban los proyectos. Nada tenía un comienzo ni un fin; se trataba sólo de vivir el instante. Cuando llegaba el momento en que las niñas tenían que irse, las obras de arte y manualidades de las niñas eran retiradas en un armario especial, en donde esperaban su próxima visita.

> *Mi madre siempre estuvo ahí por nosotros para ofrecernos su amor y apoyo incondicional en todo momento, lo cual me ha enseñado a convertirme en la madre especial que creo que soy. El arte de ser madre se transmite de generación en generación. ¡Gracias, mamá!*
>
> WENDY JEAN RUHL

Esta *abuela* felicitaba a las niñas por cualquier cosa que hicieran, ya fuera grande o pequeña. Aunque mi madre era una gran dama con estilo y muy sofisticada, los objetos que más valoraba eran los cuadros y las esculturas de las niñas. Casi se puso fuera de sí cuando una amiga utilizó de cenicero la huella que Brooke había impreso en arcilla roja. Junto con su colección de arte se encontraban dibujos y cuadros enmarcados que las niñas habían creado en «El Estudio», y creo que eran las obras de arte que más apreciaba.

Mi madre era claramente una artista en potencia que vivió una vida convencional hasta que se divorció, momento en el que se convirtió en sí misma, en una mujer creativa. Ella procedía de una familia extremadamente artística. Cuando estaba con las niñas, y estoy segura que esto sucedía también cuando estaba con los demás nietos, vivía profundamente el presente, haciendo todo bajo el impulso del momento. Lo mismo que Peter Pan, podía volar y pasar de contar historias a pintar o a disfrazarse. Como mantenía su espíritu en el presente, siempre se producía con ella una sensación de aventura y de júbilo. A las niñas les encantaba su sentido de la espectacularidad. Incluso el desayuno del sábado era un gran acontecimiento, en el que el molde para hacer gofres adquiría el papel principal en el mostrador del comedor, se abrían botes de mermelada y miel y una especie de coctelera de estaño de azúcar glaseado que estaba siempre disponible para elaborar extraños brebajes, así como para crear una especie de nube blanca que flotaba en la atmósfera.

> *La plata se inclina ante el oro, el oro ante la virtud.*
> HORACIO
>
> *Para mí, la fe significa no preocuparse.*
> JOHN DEWEY

Como abuela, mi madre se metamorfoseaba de ser una polilla gris a convertirse en una radiante mariposa brillante gracias a su amor. Creo que mi madre cambiaba en parte porque llegaba a ver sus propias pérdidas como algo doloroso, y se daba cuenta de que le habían enseñado algo esencial sobre la vida. Mis hijas se beneficiaron de su sabiduría aprendida a fuerza de golpes, y la adoraban por su amor y generosidad. En palabras de mi amiga Jenni Fair: «Ellas eran sus hijas menores.»

Tres de los cuatro nietos de mi madre se han casado y tienen hijos. Cuando mi madre murió, tenía relaciones cercanas, afectivas y extremadamente significativas con seis nietos: los tres hijos de mi hermano mayor Powell; Rob, Doug y Laura; mis dos hijas, Alexandra y Brooke, y el hijo de mi hermana Barbara, Jamie.

Ser abuela le dio a mi madre la libertad de volver a conectar y a compartir sus cualidades infantiles. Una abuela puede levantar a un niño en los brazos o ponerlo en el suelo o mantenerlo en su regazo. Convertirse en abuela renueva la sensación de posibilidades de cualquier mujer. Se siente una nueva conexión con la vida. Una abuela simplemente es rejuvenecida por sus nietos. Se convierte en una de sus compañeras de juego favoritas. En realidad, una abuela nunca puede ser vieja cuando está con sus nietos.

> *Claro que adoro la plata valiosa que brilla en tu pelo, / y las cejas arrugadas y fruncidas con cariño. / Beso esos queridos dedos tan dedicados a mí.*
>
> RIDA JOHNSON YOUNG

Hablando en términos prácticos, las abuelas ya no tienen que ir de un lado para otro, corriendo todo el día para atender todas las tareas de la casa. Las abuelas pueden estar tranquilas, serenas y centradas en sí. Son capaces de irradiar un amor sin críticas, que a veces las madres no pueden dar. Las madres se hallan bajo una presión que las abuelas no tienen. Así que éstas pueden relajarse. Un plato de comida volcado ya no los pone fuera de sí; no ocurre todos los días, y ya no es un problema para ellas. En ese momento, con un guiño en el ojo tienen una divertida y nostálgica historia para contar. Mi madre contaba a las niñas anécdotas interesantes de cuando yo era pequeña. A menudo, Alexandra y Brooke volvían a casa, me deleitaban con esas historias y me hacían un montón de preguntas para completar la memoria vívida de su abuela. Ésta se convirtió en el oráculo de la historia de nuestra familia cantando alabanzas y reviviendo recuerdos muy vivos y coloridos, que siempre mantenían un tono de broma sobre mí. Continuamente recordaba a las niñas que no sólo me quería, sino que también estaba llena de admiración por la forma en que yo había vivido y por mis capacidades como diseñadora. Ella era muy instintiva. Sabía dónde acariciar, cuándo abrazar y cómo bendecir con cariño.

Mi madre me sorprendía con su clarividencia y comprensiones sobre el bienestar de las niñas. Tenía una fe intuitiva de que todo estaba y saldría bien; creía que yo era una madre estupenda y siempre sabía lo que hacer y lo que no hacer. Veía a mis hijas como ángeles perfectos. A sus ojos no podían hacer nada mal. Era sorprendentemente constante en sus elogios, y solía decirme que ellas eran unos genios creativos. Yo me di cuenta que en esa relación, mi madre no esperaba que sus nietas viviesen conforme a los sueños que ella tenía, como había hecho con sus propios hijos. Ella estaba libre para responderles tal como eran, puras y simples. Las madres no siempre tienen la experiencia de distinguir entre lo que realmente es importante y lo que es secundario en el bienestar de un niño.

> *La práctica es siempre el mejor de todos los instructores.*
>
> PUBLIO SYRUS

Creo que las abuelas están en otro lugar, quizás en un lugar más espiritual, porque el tiempo les ha enseñado a trascender las pruebas y tribulaciones de la vida cotidiana con los niños. Una madre aprende en el tajo, avanzando a través de sus propios errores, pero una abuela es una profesional experimentada. Para una abuela, los nietos se convierten en la segunda oportunidad para hacer de madre, sin todas las responsabilidades cotidianas de la disciplina. Esto le permite dejar más espacio para que los nietos sean ellos mismos. Como una mariposa reina, sus colores deslumbran cuando revolotea entre sus nietos alegremente, posándose aquí y allí con gracia.

Alexandra y Brooke veneran a mi madre. Aunque ella murió cuando Alexandra tenía trece años y Brooke once, aún hoy día su presencia sigue siendo vital en sus vidas. Pienso a menudo en la influencia que ha tenido sobre ellas. Su sentido de humanidad, su decencia, su elocuencia y su energía en pos de la belleza están vivas dentro del ser de las niñas. Los recuerdos más queridos de mi madre son variados y numerosos, pero todos ellos son vívidos, concretos y llenos de ingenio. Mi madre dedicó todo su tiempo a sus «hijas menores», y su energía era contagiosa.

> *La mente del sabio es el espejo del cielo y de la tierra en el que todas las cosas se reflejan.*
>
> CHUANG TSE

Mi madre introdujo a las niñas en su vida, abandonando a sus clientes para estar con ellas. Cuando llovía o cuando lo sentían así, dejaban «El Estudio» e iban a la oficina, donde se sentaban en el suelo y «hacían planes». Al tratar a las niñas como profesionales en prácticas, mi madre las entrenaba a reunir el material, integrando las muestras de alfombra y la selección de colores, tejidos, maderas y demás materiales de decoración. Ella lo había hecho conmigo también cuando yo era pequeña, y debo de agradecerle la fe que tengo en mi propio criterio en lo que concierne al mundo visual.

Siempre que mi madre me pedía la opinión, yo le decía lo que pensaba, y cuando mis ideas habían sido llevadas a la práctica, cuando yo veía los resultados de mis «tormentas de ideas», me animaba mucho, especialmente porque yo era todavía una niña. En cierta ocasión, cuando Alexandra escogió un huevo azul de petirrojo para el dormitorio de una de las clientes de mi madre, acompañó a su abuela para mostrar la muestra a la cliente, que la aprobó. Semanas después, Alexandra fue llevada a aquella casa para ver toda la habitación pintada con ese tono de azul cálido y alegre. «Querida Alexandra, tu color es de ensueño», dijo mi madre orgullosamente en presencia de la cliente. Alexandra sonrió, y dijo: «Lo sé. Lo es. Es un tono azul muy alegre.» Aunque Alexandra no se dedica profesionalmente a la decoración, está muy dotada para ello y crea sus propias habitaciones con ambientes inspirados en la naturaleza. Tanto Alexandra como Brooke son extraordinariamente visuales, y ello no es simple coincidencia.

En cualquier ocasión, mi madre lo convertía todo en acontecimientos importantes. Una de sus expresiones favoritas era: «Yo nunca hago las cosas a medias.» Ella cuidaba el jardín con las niñas y les permitía que le ayudasen a crear esculturas. Ponía marcos a los cuadros que ellas pintaban. Cocinar era un proceso en el que ingredientes simples se mezclaban para conseguir resultados extraordinarios muy hermosos y no sólo para comer. Las pastas tenían dibujos parecidos a los de Matisse con capas de caramelo de azúcar vibrante. Mi madre preparaba el marco, ponía música clásica y todo el mundo se ponía delantales de cretona para las «hornadas». Alguien me dijo en cierta ocasión que la gente nunca recuerda algo que sea mediocre. Mi madre nunca entendió el significado de la palabra mediocre. El amor y la excitación de su abuela avivaba la energía de las niñas por la vida, el dar y el amar; y actualmente esto afecta todas las relaciones que tiene con los demás.

> *Si una abuela quiere posar su pie, el único lugar seguro para hacerlo en la actualidad es un cuaderno diario.*
>
> FLORIDA SCOTT-MAXWELL

Las niñas tienen muy buenos recuerdos del tiempo que pasaron con su abuela. Ellas solían pedirme que las llevase a Westport a visitarla. Y, a su vez, eran sin duda para ella como «cuidadoras adultas».

El ver la transformación de mi madre de ser una especie de fortaleza inflexible a convertirse en una abuela serena y luminosa me ha hecho creer de verdad que las abuelas son madres iluminadas. Con frecuencia me pregunto si mi madre me habría criado con el mismo sentimiento de amor, libre de presiones, como hizo con mis hijas, si hubiera tenido la oportunidad de criarme una segunda vez. Yo creo que lo hubiera hecho.

El amor materno a lo largo de generaciones

Fue una agradable experiencia para mí descubrir que esa amabilidad y ternura recién encontradas de mi madre no sólo eran una revelación, sino también un apoyo muy real para mí como joven madre. Ella me ayudó a sentirme más relajada. Después de haber criado a sus propios hijos, tenía la inquebrantable comprensión de que nunca se puede amar demasiado, ni nunca son demasiados los elogios que pueden hacerse a un hijo por sus logros. Ella entendió las raíces de la autoestima y de la autoconfianza. Mi madre no criticaba mi estilo de criar a mis hijas, ni insistía en que siguiera sus criterios, que eran muy diferentes a los míos. Ella había sido muy estricta conmigo. Como la mayoría de las madres de su generación, ella *decía* a sus hijos lo que hacer en lugar de pedírselo. Por mi parte, yo intento aprender claves de mis hijas y les doy la oportunidad de tomar decisiones conmigo, lo cual les permite más libertad de expresión y más espontaneidad. Mi madre nunca se entrometió en mi camino de madre y siempre fue generosa con su tiempo y sus talentos.

La sabiduría nunca miente.

HOMERO

Una sonrisa que brillaba.

JOHN MILTON

El antropólogo Ashley Montagu exponía en la revista *Going Bonkers* la clase de felicidad que puede forjarse a lo largo de generaciones:

> Es simplemente un asunto de tener que redescubrirse a uno mismo, a cualquier edad, de rehacerse y de trabajar para crear una nueva clase de relación entre generaciones, ya que no existe nada como la sabiduría de la edad y la inexperiencia de la juventud para engendrar un individuo creativo.

Mi madre y yo logramos formar una especie de «individuo creativo» cuando pasamos de ser madres a ser abuelas. La sabiduría y la libertad que ella obtuvo con la edad me ayudó a disfrutar acudiendo a ella de vez en cuando en búsqueda de consejos. Ella siempre me aseguró que las niñas eran capaces de expresar sus propias necesidades e intereses, recordándome que todos los niños son diferentes y que cada uno de ellos tiene su alma singular. Creo que ella sentía que yo había evolucionado correctamente y que las niñas estaban realmente en unas manos seguras y experimentadas. Supongo que ella pensaba que en esos momentos podía simplemente relajarse y disfrutar de su compañía, dejando que su amor fluyera libremente.

> *Sobrepasándome con la luz de una sonrisa...*
> DANTE

El año anterior a la muerte de mi madre, mi amiga Helen me dio algunos consejos sabios y maravillosos. Me dijo que hablase con mi madre y le plantease un millón de preguntas. Después de todo, las abuelas son las guardianas de la historia. Madre conocía la historia de la familia. Ella tejía cada una de las historias y las unía como si ensartas perlas en un hilo. Si no hubiéramos hablado antes de que ella muriese, yo hubiera perdido esa gran historia para siempre. Mi madre estuvo físicamente débil en el último año de su vida y sufrió dolores crónicos a causa del cáncer. Pero era capaz de revivir momentos de su juventud y me contó grandes historias de sus buenos tiempos. Cuando me hablaba de aquellos tiempos, el dolor abandonaba su cara y sonreía. Un día me contó:

> A mí me encantaba ser un jinete consumado. Cuando gané varias cintas azules y trofeos de plata en Madison Square Garden en una exhibición de caballos, sentí un júbilo que nunca había imaginado. Los saltos eran mis desafíos. A mi modo, yo era muy atrevida. Me encantaba la dificultad, la aventura, el peligro potencial y la agilidad y gracia de un deporte. Degas es uno de mis artistas favoritos, tal vez porque compartimos un amor recíproco por los caballos.

Mi madre me contó su enamoramiento de mi padre y lo guapo que era; también cómo iban a contemplar las puestas de sol en barca corriente arriba y corriente abajo del río Charles de Cambridge, en el estado de Massachussetts, agarrados de la mano y besándose tiernamente en el rosado atardecer. En lugar de amargura, sus recuerdos estaban impregnados de un sentimiento de gratitud, porque ella y mi padre juntos nos habían creado a nosotros, a sus hijos. Y allí estaba yo, su hija, sentada a su lado.

> *La tierra es mi madre y en su regazo me reclino.*
>
> TECUMSEH
>
> *La iluminación es como la luna reflejada en el agua.*
>
> DOGEN

Yo decidí no llevar conmigo a mis hijas al hospital en aquellos meses finales. Quería que recordasen a su abuela tal como la conocieron antes de que se convirtiera en una enferma terminal. Yo le contaba todo lo que las niñas hacían y me reconfortaba enormemente contemplar los ojos de mi madre mientras escuchaba cada uno de los detalles de sus nietas en la escuela, en las clases de baile, en los proyectos de arte, en las noches fuera de casa, y también de sus amigos. Los momentos que pasamos juntas estuvieron llenos de paz y amor. Yo quería que ella supiera que había tenido una segunda «época feliz» cuando se convirtió en *abuela*.

Las madres que son ahora abuelas tienen mucho que ofrecernos. Entienden las torturas del Sísifo de la maternidad. Cuando las niñas eran pequeñas, recuerdo haber telefoneado inundada de lágrimas a mi madre un día desde el trabajo. Había estado tratando con una cliente muy exigente durante toda la mañana y había pasado toda la noche en vela con Brooke, que tenía dolor de estómago. Aquella misma tarde, mi madre llegó a Nueva York desde Connecticut, supuestamente «para ver a una cliente». Nos citamos para tomar un té en Woman's Exchange, un sitio en el que suelen citarse los profesionales de la decoración. Ella me cogió las manos por encima de la mesa y poco a poco empecé a sentir cómo toda mi tensión se desvanecía. Su presencia me dio seguridad de que todo iría bien. Yo no le había pedido que viniese en mi rescate, pero, de algún modo, intuitivamente supo que necesitaba su empatía y consuelo.

Cuando tenemos hijos propios, empezamos un vínculo especial con nuestra propia madre. Puesto que todas ellas conocen las alegrías y las pruebas de la maternidad, pueden convertirse en confidentes. Nuestras madres también pueden intuir cuándo necesitamos un descanso y pueden acudir justo en el momento para aliviar la presión. Sin duda, no todas las abuelas proporcionan el mismo apoyo. Algunas tienen que afrontar la dolorosa realidad de tener madres muy críticas. Pero en general, a lo largo de mis viajes, he encontrado a muchas abuelas que saben cómo dar un empujón a sus hijas justo cuando están estancadas o desanimadas.

> *Existe un núcleo divino en la personalidad humana que cada uno de nosotros puede percibir directamente y... el hacer este descubrimiento es la meta real de nuestra vida.*
>
> EKNATH EASWARAN

Pero lo más importante de todo es que nuestras madres nos animan a que no nos esforcemos con excesiva presión. Y también nos recuerdan que nos cuidemos. Después de todo, en otro tiempo fuimos sus pequeñas niñas.

La dulce maduración de nuestro propio fruto

Al igual que muchas madres con hijos mayores, yo no puedo esperar a convertirme en una abuela. Siento que he alcanzado ese estado de abuela en mi vida, gracias a poder amar y adorar a los nietos de Peter y a estar ansiosa por la llegada de los hijos de Alexandra y Brooke, cuando se casaron y crearon su propia familia.

Estoy empezando a añorar la sobrecogedora experiencia de ser testigo de la maduración de las semillas que planté. Las madres somos como hortelanas. Nos ensuciamos, nos mojamos y embarramos los pies, nos cortamos los dedos, forzamos la espalda, para conseguir lo que sabemos que es válido, lo que creemos que es importante, lo que entendemos que es nuestra responsabilidad. Y después tenemos que soltar. Después, como por magia de los dioses, aparece un azafrán púrpura en nuestro jardín, abriéndose paso en la nieve. Nuestro corazón salta. Tener un nieto es el dulce florecer y la maduración del fruto de todo nuestro duro trabajo.

> *Aman porque son personas amorosas, del mismo modo que son amables y honradas... porque está en su naturaleza el serlo...*
>
> ABRAHAM MASLOW
>
> *Existe una sabiduría de la cabeza y... una sabiduría del corazón.*
>
> CHARLES DICKENS

Mi amigo John me dijo no hace mucho: «Estamos construyendo una piscina. Otra especie de cebo para nuestros nietos.» Yo me reí, porque ninguno de los tres hijos de John se ha casado todavía.

Cuando cumplí los cincuenta, la realidad de haber llegado a la marca del medio siglo me hizo reflexionar en las primeras cinco décadas de mi vida. ¿Qué significa ser un ser humano? ¿Dónde voy en este viaje? ¿Cuáles son mis mayores alegrías? ¿Cuáles han sido mis penas más profundas? ¿De qué me arrepiento? Meditando en los ritmos de la vida, me di cuenta de la tranquilidad zen que había adquirido ahora que mis maravillosas y animosas hijas son adultas y llevan su propia vida. La expectativa de convertirme en abuela me llena de júbilo y efervescencia.

¿Es lograr este «estado de abuela mental» un rito de paso para las mujeres? Repaso la forma en que eduqué a Alexandra y a Brooke y creo que existe ya en mí un toque definitivo del espíritu de abuela. Fue fácil para mí permitirles ser ellas mismas. Yo seguía sus indicaciones. Pero aún hoy día, cuando observo a mujeres que tienen nietos, muchas parecen poseer un aire de paz y serenidad exclusiva del territorio de la «abuelez» y sin duda parece un lugar de lo más espiritual.

Anticipar la vida como abuela

> *La Bondad Infinita tiene los brazos tan abiertos que acoge todo lo que acude a ella.*
>
> DANTE

No hace mucho, estando Peter y yo en una feria local de antigüedades en Stonington Village, ambos nos enamoramos de una vieja silla alta y de un pequeño vestido blanco de bautismo que tenía unos delicados encajes. Compramos ambas cosas y las llevamos a casa. Pusimos la hermosa y vieja silla alta en la cocina. Demasiado hermoso para guardarlo en una caja, el vestido está colgado en un colgador cubierto de tela de una percha de bronce que se halla en la puerta de mi armario. El vestido blanco de bebé almidonado contrasta maravillosamente con las puertas de color pino tostado que lijamos cuando compramos nuestra cabaña del siglo XVIII. Yo mantengo abierta la puerta del armario, para poder apreciar ese vestido, que es verdaderamente una obra de arte hecha en algodón blanco. En realidad, ahora tengo dos vestidos bautismales. Una dama de Inglaterra me envió uno que era una antigüedad heredada de la familia de su esposo. Me lo dio como muestra de reconocimiento por mis libros, que disfruta leyendo. A menudo me gusta mirar esos dos vestidos blancos e inspiradores, con sus largos camisones de delicada artesanía, amor e historia familiar. Las viejas casas tienen pocos armarios. El mío se halla en el cuarto de estar del piso de arriba, que es un espacio privado en donde no entra nadie salvo personas de la familia. Es un lugar dulce y tranquilo en el que me gusta pasar momentos de calma solitaria o ver películas con mi familia al cálido resplandor del fuego.

Cuando contemplo estos vestidos, me siento encantada por la maravilla de los nietos que un día los llevarán puestos en su bautizo. Cuando mi amiga Eleonor tuvo recientemente un bebé, rápidamente le pregunté si quería prestado uno de estos vestidos para el bautizo de Florence. Cuando Brooke y Alexandra los vieron, simultáneamente soltaron una carcajada y gritaron: «¡Presión!» No me importa que sintieran vergüenza. Por supuesto, me anima la posibilidad de que mis hijas tengan hijos en el futuro. Pero también soy consciente de que una de ellas, o las dos, puedan decidir en definitiva no convertirse en madres, decisión que yo respetaría. En cualquier caso, nada puede detener el que yo esté burbujeante de afecto con cada nueva generación.

> *La gran sabiduría es generosa.*
>
> CHUANG TSE

El orgullo de una abuela

Por el momento, puedo disfrutar de ser abuela de los niños de las hijas de Peter. Pasar el tiempo con Julia, que tiene nueve años y Hillary y James ambos de seis años, nos llena de alegría. Realmente es una bendición. Una bendición para nosotros. El año pasado, Peter y yo fuimos invitados al Día de los abuelos en la Escuela Spence de Nueva York, con una invitación diseñada por nuestra querida pequeña Julia, que en aquel momento estaba en tercero. Cuando llegamos a la sala de la escuela, se nos pidió que escribiésemos en un papel lo que significaba para nosotros ser abuelos. Julia insistió para que levantásemos la mano y leyésemos nuestro ensayo a la asamblea. Peter empezó leyendo algo sobre la continuidad. Cuatro de nuestras hijas habían asistido a la escuela Spence antes que Julia: Alexandra y Brooke, y las hijas de Peter, Andrée y Blair; tres de ellas acabaron sus estudios en ella.

Julia estaba orgullosa, aunque un poco vergonzosa, cuando su abuelo se levantó de la pequeña silla para niños y anunció: «Soy Peter el Conejito.» Por mi parte, cuando me llegó el turno de hablar, estaba llena de emoción. Hablé de lo estupendo que es ser abuela para experimentar la maravilla que es un niño a través del prisma de la perspectiva. Las abuelas abandonan todas las preocupaciones.

> *La sabiduría es la recompensa que obtienes por una vida de escucha cuando hubieses preferido hablar.*
>
> DOUG LARSEN
>
> *Con los ojos en la recompensa.*
>
> ESTEVEN E. BURT

Los otros abuelos de Julia habían hecho el vuelo desde Florida y California, anunciando que no se perderían este acontecimiento «por nada del mundo». La mañana estuvo llena de estímulos inesperados y deliciosos: *yo misma* pude aprender mucho como estudiante de tercer grado de esta buena escuela. Hicimos ejercicios de matemáticas, y yo cometí un error. Julia me dio confianza diciéndome: «Todo el mundo comete errores. Así es como se aprende.» Realmente disfruté la charla de la consejera Dora que enseñó a las niñas y a los abuelos algo sobre la solución de problemas. Ella utilizaba lo que llamaba el método de la burbuja, similar al que se contempla un problema desde el centro, como si se estuviera en el eje de una rueda, mientras que los radios de alrededor representan las diferentes formas de reaccionar ante el mismo. El método ejemplifica que existe una consecuencia concreta para cada solución potencial.

Después de ver las obras de artesanía y cerámica de Julia expuestas a la entrada, Peter se fue temporalmente a trabajar y Julia y yo volvimos a la clase para hacer algo de escritura creativa. Nos dieron una hoja de papel en el que teníamos que escribir conjuntamente cómo nos sentíamos siendo un «clip»: «Describe un día típico.» Escribimos sobre un «clip» rosa y nervioso que estaba a un paso de la tortura. Nos divertimos enormemente componiendo el ensayo y después leyéndolo a la clase. A continuación vimos un ballet. Contemplar a veintidós niñas de nueve años moviendo el cuerpo alegre y rítmicamente al son de la música clásica bajo la dirección de una bailarina profesional fue profundamente emocionante. Cuando las niñas cambiaron para practicar el baile alrededor del Poste de Mayo con guirnaldas, que tenían que haber representado en Central Park, los movimientos del baile se convirtieron en una serie de saltos continuos y vigorosos. Mi mente retrocedió a recuerdos de escenas familiares con Alexandra y Brooke. Todavía tengo sus zapatillas de ballet del tiempo que pasaron en Spence, que me recuerdan la gracia y dignidad de esa edad. Y recordé mis clases de ballet con mi hermana en el local de la YMCA* de Westport, en donde mi madre se sentaba en la primera fila para ver bailar a sus dos hijas.

> *Sólo existe una persona en el mundo a la que puedes esperar controlar; y eres tú mismo. Trabaja sobre cómo respondes.*
>
> ABUELA DE EKNATH EASWARAN

Me brotaron lágrimas en los ojos mientras pensaba lo mucho que a mi madre le gustaba acudir al Día de los Abuelos. *Ella* era la que escribía ensayos floridos, sentada en aquellas minúsculas sillas bajas, mientras tenía a sus dos nietas en el regazo, y también quien tomaba cientos de fotos. Mis hijas eran las niñas más brillantes, dulces y atractivas de la tierra, y aquí estoy sintiendo la misma ternura por Julia, deleitándome en cada uno de sus movimientos, observándola sin quitarle la vista de encima.

Madre tenía tanta querencia por aquel acontecimiento anual que cuando me pidió que planificara su funeral, quiso que se

---

* *Youth Male Catholic Association*, Asociación Masculina de Jóvenes Católicos (*N. del T.*)

tocara la música de Scott Joplin, «El intérprete», porque era la música de piano que oía en la asamblea con las niñas cada año el Día de los Abuelos. Allí, en la clase de baile, mi madre revivió en mi memoria, llenándola de pasado y de todas las generaciones de niños que habían pasado por allí.

Después de tomar montones de fotos y de decir adiós a tantos rostros familiares —a maestros, abuelos y Blair, la madre de Julia—, nos fuimos en medio de un brillante día de primavera. Yo hice una foto de Julia y Peter que posaron frente a un magnífico macizo de tulipanes rojos y amarillos que resplandecían al sol mecidos por una ligera brisa. Fuimos a nuestro restaurante preferido, un pequeño restaurante francés, situado en la calle 82 Este, donde, una vez que atravesabas las puertas, se sentía uno transportado al sur de Francia, que era uno de los lugares del mundo que más nos gustaba. Nos sentamos bajo la ventana y disfrutamos el tener a Julia sólo para nosotros. Entonces me explicó la razón por la que su madre y ella estaban tan cercanas: «Porque somos muy parecidas. Nos podemos enseñar recíprocamente todo. Confiamos una en la otra.»

> *Parece tan absoluta / y completa en sí misma, conocer tan bien por sí misma, que lo que hace o dice / parece lo más sabio, lo más virtuoso, lo más discreto, lo mejor.*
>
> JOHN MILTON

La presencia de Julia se impuso sobre la atmósfera tranquila del restaurante. Uno de los propietarios, Gabriel Saint-Denis, se acercó a nosotros para saludarnos, sonriendo de oreja a oreja. Le presentamos a Julia y le contamos cómo habíamos pasado la mañana. «¿Cuántos años tienes, Julia?» «Tengo nueve. Y estoy en tercero.» Sonriendo, Gabriel le dijo: «Yo tengo un hijo de nueve años. Es un chico estupendo. Algún día tendríamos que hacer para que estuvieseis juntos.»

Julia y yo elegimos una muestra de un surtido de sorbetes, e intercambiamos cucharaditas para ver si podíamos identificar cada aroma. Notamos que el de plátano era el mejor, pero no pudimos averiguar por qué tenía un color lavanda. Jugamos a averiguar con Peter también los aromas, y después Gabriel nos dijo que habíamos acertado los cuatro que había. Después de saborear una deliciosa comida y una mejor conversación y compañía, acercamos a Julia a su clase de arte de los viernes por la tarde, donde la maestra nos recibió cálidamente y nos mostró un cuadro de Julia que representaba un paisaje del valle de Hudson.

¿Cómo podíamos ser tan afortunados de tener esta nieta (*gran* niña) en nuestra vida y en nuestro corazón? Mientras llegábamos a casa con el sol a nuestra espalda y admirando cada macizo de tulipanes holandeses a lo largo de Park Avenue, Peter puso su mano en mi pelo y dijo: «¿Es esto todo lo que hay?» Nosotros siempre comentamos que cuando no lo pensamos la vida no puede ser mejor.

La abuela de muchos nietos adoptivos

> *Tan grande como la vida y dos veces tan natural como ella.*
> LEWIS CARROLL

El poeta francés del siglo XIX, Baudelaire, nos recuerda que «el genio es la niñez revivida». Durante mucho tiempo he pensado que mis nietos —cuando lleguen— me ayudarán a evolucionar de una forma juvenil. Ya me siento un poco como un hada. Hace unos años, Julia y Hillary me regalaron para Navidad una caja llena de mallas coloridas: fucsia intenso, verde esmeralda, rojo tomate y azul índigo. Pensé que eran absolutamente fabulosas. Mientras que la mayoría de las mujeres de mi edad no llevarían ni muertas esas mallas a las clases de gimnasia, por no hablar de las mujeres adultas de cualquier situación social, yo siempre aprovecho la primera ocasión para mostrarlas. Siento un deleite infantil siempre que las llevo. De hecho, espero cualquier oportunidad para parecer ¡una paleta de pintor!

En cierta ocasión vi un cómic en una revista, en el que el médico decía a un adulto que llevaba en el regazo un gran osito de peluche: «Para los médicos no es suficiente prolongar la vida. ¡Tendrían que prolongar la niñez!» Yo soy una firme creyente en que hay que convertir a los adultos en niños cada vez que se presente la ocasión. Busco cualquier excusa para girar las manecillas del reloj hacia atrás y disfrutar siendo niña una y otra vez. Entre mis mayores placeres se encuentran los de colorear dibujos y jugar a las adivinanzas. Mi cobertura para todo esto, puesto que después de todo soy una adulta, es convertirme en una «abuela adoptiva» para muchos niños; de modo que siempre tengo algo para jugar con ellos. A veces, siento que los niños ¡son los únicos que siguen mi ritmo!

> *... ser el instrumento de un poder superior es, por supuesto, inspiración.*
>
> WILLIAM JAMES
>
> *... la joya en el corazón.*
>
> BUDA

Tengo muchos nietos adoptivos en mi entorno de Stonington; me gusta animarlos al extremo. Llamamos a la cabaña «la casa mágica», donde todos pueden hacer cualquier cosa en cualquier momento. Los chupones de caramelo se comen *antes* que el bocadillo de mantequilla de cacahuete, y nadie tiene que acabar todo lo que tenga en su plato. Darcy sabe que puede siempre traer a un amigo para pintar con acuarelas, mientras chupan contentos un polo recubierto de chocolate. Sewel tiene seis años y juega a ser secretaria; le gusta sentarse en la mesa de despacho de mi habitación zen y hablar por teléfono: «Alexandra Stoddard S. L. ¿Puedo ayudarle en algo?» Si finge estar enferma, puede deshacer la cama de Alexandra en la habitación que está junto al cuarto de estar. Juega a ser una princesa doliente y lleva allí flores y su naranjada, hasta que tiene otra vez ganas de volver corriendo al jardín, es decir, jugar a la pelota con globos o celebrar una merienda, una merienda de «alto estilo» con doce paletillas para cócteles por taza. Tanto si un niño juega a montarse en mi antigua silla de montar, como si salta sobre la cama o repta bajo ella, se esconde, se disfraza o juega a las tiendas con nuestra antigua caja registradora inglesa, siempre es bienvenido a nuestra cabaña, o allí donde estemos. Incluso en el ascensor de nuestro edificio de pisos de Nueva York, a menudo tengo la sensación de ser como el flautista de Hamelin.

Me siento muy afortunada de tener tantos amigos jóvenes, de pasar el tiempo con ellos en el juego y en mi imaginación. Me encanta ser una figura de abuela en sus vidas. Nunca temo estar mimándolos demasiado; creo que siempre que un niño o una niña son auténticamente queridos, compartirán ese mismo afecto y calidez con los demás.

> *Un amor como éste nos sumergirá en una conciencia más profunda y liberará en nosotros el poder de hacer una contribución duradera a todos los seres vivos.*
>
> EKNATH EASWARAN

El personal de apoyo

Me gustaría mencionar y agradecer aquí a todas las mujeres de mi vida que, de un modo u otro, han sido figuras maternas para mí, mujeres que me han cuidado, querido y guiado amablemente a través de los tormentosos y peligrosos mares de la maternidad.

Ninguna mujer puede ser todo para un niño. Para mí los dones que tenía mi madre eran muchos, pero había algunas cosas que simplemente no podía darme. No la culpo por ello.

Durante mi adolescencia, Connie, mi futura (y primera) suegra (yo la había conocido desde que era adolescente y había conocido a su hijo —que posteriormente fue mi pareja de tenis y después mi marido— en el campo de tenis), me introdujo a mí, no sólo en el mundo de la buena comida, sino que también me ayudó a conformar mi interés por la buena literatura. Estas pasiones aún continúan enriqueciendo mi vida. Nos conocimos cuando yo tenía trece años, y ambas disfrutábamos leyendo los mismos autores, a muchos de los cuales me introdujo. Yo era joven e impresionable y mi mente estaba abierta. Devoré a Ernest Hemingway, F. Scott Fitzgerald, Mark Twain, Henry Miller, E. H. Lawrence, Dostoyevski, Anton Chejov, Stendhal, Lawrence Durrell, Gerald Durrell, Henry James, Edith Wharton, Colette, Eudora Welty, Virgina Voolf, Willa Cather y Anaïs Nin. En aquella época no tenía ninguna idea de que me convertiría en escritora. Todo lo que leía era ficción, género que ahora rara vez leo y que nunca he escrito. Pero aquellos libros me alimentaron, me fascinaron y, como me percato ahora, fueron las raíces de mi carrera de escritora. Connie fue atraída por mi sed de conocimientos y mi pasión por leer cualquier cosa que cayese en mis manos. En mi tiempo libre, acudía al estudio, que se hallaba junto a la terraza de su casa victoriana, y cogía al azar un libro de su biblioteca, inevitablemente uno que ya ella había leído. Ella protegía mucho su biblioteca, y regañó en una ocasión a una amiga mía por coger sin permiso uno de los cuatro volúmenes de Lawrence Durrell de *El cuarteto de Alejandría*. Connie y yo manteníamos largas y vívidas conversaciones sobre todos los libros que leíamos. Mientras que mi madre inspiró mi sentido de la estética, Connie vio en mí una chispa literaria y la encendió. Su auténtico interés en mi cultivo intelectual cuando era adolescente fue uno de los principales catalizadores de mi desarrollo como artista.

¡Renuncia y disfruta!

MAHATMA GANDHI

Mi tía Betty Johns, aunque nunca tuvo hijos propios, fue una de las mujeres más maternales que tuve el honor de conocer íntimamente. Su papel en mi búsqueda espiritual no tiene parangón. La tía Betty abrió mis ojos a las vastas creencias espirituales del mundo y a la firme convicción de que las mujeres podían realizar cualquier cosa que intentaran. Me enseñó que, a pesar de que nuestras raíces culturales puedan ser diferentes, todos queremos esencialmente lo mismo de la vida: el bien, la bondad y el amor. Si mi tía Betty no me hubiera ofrecido su vía espiritual, yo habría seguido siendo un caballo de labor en un campo con orejeras y no hubiese tenido una profunda percepción o una visión global. Hubiera permanecido completamente hecha una provinciana, que habría conocido sólo la sociedad cercana en la que me había educado, y la única experiencia religiosa que hubiera tenido habría sido la doctrina de la Iglesia episcopaliana. El padre de Betty era un pastor metodista, vocación que ella hubiera probablemente seguido si hubiera sido varón. Al no poder hacerlo, decidió centrarse en el mundo de la espiritualidad, convirtiéndose en una trabajadora social internacional. Ella se tomaba un interés sincero y apasionado en nutrir las almas de sus sobrinas a través de libros como *El arte de amar*, de Erich Fromm; *Las variedades de la experiencia religiosa*, de William James, y posteriormente *Markings*, de Dag Hammarskjöld, y *Amor y voluntad*, de Rollo May. Ella nos llevó a todas nosotras a un viaje alrededor del mundo que cambió nuestras vidas, revelándonos los lugares más pobres, aunque espiritualmente más hermosos, del mundo.

> *Yo expreso la verdad, no por lo que sé de ella, sino en la medida en que me atrevo a hablar; y me atrevo a hacerlo un poco más a medida que envejezco.*
>
> MICHEL DE MONTAIGNE

> *La sabiduría navega con el viento y las mareas.*
>
> JOHN FLORIO

Viví con Betty varios meses mientras estuve en Manhattan estudiando dibujo en la Escuela de Dibujo de Nueva York. Por no estar casada y tener un autoempleo, ella era extremadamente independiente y disfrutaba de tiempo para viajar una gran parte del año. Poseía una visión más amplia y liberal de la vida, en general, que el resto de la familia por la experiencia que tenía del mundo. Tenía amigos en todos los países. Ella me presentó personas de Pakistán, Birmania (actualmente Myanmar), Ceilán (actualmente Sri Lanka) y otros países, principalmente asiáticos, en donde ella pasaba sus años sabáticos. También solía llevarme a fiestas en las Naciones Unidas, donde yo era la única «local».

Como Betty nunca se casó ni tuvo hijos, podía dedicar una gran atención a sus sobrinas y sobrinos. Ella nos enviaba a todos nosotros cartas desde lugares exóticos. Escribía desde Tahití sobre su conferencia ante el Consejo Mundial de las Iglesias de Ginebra, en donde ella era la única mujer. Cuando el principal orador se levantó, las primeras palabras que salieron de su boca fueron: «Buenos días, caballeros.» De una forma muy característica de tía Betty, ella empezó su discurso frente al mismo público con «Buenos días, señoras.» Contaba historias que empezaban con afirmaciones como: «Hace dos días estaba montada en un elefante...» Recuerdo una carta suya desde Agra, India, en la que escribía que acababa de ver el Taj Majal y deseaba llevarme pronto allí (¡y lo hizo!). Describía detalladamente los mosaicos de piedras semipreciosas sobre el mármol blanco recortándose contra el cielo azul, y señalaba la paradoja de la existencia de tanta opulencia en medio de la más extrema pobreza del mundo. La tía Betty mantenía correspondencia con un total de quinientas personas, la mayoría mujeres y niños.

> *Lo mejor de hacerse viejo es que nada tiene que llevar a nada. Todo ocurre en el momento.*
>
> JOSEPH CAMPBELL

Cuando tía Betty no estaba viajando, yo pasaba mucho tiempo con ella, porque vivía en la misma ciudad. Su influencia sobre mí continúa cuando reflexiono en su sabiduría y en su ejemplo como mujer realizada. Su preocupación activa por el bien común y su ávida conciencia social hizo de Betty un ejemplo de alguien que vivió conforme a su propia visión superior de la vida. Tengo muchos recuerdos y fotografías del tiempo que pasamos juntas, llevando saris, recorriendo la India en trenes de cuarta clase y rezando en templos budistas. Tía Betty era verdaderamente salvaje y nada convencional, pero también era una de las mujeres más reales que nunca haya conocido. Todavía recuerdo su maravilloso espíritu libre cada vez que leo a mis nietos los versos del doctor Seuss: *¡Oh, los lugares a donde irás!*:

> ¡Hoy es tu día!
> Tu montaña está esperando.
> Así que... ¡emprende tu camino!

Mi sabio espiritual, John Coburn, fue al seminario con mi tía. Ahora, John y yo estamos unidos por nuestro mutuo amor por Betty.

Me encantó saber que una de mis lectoras también encontró una madre en su tía soltera. Sharon escribe:

> Yo crecí muy cerca de mi abuela, mi abuelo y de su hija, la tía Lois. Cuando era pequeña, tía Lois me llevaba a ver *Cascanueces*..., el mundo del ballet abierto a mis ojos. Me llevaba a ver obras —el mundo del teatro abierto en mi mente...— y de vacaciones a las playas de arena de California, y me permitía pasar largas horas saltando en medio de las olas, dejando caer arena a través de mis dedos como si fuera un reloj de arena, y escuchando la poesía que se encuentra dentro de una concha de mar; también me llevó a Sun Valley, donde comimos trucha a la brasa y bailamos en medio de los prados cogiendo girasoles... Esas aventuras en plena libertad abrieron mis ojos

a un mundo más amplio, a culturas diferentes, a una visión que estaba más allá de mi entorno inmediato enclaustrado. Tía Lois adornó mi nido con el amor por las artes y aventuras viajeras a una edad muy temprana.

> *El viaje, no la llegada, es lo que importa.*
>
> MICHEL DE MONTAIGNE

Mi madrina, Mitzi Christian, también fue una figura materna de adopción muy significativa en mi vida, alguien que siempre estuvo presente en momentos en que mi madre no podía. Cuando ésta se negaba a escuchar mis argumentos en pro de acudir a la escuela de arte en el Smith College después de haber acabado mis estudios preparatorios, Mitzi me escuchó pacientemente y me ayudó a convencer a mi madre de que era la elección adecuada para mí. De ella aprendí mucho sobre cómo un adulto feliz puede transmitir esa felicidad a un niño. Me trataba con un enorme respeto, haciéndome sentir siempre que lo que yo tenía que decir era importante. Era una persona muy «condescendiente» que nunca intentó decirme qué hacer y que jamás me desengañó de la idea de que yo podía hacer ciertas cosas mejor que otras.

> *Algunas personas nacen con una constitución interna que es armoniosa y equilibrada por naturaleza. Sus impulsos son coherentes entre sí, su voluntad sigue sin obstáculos la vía de su intelecto, sus pasiones no son excesivas, y sus vidas se ven poco acosadas por los lamentos.*
>
> WILLIAM JAMES

Mitzi era una mujer feliz y realizada. Amaba la vida, era sana, tenía un matrimonio feliz, niños cariñosos y éxito en la profesión de artista. Era extremadamente bella, fuerte y elegantemente femenina. Tenía un gran estilo personal. Lo integraba todo en una vida que parecía más amplia, más noble y más civilizada que la de la mayoría de las personas.

Mitzi y su marido, Frank, se amaron y adoraron mutuamente durante toda la vida. El ambiente de su hogar del siglo XVIII, «Meetinghouse Farm», vibraba embriagadoramente con su amor y energía. Recuerdo a Frank y a Mitzi, en pantalones de montar a caballo y con un aspecto muy elegante y totalmente en forma dentro de sus botas de cuero, que relucían bajo la silla de montar tras una larga cabalgata. Su casa tenía un gran recibidor frontal, iluminado por ventanas que se hallaban a ambos lados de la puerta principal. El otro extremo de la casa se abría sobre un césped con enormes árboles que podían verse a través de amplias ventanas y una puerta que daba a la terraza. Siempre que Mitzi entraba en el recibidor con sus tijeras de podar y una cesta de flores recién cortadas del jardín, Frank atravesaba la puerta principal y se encontraba con ella a medio camino para darle un beso. Tenían una especie de oído especial para percibir la presencia del otro y aprovechaban cualquier oportunidad para mostrar su cariño y su amor.

> *Esta clase de alegría llega con una vida vivida basándose en lo mejor de las propias capacidades, con la fe o la confianza de que eso es lo que se supone que se tiene que hacer.*
>
> JOHN BOWEN COBURN

Mitzi se convirtió para mí en un modelo real de lo que podía ser una vida feliz para cualquier mujer. Era muy cultivada, una artista experimentada, miembro del consejo de dirección del Museo de Arte de Boston y una gran viajera. Sus grandes amores eran el arte y la cultura oriental, pero fueron su ternura, feminidad y amabilidad lo que tuvo más impacto en mí. Su sonrisa radiante me hacía sentir que yo era importante para ella.

También me sentí afortunada de haber encontrado otro modelo de abuela en Eleanor McMillen Brown, mi mentora y primera empleadora. Nunca tuve la oportunidad de establecer una estrecha relación con mis dos abuelas; ambas habían muerto antes de que yo cumpliera siete años, y habían vivido demasiado lejos para poderlas visitar con frecuencia. Mi relación personal con la señora Brown se desarrolló al mismo tiempo que nuestra relación profesional, y sin duda fue una de las mujeres primordiales de mi vida.

Lo que admiraba más de Eleonor Brown era su dulzura y su porte regio. Era muy disciplinada. Seguía un horario estricto de trabajo, y nunca llegaba tarde a una cita; siempre llegaba antes. Pero la disciplina nunca le impidió saborear todos los placeres de la vida. Ya entrada en los ochenta años, todavía disfrutaba tomando un vermut frío antes de cenar. Y siempre acababa su comida con una pequeña copa de helado, habitualmente de café. Ella me contó pequeños secretos que han resistido bien la prueba del tiempo. La señora Brown era también un alma generosa. Cuando yo estaba embarazada de siete meses de Alexandra, viajé a St. Louis con la señora Brown para hacer un trabajo de decoración. Yo había escondido bien mi embarazo detrás de un amplio vestido, pero durante ese viaje, finalmente confesé mi estado, añadiendo en la misma frase lo importante que para mí era mi carrera y lo mucho que deseaba continuar con ella. La señora Brown sonrió y dijo suavemente: «Oh, Sandie, lo resolveremos». Después del nacimiento de Alexandra y Brooke, solía acudir a nuestros principales acontecimientos familiares, incluidas las fiestas de Pascua y del Día de Acción de Gracias, porque su marido había muerto y su único hijo vivía demasiado lejos y no podía visitarla a menudo. Ella me vio criar a mis hijas.

> *¿Quiénes son, pues, los verdaderos filósofos? Aquellos que aman la visión de la verdad.*
>
> PLATÓN

La señora Brown también tenía unas ideas muy definidas sobre la comida: «Cuanto más ordinaria es la lechuga, más fina debe cortarse», o «Añade unas cucharaditas de nata cortada a la mayonesa Hellmann y sabrá como si hubiera sido hecha en casa». Cuando hablaba de moda y de vestidos, me decía: «Yo gasto el dinero en vestidos realmente finos o compro géneros muy modestos. No hay término medio, si quieres tener un verdadero estilo.» Pensaba que una mujer con una buena figura podía llevar un vestido barato con tal de que estuviera cortado con sencillez y elegancia. «Nada de florituras», decía con una especie de estremecimiento de disgusto. «Una mujer debe llevar unos zapatos que sean cómodos. La mayoría de las mujeres fingen tener pies más pequeños de los que tienen. Sandie, si tus pies no están cómodos, no te puedes mover por la vida sin esfuerzo.» Sus caminatas eran legendarias. (Obviamente, sus pies se encontraban cómodos.) También creía que el bolso de una mujer tenía que ser atractivo y suficientemente amplio para ser útil. «Sandie, nosotras las «señoras» necesitamos algo suficientemente grande para llevar un metro, una regla, un bloc de notas, un pañuelo y también un gamuza para limpiarnos los zapatos.» La señora Brown siempre limpiaba sus zapatos después de visitar algún lugar de trabajo polvoriento, y llevaba consigo un par suplementario de guantes blancos, por sí su primer par se ensuciaba.

> *La dignidad no consiste en poseer honores, sino en merecerlos.*
>
> ARISTÓTELES
>
> *El mejor bien es la sabiduría.*
>
> SAN AGUSTÍN

La señora Brown era una dama de pies a cabeza. Todo lo que hacía lo hacía con armonía, y aprovechaba cualquier oportunidad para apreciar los detalles y el refinamiento, la belleza, el color y el arte. Era una madre que había tenido su lote de dolores de cabeza; su hijo se debatía afectado por un cáncer, su primer matrimonio fracasó y el segundo terminó con la muerte de su marido por un enfisema. Pero yo nunca la oí quejarse. Ella contaba viejas historias, recordando los mejores momentos de sus días pasados. Dos generaciones más vieja que yo, fue una figura materna clave en mi vida, una hermosa y adorable dama.

Nunca olvidaré haber visto con ella *La guapa de Amherst*, cuando Julie Harris representó a Emily Dickinson. La señora Brown ya había visto la obra, pero pensó que debíamos ir a verla juntas. Después de la obra, fuimos al Four Seasons, nos sentamos cerca de una fuente, tomamos un vaso de vino y nos comimos unas almejas. De hecho, puedo ver un cierto parecido entre la señora Brown y Emily Dickinson. Aunque ella era extremadamente reservada como lo fue Dickinson, sin embargo hacía confidencias sobre su vida, incluida su espiritualidad. Ella fue la mujer que me enseñó a «saltar de iglesia en iglesia», animándome a acompañarla a diferentes tipos de servicios religiosos, para absorber lo mejor del sermón de un determinado predicador o simplemente escuchar un punto de vista diferente.

> *...Me sorprende el aumento de energía y vigor de mi mente; mi fuerza para afrontar situaciones de todo tipo, y mi disposición para amar y apreciarlo todo... De repente, el mundo entero se ha vuelto bueno para mí.*
>
> HORACE FLETCHER

Sus contribuciones en mi vida continúan manifestándose, a pesar de que ella murió hace cinco años. Su ejemplo me mostró cómo tener confianza en mí misma. Recuerdo que, cuando le faltaban pocos años para cumplir los ochenta, subió por las escaleras hasta el quinto piso de mi casa, para entregarme un jersey amarillo y una gorrita para Alexandra que acababa de nacer. Pero, por supuesto, ella tenía mucha práctica, puesto que diariamente subía andando las escaleras hasta mi despacho que estaba en el último piso de su sede central y, mientras le tintineaban las pulseras, preguntaba sin tomar aliento: «¿Alguna visita hoy?» Su pose tranquila, su dignidad, sus elogios y prontitud para compartir todo lo que había aprendido encontró un lugar seguro en mi alma. A menudo me sorprendo preguntándome a mí misma: «¿Qué diría la señora Brown?», o «¿Qué haría la señora Brown en este caso?». Su presencia se halla todavía en mí como modelo, guía y una gran dama, y su influencia en mi vida significa aún más para mí ahora que me hallo en plena madurez. Aunque ella no aparentaba ser más joven de lo que era, admiraba a la juventud. Con el paso de los años y la llegada de cada uno de sus nietos, e incluso de cada uno de sus biznietos, se iba haciendo más hermosa.

Siendo una mujer que vivió de 1890 a 1990 y murió cinco días antes de cumplir los 101 años, la señora Brown tenía indudablemente muchas cosas que enseñar. Nunca escribió nada para publicar, y rara vez habló en público, pero su vida ofreció muchos y largos años de instinto maternal sintonizado con un nivel más elevado. Nunca fue severa, y sus clientes favoritas eran madres amables y llenas de armonía. La vida de familia es lo que la había atraído a la decoración de casas. Siempre alimentó mi carrera de diseñadora como lo habría hecho una madre, presentándome desafíos y, al mismo tiempo, enorgulleciéndose de mi trabajo. Sus ánimos y su fe en mí nunca decayeron, y supo al tiempo que yo cuándo me había llegado el momento de «dejar el nido» y empezar mi propia empresa de decoración. Pienso que yo fui la hija que nunca tuvo.

La señora Brown parecía deslizarse a lo largo de sus días con una facilidad y gracia femeninas extraordinarias y difíciles de encontrar a finales del siglo XX. Era un alma maternal en su corazón; poseía una naturaleza tranquila y amable que nunca se desvió de ese carácter maternal que fue su gran fuente de fortaleza.

Phyl Gardner tiene otro lugar especial como mujer que ha nutrido mi vida. Poco antes de que yo cumpliera cincuenta años, esta pequeña y alegre dama inglesa entró en mi vida para enseñarme arte en la Escuela Mary A. Burnham, un centro de preparación para entrar en el Smith College de Northampton, Massachussetts. Phyl era una profesora de Historia del Arte que nunca había tenido hijos propios. Pero sentía que todos sus alumnos y alumnas eran como hijos a los que amar y sobre los que influir. Ahora me doy cuenta de que sus mayores capacidades se ejercitaban fuera de su clase y de su estudio de arte, en su casa, una vieja granja cerca de la escuela en la que vivía con Jimmy, que era arquitecto.

> *La naturaleza, el tiempo y la paciencia son los tres grandes médicos.*
>
> ANÓNIMO

Yo solía visitar mucho su estudio de la granja, en donde yo tenía mi propio espacio. Ella dibujaba y pintaba mientras yo trabajaba en mis propias creaciones; a veces me hablaba de mi futuro. Me dijo que yo tenía talento, y que el Smith College no era el lugar adecuado para nutrirlo. Ella me animaba a «realizar mis sueños».

Cada vez que la visitaba en fines de semana, me gustaba dormir en una pequeña habitación contigua a la cocina. Phyl llamaba a mi puerta cuando ya me había retirado a dormir, llevando una pequeña bandeja con leche caliente y pastas de vainilla. «Esto te dará dulces sueños», me decía riéndose. Algunas mujeres, a menudo profesoras, nutren a muchas jóvenes, aportándoles un amor especial fuera de los vínculos del hogar. Es un amor que muchos niños buscan porque los conecta con un mundo más amplio, y no depende de los lazos familiares. De ese amor, los niños obtienen una sensación real de ser queridos por lo que son. Phyl Gardner representaba ese amor. ¡Qué dama tan divertida y feliz!

> *El pensamiento es lo más potente que poseemos. El trabajo realizado por un pensamiento verdadero y profundo, ése es una fuerza real.*
>
> ALBERT SCHWEITZER

La ternura y el apoyo materno que las amigas dan a nuestros hijos es una de las más profundas conexiones que podamos tener como madres. La actriz Marsha Mason se hizo íntima amiga mía y de Peter cuando me contrató para decorar su piso abuhardillado de Nueva York. Marsha decidió ser una madrastra totalmente dedicada a las hijas de su marido Neil Simon. Incluso después de su divorcio, ella y las niñas han mantenido una amistad íntima y afectiva. Marsha adora a Alexandra y a Brooke y nunca ha perdido ninguna oportunidad de conectar con ellas, haciéndoles regalos o sacándolas a comer. Algunas amigas te preguntan cómo son tus hijos, pero otras *necesitan* saber por sí mismas. Marsha realmente se preocupa por nuestras hijas. Su auténtico afecto es igual al amor materno; es una fuente enormemente importante de apoyo positivo para un niño (y para su madre).

Cuando el padre de mis hijas se volvió a casar, su segunda esposa, Mary Ann, no tenía hijos. Juntos aceptaron de buen grado la oportunidad de amar y de nutrir a Alexandra y a Brooke. Mary Ann es periodista y se convirtió en un modelo para la carrera de Alexandra como escritora. En nuestra extensa familia nosotros nos respetamos de verdad, nos queremos y cuidamos profundamente unos de otros. Hace muchos años, en cierta ocasión, oí a las niñas hablar de su familia a sus amigas, y lo que dijeron me hizo llorar. Estaban contándoles lo afortunadas que eran de tener cuatro padres amorosos cuando la mayoría de las personas sólo tienen dos.

Amplias, divinas y consoladoras palabras.
ALFRED, LORD TENNYSON

Yo estoy profundamente agradecida de que mis hijas puedan dar y recibir amor materno de tantas mujeres diferentes. Esto me recuerda que todos tenemos que darnos mutuamente mucho y lo mucho que nos necesitamos los unos de los otros.

Como madres, podemos consolarnos por el hecho de que a través de sus vidas, nuestros hijos e hijas tendrán muchas madres a las que puedan dirigirse cuando lo necesiten. Nunca serán totalmente dependientes de nosotras. Cuando Alexandra y Brooke conectan con otras mentoras y fuentes de influencia maternal, nuestro amor permanece centrado allí donde estén, allí donde esté yo. Pero también sé que ninguna de nosotras va por la vida sola; cuanto más amor damos, más amor recibimos. Todo el mundo importa.

Capítulo 8

El álbum de la continuidad

No me dejéis olvidar que soy hija de una mujer..., que nunca dejó de florecer incansablemente, durante tres cuartos de siglo.

COLETTE

Los ritmos del amor materno

> *La mujer eterna nos hace avanzar.*
>
> GOETHE

CUANDO ESTABA LIMPIANDO la casa de mi madre después de su muerte, me encontré con mi libro blanco de bebé clasificado ordenadamente en una estantería de la biblioteca. Estaba con los otros libros de bebé de cada uno de mis hermanos, al lado de la Biblia de mi madre. Junto con mechones de nuestro pelo, ella había conservado estos diarios meticulosamente documentados, y en ellos había incluido cientos de fotografías puestas sobre cartulina negra con ribetes blancos, que habían sido etiquetadas con la información pertinente, incluidas las fechas escritas en tinta blanca. Por la urgencia de empaquetar todas las cajas y tenerlo todo listo para los transportistas no me entretuve entonces en echar una ojeada a todo el libro, pero mi corazón saltaba de excitación. Preferí esperar hasta tener tiempo para poder saborear la experiencia. Aunque yo fui la tercera de cuatro hermanos, mi madre siguió recogiendo cada detalle del primer año de mi vida. Fue siguiendo el progreso de mi peso y de mi altura, conservó las tarjetas de felicitación por mi nacimiento, hizo la lista de todos los regalos recibidos, y además conservó, por supuesto, las abundantes fotos mías siendo bebé. Para mí y para Alexandra y Brooke estos libros son un verdadero tesoro.

Un documento del amor materno

> *Los hilos están todos ahí: para la memoria nunca se pierde nada realmente.*
>
> EUDORA WELTY

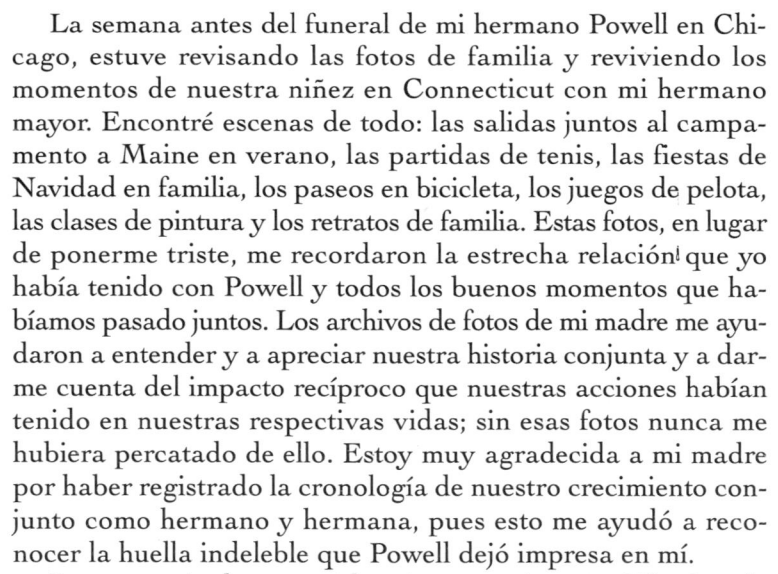

La semana antes del funeral de mi hermano Powell en Chicago, estuve revisando las fotos de familia y reviviendo los momentos de nuestra niñez en Connecticut con mi hermano mayor. Encontré escenas de todo: las salidas juntos al campamento a Maine en verano, las partidas de tenis, las fiestas de Navidad en familia, los paseos en bicicleta, los juegos de pelota, las clases de pintura y los retratos de familia. Estas fotos, en lugar de ponerme triste, me recordaron la estrecha relación que yo había tenido con Powell y todos los buenos momentos que habíamos pasado juntos. Los archivos de fotos de mi madre me ayudaron a entender y a apreciar nuestra historia conjunta y a darme cuenta del impacto recíproco que nuestras acciones habían tenido en nuestras respectivas vidas; sin esas fotos nunca me hubiera percatado de ello. Estoy muy agradecida a mi madre por haber registrado la cronología de nuestro crecimiento conjunto como hermano y hermana, pues esto me ayudó a reconocer la huella indeleble que Powell dejó impresa en mí.

La presencia de una madre vive para siempre. Ella tiene la capacidad de influir en las relaciones venideras, guiando nuestro camino con el legado que dejó tras de sí. Al igual que nuestras madres hicieron antes que nosotras, las que somos madres ahora hacemos tantas cosas para expresar nuestro amor por nuestros hijos que nunca somos totalmente conscientes en el momento de hacerlas, ni de su impacto posterior en las próximas generaciones. Mucho después de que hayamos partido, nuestros descendientes descubrirán cada vez más claves de lo que éramos nosotras y nuestras familias y de lo que hayan podido heredar de nosotras.

> *Tejemos una red en la niñez, / una red de aire soleado.*
>
> CHARLOTTE BRONTË
>
> *Aquel que piensa más en sus experiencias y las teje en relaciones sistemáticas entre sí, será quien tenga la mejor memoria.*
>
> WILLIAM JAMES

Cuando yo era una joven madre, era posible comprar cuadernos de bolsillo por quince centavos. Recuerdo haber comprado estos blocs por cajas en la tienda de baratillo y llenarlos tan rápidamente que nunca me parecía tener suficientes a mano. Yo anotaba todas las maravillosas palabras que salían de los labios de Alexandra y de Brooke. Solía escribir la fecha en la página correspondiente, de forma que el pensamiento y la escena quedaban grabados para siempre. Yo me limitaba a seguir el ejemplo de mi madre de ponerle la fecha a todo, además de citar el lugar en el que estábamos y con quién. Este detalle es muy útil años después cuando se intenta juntar todos los fragmentos de tu vida y la de tus hijos en sus primeros años. Aunque en aquel momento no le daba demasiada importancia, ahora entiendo que esos minúsculos bloques garabateados que coleccioné siendo una joven madre se han convertido en archivos inapreciables para mi familia. Forman parte de mi legado y son mi aportación a la continuidad de la vida familiar y proporcionarán a mis nietos claves de sí mismos y sobre su procedencia.

Desde los dieciséis años que empecé a viajar alrededor del mundo, siempre he llevado conmigo una cámara fotográfica allí a donde mis viajes me han llevado. Me gusta captar el ambiente y el sabor de un lugar, enfocar mi cámara sobre sus paisajes, arquitectura y gentes. Me encanta captar la espontaneidad de la vida. Tener un fuerte sentido visual es una parte significativa de la herencia de mi familia. No sólo mi madre fue decoradora de interiores, que además pintaba y esculpía, sino que también mi tío pintaba, y mi hermana mayor fue fotógrafa profesional durante años. Yo fui educada en un entorno armonizado con la estética que me ayudó a ver y apreciar toda la belleza de la vida que está a nuestra disposición.

> *Los rostros de la familia son espejos mágicos. Mirando a las personas de nuestra misma sangre, vemos el pasado, el presente y el futuro.*
>
> GAIL LUMET BUCKLEY

Las fotos que más aprecio son aquellas en las que aparezco con un lazo color melocotón en la cabeza cuando tenía menos de un año. Conservo sobre mi escritorio una de estas instantáneas de bebé en un marco de plata. Pienso que es conmovedor verme a mí misma al principio de la vida. La foto de infancia favorita de Peter fue tomada en Carlyle Avenue en Babilonia, Long Island, en 1924, cuando tenía cuatro años. La foto está en blanco y negro, pero Peter recuerda los colores vívidamente. Llevaba puesto un guardapolvos de lino azul que le llegaba hasta las rodillas, con los puños y el cuello adornados con delicados encajes hechos por Miriam, su madre. Está guardado en una de las repisas del armario ropero de Peter, con un marco dorado, de forma que puede verlo cada mañana y cada noche. Es innegable el parecido entre Peter y sus hijas Blair y Andrée, así como con los hijos de éstas a su misma edad.

La poesía de la continuidad

Me encanta contemplar y comparar mis fotos con las de la primera infancia de Alexandra y Brooke. El sentido de continuidad y de conexión que me proporcionan es muy poderoso, aunque pueda sentirse esta continuidad de otras muchas formas. No tenemos que ser madres biológicas para experimentar esa sensación universal de continuidad que sentimos cuando miramos a *nuestros* hijos.

> *Cuando contemplas tu vida, los momentos de mayor felicidad son los momentos de felicidad familiar.*
>
> DOCTOR JOYCE BROTHERS
>
> *Me gustaría que ellos fuesen el final feliz de mi historia.*
>
> MARGARET ATWOOD

Sin embargo, hay una foto que adoro. Es una foto tomada cuando yo tenía siete años llevando un delantal de sircasa color pervinca azul y blanco. A mi madre le encantaba el sircasa. En verano tenía colchas de este material clásico de colores pastel suave. Las de los chicos eran amarillas, mi hermana y yo las teníamos de color verde menta, y las que estaban en las habitaciones de invitados eran rosa y azul. Mi foto con el delantal de sircasa era en blanco y negro, pero, al igual que Peter, recuerdo vívidamente esa prenda y sus colores. Mi madre la había hecho junto con otra exactamente igual para mi hermana. Recuerdo cuando su amigo vino a hacernos fotos profesionales. El segundo verano que Peter y yo pasamos juntos ya casados, hicimos una excursión familiar a Francia, que terminó en la Provenza, después de explorar París. Brooke tenía cinco años en aquella época y Alexandra ocho. Alternamos comidas en restaurantes de cuatro tenedores, a los que hacíamos largos peregrinajes en coche para encontrar los mejores *chefs* de Francia, con meriendas junto a la carretera en pequeños pueblos a lo largo del camino. Un día, acabamos merendando en Château-Neuf-du-Pape, en una viña con uvas de color púrpura ciruela calentadas por el sol y que maduraban ante nuestros ojos. Mientras que las niñas y yo llenábamos nuestra cesta con *baguettes*, tomates, jamón, queso, aceitunas de Niza, pasteles de melocotón, vino y refrescos helados de naranja, pregunté a la dependienta de la tienda de aquella encantadora población del siglo XII si el vino era local. «*Ici, ici.*» Señaló al suelo con el índice. El vino se hacía en el sótano de la tienda. Es imposible obtener un producto más local que ése.

> *El vínculo que une a madre e hijo es de una fuerza tan pura e inmaculada que nunca puede ser quebrantada. Sagrada, simple y hermosa en su construcción, es el emblema de todo lo que podemos imaginar de fidelidad y verdad; es el vínculo bendito cuyo valor sentimos en la cuna y cuya pérdida lamentamos en el umbral de la tumba.*
>
> WASHINGTON IRVING

Cuando Alexandra, Brooke y yo acabamos nuestras compras, encontramos a Peter sentado en la plaza dibujando el paisaje local como un nativo. Atravesamos caminando la fuente de piedra, refrescados por una brisa cargada con finas gotas de agua en aquel bochornoso día de agosto. Nos apartamos de la viña deslizándonos y saltando un centenar de pasos. Yo era la conductora de turno aquel día, así que bebí mi refresco de naranja con una caña amarilla y me tumbé sobre una colcha de retazos a cuadros. Tras haber decorado una casa en París, descubrí que los franceses poseen una afinidad por las colchas norteamericanas y hacen pequeños viajes a Pensilvania para buscarlas. Habíamos encontrado una de éstas en una tienda de París, e inmediatamente nos enamoramos todos de ella, así que, en lugar de dejarla en la habitación del hotel, la llevábamos con nosotros para todas esas comidas al aire libre.

Mientras las niñas paseaban por la viña, cogí mi cámara de fotos para captar aquel momento ideal e intemporal. Cuando estaba apretando el disparador, una imagen concreta de Alexandra me hizo temblar de emoción. En aquel momento no dije nada, pero sentí como si me estuviera mirando fijamente a mí misma a través de las lentes de la cámara. Cuando recogí los carretes revelados tras nuestro regreso a Nueva York, inmediatamente busqué las fotos que había tomado de Alexandra y que me habían conmovido tanto. La experiencia era al mismo tiempo subrealista y romántica. Me centré en la visión de Alexandra, que estaba vestida con un delantal de sircasa azul y blanco. Fui entonces a recuperar aquella foto instantánea que mi madre había tomado de mí veintisiete años antes. Las fotografías eran imágenes exactas una de la otra. Hice ampliar las fotos y las coloqué juntas en un marco de cuero azul sobre una mesa antigua de nuestro cuarto de estar. Todos los que ven esas fotos quedan asombrados y conmovidos por nuestro parecido a la misma edad.

> *La memoria es el tesoro y el guardián de todas las cosas.*
>
> CICERÓN

En la pared de mi dormitorio para niños está colgado un póster de museo que reproduce el cuadro de Renoir que representa una madre con dos niñas pequeñas vestidas igual. Me recordaba las fotos que alguien tomó de mi madre en una playa de Nantucket, flanqueada por sus dos hermanas que llevaban trajes de baño a rayas rojas, blancas y azules iguales al suyo. Un día tuve la inspiración de diseñar un tejido a rayas que Brunschwig and Fils, una reconocida casa de tejidos de diseñadores de interior de Nueva York, imprimió en cinco tonos de color diferentes. Hice que una modista cosiera vestidos de playas iguales para Alexandra, Brooke y para mí con un elegante círculo cortado en la espalda. Tengo numerosas fotos en las que estamos llevando esos agradables vestidos a rayas.

El verano pasado tomé una foto de una joven madre escandinava rubia con su hija de dos años, vestidas ambas con vestidos deportivos de Liberty de Londres, con motivos florales rosas, azul pálido, amarillo y verde. Cuando tuve las fotos reveladas, me di cuenta de que no le había pedido la dirección, de forma que no le pude enviar una copia. Ahora tengo una que hice para mí misma clavada en el «tablero de los recuerdos» de mi habitación zen. Me encantan esas fotos; las prendas iguales nunca dejan de invadirme con una sensación de conexión entre una madre y sus hijas.

> *Miro en el espejo a través de los ojos de la niña que fui yo.*
>
> JUDY COLLINS

Mi madre tenía una segunda imagen de Renoir en mi habitación; era la de una pequeña niña rubia que lleva una regadera para regar su jardín. Cada vez que Peter y yo visitamos a Alexandra en Washington, vamos a la National Gallery para ver el cuadro original de esa niña. Evoca tanta nostalgia y placer en mí porque, en algún sentido, siento que soy esa niña. Siempre compro montones de postales de ese cuadro y las coloco dentro de libros, en la tapa de una caja de objetos de escritorio o también dentro de un cuaderno, por la pequeña sorpresa del encuentro, y también para enviarlas a mis amigos niños y niñas con unas palabras de saludo.

Tesoros de continuidad

El pasado octubre recibí una conmovedora carta de Hillary, la hija de mi mejor amiga, Tess, que murió de cáncer cuando tenía cuarenta y cuatro años, el año en que Hillary estaba acabando la universidad. Yo la había querido desde que nació. Y ahora que había recibido esa comunicación especial, unas horas antes de convertirse en madre y de dar luz a un hermoso niño, Murphy Durgin Harmon. Ahí había un apreciado elemento de continuidad.

En la carta dirigida a mí, Hillary expresaba que su marido Murphy y ella estaban esperando «el último milagro, ¡nuestro primer hijo!».

> Estamos muy entusiasmados, y no puedo expresarte lo mucho que has estado en mi mente cuando pienso en mamá y en tu amistad con ella, y cuando vuelvo a leer las maravillosas notas que me has escrito a lo largo de estos años sobre mamá y su amor por mí. Conservo muchas de tus preciosas cartas... y son realmente un tesoro, porque existen muy pocas personas que puedan decirme, desde su punto de vista, algo sobre nuestra relación. Tú me escribiste una maravillosa nota antes de que Murphey y yo nos casáramos, con una nota adjunta que mamá te dirigía a ti. Conservo como un tesoro la carta que me escribiste justo después de nuestra boda.

> *El infinito llega a la vida en una personalidad finita con el objeto de recordarnos para qué es la vida.*
>
> BHAGAVAD-GITA

Hillary fue siempre la luz en el corazón de Tess. Nosotras hablábamos de nuestras hijas cada vez que estábamos solas. Qué alegría esperar por anticipado el nieto de Tess a través de su espíritu. El nacimiento tiene una forma de reunir todo el amor que es la columna vertebral de nuestra verdadera humanidad, nuestro sentido de aprecio y la fuente de nuestra mayor alegría.

El amor de Tess me envuelve gracias al espíritu de su querida hija, Hillary. Me trae a la memoria la sabiduría de los

Vedas, del *Bhagavad-Gita*: «En medio del sol está la luz, en medio de la luz está la verdad, y en medio de la verdad se halla el ser imperecedero.»

Reunir el archivo de la infancia

Dado el sorprendente impacto que las fotos y las cartas postales tienen en nuestros recuerdos, ¿qué regalo podrían apreciar más nuestros hijos que una serie de fotografías y tarjetas postales sentimentales guardadas para ser transmitidas y disfrutadas a largo plazo? Toda mujer es única en la forma en que conserva estos invalorables registros familiares. Julia y Blair, la madre de Hillary, siguen conservando libros, apuntando fechas y acontecimientos importantes, guardando cartas, tarjetas, notas y una variedad de objetos para recordar. Tomar fotos es una forma universal de registrar la historia de una familia. Los vídeos domésticos son divertidos, pero, lo mismo que ocurre con las diapositivas tomadas en unas vacaciones familiares, a menudo nos sentimos demasiado ocupados para verlos después y generalmente quedan condenadas entre un montón de viejas fotografías más atractivas. Podemos poner las favoritas en nuestras carteras-monedero, enmarcarlas, ampliarlas, hacer copias y, lo que es más importante, fijar un momento singular gracias a ellas.

> *Estas historias son como los bonsais, que son pequeños y únicos, pero en ellos puedes ver el universo entero.*
> BARBARA HYTCH
> *Visita guiada a Hill Top, casa de Beatrix Potter*

Hace varios años, Brooke empezó a diseñar tablones de anuncios cubiertos de tela con cintas entrecruzadas para poder poner fotos o postales. Sus creaciones no sólo son hermosas, sino enormemente prácticas, ya que no es posible enmarcar cada foto, pero sí podemos poner muchas de ellas en ese tablero y emocionarnos cada vez que las miramos.

Yo tengo tantos miles de fotografías que es imposible clasificarlas *todas* en álbumes o colocarlas en los tableros coloridos «para recordar». Muchas de ellas las guardo en cajas de cartón preciosas, aunque algo rústicas, de tamaños diferentes y atadas con cintas. Tenemos docenas de cajas de éstas almacenadas en una vitrina de nuestra biblioteca que nos invitan a horas de agradables «viajes», reviviendo una excursión, un cumpleaños o unas vacaciones. Cada vez que siento un impulso de felicidad, saco una de las cajas y me deleito en los rostros sonrientes de mi familia. Sonreír frente a la cámara es una tradición especialmente preciosa: «Pata-ta.» Las personas son captadas con su mejor luz y felicidad.

Uno de mis descubrimientos favoritos más prácticos es la caja de zapatos. Yo tengo unos pies grandes, e incluso siendo niña, las fotos, las cartas y las tarjetas postales cabían perfectamente en mis cajas de zapatos. Posteriormente me di cuenta de que las fichas de doce por diecisiete centímetros que encontraba en Francia y que escribía día y noche eran también de un tamaño perfecto para clasificar en mis cajas de zapatos. Puedo estar tan organizada o desorganizada como quiera cuando clasifico mis fotos. La ventaja suplementaria real de estas cajas rectangulares es que tienen un tamaño muy práctico para llevar consigo. Se sabe de mí que viajo con una o dos para poder siempre consultar mis notas y disfrutar de mis fotografías y cartas favoritas que llevo conmigo por razones románticas. Muchos hijos disfrutan de este sentimentalismo. Brooke guardó todas las cartas que yo le escribí durante el año que pasó en París después de la universidad y las trajo después a Estados Unidos en cajas de zapatos francesas. Afortunadamente, hoy día podemos encontrar contenedores de colores vacíos del mismo tamaño que las cajas de zapatos en diferentes almacenes y tiendas de rebajas. Si no fuera por ello, ¡resultaría muy caro comprar todos esos zapatos!

> *Bendito entre todos los mortales aquel que no pierde un solo momento de esta efímera vida recordando el pasado*
>
> Henry David Thoreau

Preservar la infancia

Algún día, tú y tus hijos os reuniréis y revisaréis las cajas de recuerdos de la familia. Yo encuentro una enorme inspiración y alegría en hacerlo. Puedo perderme durante horas mirando fotos con mis hijas. Durante esos momentos sentimentales y alegres, entiendo el significado real de guardar esos archivos. Aunque me proporcionan mucho deleite, yo realmente los he guardado para mis hijas, de esta manera algún día ellas podrán revivir con sus propios hijos los momentos que hemos pasado juntas: la tarjeta favorita de la tienda del parque, los menús del restaurante, la caja de cerillas, la tarjeta postal y todas las fotografías.

> *Me vienen los recuerdos de una fotografía: miro a través de los años y me veo junto a las rodillas de mi madre.*
>
> John Greenleaf Whittier

La señora Brown me dio sabiamente en cierta ocasión un sólido consejo de decoración que puede aplicarse a la maternidad. «Ten cuidado con lo que tiras. Nunca sabes cuándo lo puedes necesitar.» Me encanta el hecho de que mi madre guardase todas las cartas que le escribí durante toda mi vida. Las escritas desde Camp Fleur de Lis en Sabego, Maine, son invalorables. No podíamos cenar los domingos a menos que hubiésemos escrito a nuestros padres. Teníamos que pasar nuestras tarjetas postales o sobres a nuestras consejeras en nuestros cuartos antes de acudir a la barbacoa. En secreto, nos gustaba esa rutina, un hábito que estoy agradecida de haber mantenido a lo largo de mi vida. Cuando viajaba alrededor del mundo, siempre escribía a casa en lugar de llevar un diario detallado. Esas cartas son piezas irreemplazables en el rompecabezas de mi memoria de los grandes placeres que disfruté durante aquellos tres meses.

Mi madre lo guardaba todo. Ésta es una de las formas en las que mantenemos los recuerdos y los transmitimos a las generaciones futuras. Mi madre guardó su velo de boda y conservó el vestido bautismal de su abuelo con botones dorados monogramados. Conservó el traje de debutante de tafetán color champán que llevé en el cotillón de Boston. Yo he guardado los vestidos de terciopelo rojo con collares antiguos que Brooke y Alexandra llevaron en sus primeras Navidades familiares cuando Brooke tenía dos años y Alexandra cuatro.

A menudo, las madres coleccionan experiencias y, al hacerlo, preservan la infancia de sus hijos. Conservamos las huellas de los dedos, los garabatos, las hojas dibujadas y las creaciones de arcilla. Guardamos las conchas y la arena de las vacaciones familiares, las flores secas recogidas de las celebraciones y de los paseos por la naturaleza, las partituras de las lecciones de piano, las tarjetas postales «souvenir» y los dibujos hechos en los portavasos de cartón recuperados bajo las tazas de café de los restaurantes. Nosotras documentamos los acontecimientos deportivos, los resultados de los exámenes, los concursos escolares, las promociones y las fiestas de cumpleaños. A lo largo del tiempo, nuestras colecciones se convierten en tesoros inapreciables que siempre nos entusiasman.

> *¡Agarra rápidamente el tiempo! Consérvalo, vigílalo, cada hora, cada minuto. Sin darnos cuenta se escurre... Conserva cada momento sagrado. Dale a cada uno claridad y sentido, a cada uno el peso de tu conciencia, a cada uno su verdad y debida realización.*
>
> THOMAS MANN

Los hijos recogen la antorcha de nuestras tradiciones

El año pasado, Alexandra me telefoneó a finales de marzo. «¿Dónde estaréis tú y Peter el segundo domingo de mayo, mamá?» «No tengo ni idea», respondí. «¿Por qué?» «Es el Día de la Madre, y Brooke y yo queremos invitaros a comer a Peter y a ti en Nueva York.» El año anterior estuvimos juntos en Washington para el Día de la Madre. Cuando miro hacia atrás, veo cómo mis hijas siempre me han organizado grandes mimos el Día de la Madre. «Estupendo. Aceptamos.» «Genial. ¿Dónde queréis ir a comer, mamá?»

Votamos por ir a «Harry Cipriani», un divertido restaurante italiano de moda al que solíamos ir para las reuniones especiales de familia. Ese lugar de reunión internacional se halla en la Quinta Avenida, en diagonal del Hotel Plaza y la famosa fuente Pulitzer con Central Park al otro lado de la calle, en donde carrozas tiradas por caballos esperan a los pasajeros a la entrada. Ése es simplemente nuestro lugar favorito para observar a la gente. Una mesa situada detrás de la ventana nos garantiza la visión de cientos de madres con sus hijos paseándose por la Quinta Avenida. Cuando Alexandra me telefoneó, yo tenía un día frío, oscuro y triste, y me alegré con la expectativa de esa pequeña fiesta en mayo.

Pues el recuerdo de tu dulce amor tal bienestar aporta.

WILLIAM SHAKESPEARE

Los acontecimientos de nuestra vida suceden en secuencias en el tiempo, pero en el significado que tienen para nosotros encuentran su propio orden... el hilo continuo de la revelación.

EUDORA WELTY

«Llevaremos nuestros trajes color pastel, y Peter puede hacernos algunas fotos. ¿Tienes las medias adecuadas color lavanda, mamá?» No podía creer que recordase una de nuestras «rutinas», que era como llamamos a esos momentos preciosos y agradables que pasábamos juntas, en los que cada una de nosotras comprábamos trajes de diferentes color pastel, como almendra Jordan, lila, rosa y melocotón. (Nadie puede convencerme de que no existen diferencias entre hombres y mujeres. ¿Quién sino una mujer sabría qué va a llevar varios meses antes?) Nosotras planificamos con gran atención lo que vamos a llevar. Cuando dejé el teléfono, fui a mi armario a comprobar mis reservas de ropa color púrpura. Incluso seleccioné un pañuelo de seda de colores rosa brillante, chartreuse y amarillo limón, comprado en Florencia en los años 60 y diseñado por Emilio Pucci. Lo mismo que al planificar una excursión, la expectativa anticipada intensifica el placer.

Abrir un cajón, y mirar mi colección de pañuelos de cuello con colores brillantes, me hizo pensar en mi madre. Muchos eran algunos de los que yo le había regalado y que heredé cuando ella murió. Entonces empecé a tener recuerdos muy vívidos de mi madre. Podía imaginarla llevando esos pañuelos diferentes en su casa, en su piso, cuando nos juntábamos en los restaurantes o en el teatro. El restaurante Harry Cipriani está situado en el Hotel Sherry Netherland. Durante años, mi madre y yo acudimos allí para comer cuando era el restaurante del hotel antes de que se convirtiese en el restaurante Cipriani. Incluso habíamos ido allí un año el Día de la Madre. Empezaron a surgir recuerdos muy frescos. Nuestra madre siempre permanece en nuestro subconsciente. Es una experiencia profundamente intensa y conmovedora. En nuestra tierna infancia se nos queda su huella para el resto de nuestra vida. Mi madre era la persona más constante, amorosa y presente de mi vida. Thomas Moore, autor de *El cuidado del alma* y *Soul Mates: Honoring the Mysteries of Love and Relationship*, cree que:

> La relación continúa. Las personas todavía tienen una presencia real en nuestras vidas cuando ya no están físicamente en ellas... como recuerdos, recordatorios y álbu-

mes de familia muestran muy bien... abarcando y honrando la relación... Las personas que queremos y que ya no están vivas nos conectan con lo eterno. Aportan la eternidad a nuestras vidas de una forma íntima, porque forman parte de la familia; no es algo abstracto, sino algo muy espiritual y que alimenta el alma.

> *El recuerdo más intenso es el de la madre.*
>
> PETER MEGARGEE BROWN

Yo pasé aquel día con una conciencia acrecentada de lo mucho que quería a mi madre, a Alexandra y a Brooke. Cuando pasaron las semanas, mis expectativas de ese memorable día iban en aumento. Ser madre es en sí mismo su propia recompensa, pero en mí brotan sentimientos cálidos siempre que mis hijas lo disponen todo para estar todos juntos en ese segundo domingo de mayo. Pero ni siquiera mi vívida imaginación no me había preparado para esa reunión. Nuestra celebración se convirtió en una epifanía de ternura, continuidad y amor. Realmente me sentí regia, como la «Reina Mami» cuando literalmente me rociaron de regalos envueltos en papeles color pastel. A Brooke le encanta trabajar con los tejidos, así que todos los presentes estaban atados con cintas brillantes de seda francesas.

> *Cuando nadie sabe dónde acabará, puedes poseer el Estado. Y cuando posees la madre del Estado, puedes durar mucho tiempo. A esto se llama tener raíces profundas y una base firme. Es la Vía de la larga vida y de la visión duradera.*
>
> LAO TSE

Mis hijas lo habían planificado todo y, por supuesto, los colores de los paquetes hacían juego con nuestra ropa. También habían hecho un ramo de peonías lilas y púrpuras, resaltadas con lirios fragantes del valle color rosa pálido y rosa intenso. Mi amor por las lilas y los lirios del valle está al límite de la obsesión, y cuando Peter y yo nos casamos en mayo, Alexandra, Brooke y yo llevábamos lirios del valle y vestidos amarillos. Antes de que mi madre muriese, insistió: «En mi funeral, querida, sólo quiero peonías. Cómo pudo saber que moriría en mayo en Connecticut en plena época de las peonías es un misterio.

La comida en el restaurante Harry Cipriani fue sensacional. Como aperitivo tomamos rodajas finas como el papel de calabacín frito, que paradójicamente engorda, acompañado de bastoncitos de pan recién hecho y rollitos de pasta enrollada. Era un día para celebrar, no para retener. La ensalada de milamores aderezada con aceite de oliva verde, vinagre aromático y pimienta molida estaba coronada con viejo queso parmesano rallado. Aparecieron rebanadas tostadas y crujientes de pan francés. La fiesta tenía un buen comienzo.

Pero cuando Alexandra y Brooke insistieron en que abriera mis regalos mientras esperábamos las entradas, me perdí. Cada regalo era una imagen de las niñas y de mí, o de mi madre con mi hermana y yo. Me sentí como si fuera la hija llevando a mi madre a celebrar el Día de la Madre. Sentí su presencia. Nuestra ceremonia de comida duró tres horas y media y terminó con un café exprés, risas, lágrimas y fotos de familia. Disfrutamos viendo a madres de todas las edades que eran festejadas por sus hijos y, de algún modo, nos conectamos con la Madre universal.

> *La vida para mí no es una breve vela. Es una especie de espléndida antorcha que mantengo por el momento, y que quiero que arda con tanto brillo como sea posible antes de pasarla a las generaciones futuras.*
>
> GEORGE BERNARD SHAW

Después acabó el Día de la Madre. Alexandra tuvo que tomar el puente aéreo para regresar a Washington. La vida continúa. Para conmemorar el día, hay una película para revelar, marcos de cuadros que pintar y regalos que compartir. El álbum de la continuidad hierve de vida. Mientras pasamos la antorcha, vivimos este misterio de amor y de la familia, junto con el regalo para el mundo que es la maternidad. Cada día es el Día de la Madre para nosotras; nosotras que tenemos el privilegio de engendrar a las generaciones futuras.

Una carta a mis lectoras y lectores

Queridas lectoras y lectores:

Cuando me senté para escribir un libro para elogiar a las madres, estaba llena de entusiasmo, pero era ingenua sobre un tema tan emocional. *Madres*. Pronunciad simplemente la palabra. ¿Pero qué es una madre? ¿Quiénes son esas mujeres? En el proceso de realizar este viaje personal, he vuelto a vivir mi propia infancia. He revivido el crecimiento de mis hijas, y estoy experimentando un sentimiento expansivo de rejuvenecimiento. Ahora me siento más viva y exuberante que nunca.

He aumentado mi respeto por las madres y su compromiso. Me he hecho más compasiva y he adquirido más empatía, al comprender su fortaleza, valor y capacidad para soportar, amar, cuidar, guiar, compartir y darnos todo su ser, incondicionalmente, todo el tiempo.

Las madres protegen la esencia pura, limpia y vulnerable de los demás. Permiten el crecimiento de un ser más profundo; una energía de vida natural fluye de su auténtica y verdadera naturaleza.

La palabra *madre* evoca más de una persona. Una madre es una fuerza de la vida, un espíritu. Es una energía viva y amorosa que canaliza la abundancia a lo largo de toda nuestra vida. Ser madre significa tener hijos, pero su influencia se extiende mucho más allá de su propia descendencia. Es una persona universal. Su fuerza nos llega dulcemente. Lo que la hace fuerte son los instintos maternos que le son intrínsecos. Una madre es la mayor fuerza del mundo.

Todas las mujeres forman parte de esta generosa energía universal. Colectivamente, las mujeres nutrimos, guiamos y proporcionamos continuidad.

Las madres hacen de madre. Eso es lo que hacemos. Eso es lo que somos.

Os bendigo,

Alexandra Stoddard

Agradecimientos con cariño

A Carl Brandt, Tony Sciarra, Ellen Edwards, Marysarah Quinn, Elisabeth Carey Miller, Julie Glen y Julia Estabrook Hoyt.

Como amigos y amigas sabéis lo mucho que este libro me ha acrecentado. El proceso ha estado cargado emocionalmente y, por todas mis luchas, ha sido de lo más emocionante. Gracias por el regalo que ha significado el que yo haya podido escribir *Madres*. Este libro es realmente una celebración. Gracias a vuestras contribuciones personales, cada uno de vosotros ha desempeñado un papel esencial en la creación de *Madres*. Gracias por estar a mi lado durante este proceso que ha cambiado mi vida.

Y gracias a todas las madres, allí donde estéis, a todas las mujeres que habéis actuado como madres, en vuestra vida; yo os elevo en una gran celebración. Mientras escribía este libro, he revivido mi propia infancia, he vuelto a vivir los años en que Alexandra y Brooke crecían, y he creado la visión de una tercera infancia. He entrado en contacto con lo que significa realmente ser mujer y madre. Juntas, nosotras las matriarcas, nosotras las *mujeres*, continuaremos engendrando a las futuras generaciones, para siempre.